Aunque Ud. No Lo Crea de Ripley

Aunque Ud. No Lo Crea de Ripley

GRUPO EDITORIAL TOMO S. A. DE C. V.

Copyright © 2004 by Ripley Entertainment Inc.
Reservados todos los derechos. Ripley's, Believe It or Not!, Ripley's, ¡Aunque Usted No lo Crea!, Ripley's Believe It or Not! y Ripley's ¡Aunque Usted No Lo Crea! son marcas registradas de Ripley Entertainment Inc.

© 2005, Grupo Editorial Tomo, S. A. de C. V.
Nicolás San Juan No. 1043, Col. Del Valle,
C.P. 03100, México, D. F.
Tels: 55756615, 55758701, 55750186.
Fax: 55756695.
http://www.grupotomo.com.mx
ISBN: 970-775-146-0
Miembro de la Cámara Nacional de la Industria Editorial
No. 2961.

Traducción: Luigi Freda Eslava
Formación tipográfica de la obra en español: Editorial Aguirre
Diseño de portada en la edición en español: Emigdio Guevara
Supervisión de producción: Silvia Morales
Director Editorial: Anne Marshall
Editor: Jenni Rainford
Asistente de editor: Teri Mort
Diseñadores: John Christopher, Jo Brewer
Búsqueda de ilustraciones: Liberty Newton
Editor de copia: Rosalind Beckman
Sub-editor: Jim Murphy
Texto: Clive Carpenter, Windsor Chorlton, Peter Eldin, John Farndon, Geoff Tibballs
Formador de índice: Lynda Watson
Jefe de producción: Estela Boulton
Diseño de portada: Dick Skelt for Out of House
Separación de color: DPI Colour Digital Ltd., Essex, U.K.

Reservados todos los derechos. Ninguna parte de esta publicación podrá ser reproducida o transmitida en cualquier forma, o por cualquier medio electrónico o mecánico, incluyendo fotocopiado, cassette, etc., sin autorización por escrito del editor titular del Copyright. Para solicitar información sobre permisos, derechos y copyright de esta obra favor de dirigirse al VP Intellectual Property, Ripley Entertainment Inc., Suite 188, 7576 Kingspointe Parkway, Orlando, Florida 32819. Este libro se publicó mediante al contrato firmado entre Ripley Entertainment Inc. y Grupo Editorial Tomo, S. A. de C. V.

Desarrollado y producido por Miles Kelly Publishing.

Impreso en China – *Printed in China*

CONTENIDO

Más Allá de lo Comprensible	008-037
Tierra Sorprendente	038-067
Animales Extraordinarios	068-097
Cuerpo y Mente	098-127
Maravillas de la Ciencia	128-157
Artes y Entretenimiento	158-187
Diversión y Juegos	188-217
Más Allá de lo Creíble	218-247
Índice	248-255
Reconocimientos	256

Ripley's

En diciembre de 1918, mientras trabajaba como columnista de deportes del New York Globe, Robert Ripley creó su primer colección de hechos y hazañas extraños. Las caricaturas, basadas en logros atléticos poco comunes, se presentaron con el título "Campeones y Chiflados", pero su editor deseaba un título que describiera la naturaleza increíble del contenido, así que después de muchas deliberaciones, se cambió a "¡Aunque Usted No lo Crea!" La caricatura fue un éxito al instante y la frase "aunque usted no lo crea", pronto pasó a formar parte del habla cotidiana.

La primera caricatura de "¡Aunque Usted No lo Crea!" de Robert Ripley, publicada en 1918.

La pasión de Ripley era el viaje y para 1940 había visitado no menos de 201 países. A todas partes donde iba, buscaba lo bizarro para incluirlo en sus caricaturas de periódicos de todos lados, que habían alcanzado la plenitud al llegar a una distribución mundial, traduciéndose a 17 idiomas diferentes y presumir un círculo de lectores de 80 millones de personas. Durante un viaje cruzó dos continentes y abarcó más de 39,000 kilómetros (24,000 mi) de New York a Cairo y de vuelta para satisfacer su apetito por lo extraño.

¡Uno de los viajes de Ripley incluyó 24,000 kilómetros (15,000 mi) por aire, 13,000 kilómetros (8,000 mi) por barco y más de 1,600 kilómetros (1,000 mi) en camello, caballo y burro!

> "En Chicago, cien personas se desmayaban todos los días y debíamos tener seis camas. Aquí tenemos sólo tres camas y difícilmente alguien se ha desmayado".
>
> *Robert Ripley al comparar su Museo de lo Extraordinario de la ciudad de Nueva York en 1940 con el Museo de lo Extraordinario de Chicago en 1933.*

Cualquiera con un hecho extraño debe contactar la página de Internet de Ripley en www.ripleys.com

Museos Ripley's

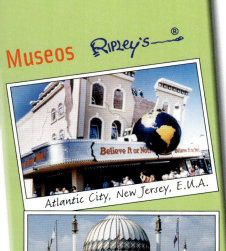
Atlantic City, New Jersey, E.U.A.

Grand Prairie, Texas, Estados Unidos

Pattaya, Tailandia

Orlando, Florida, Estados Unidos

Desde el primer Museo de lo Extraordinario construido en Chicago en 1933 (donde las exhibiciones abarcaban de cabezas reducidas genuinas de la parte alta del Amazonas a *La Última Cena* pintada en una moneda de diez centavos de dólar), esta notable colección ahora se presenta en 27 museos distribuidos por nueve países.

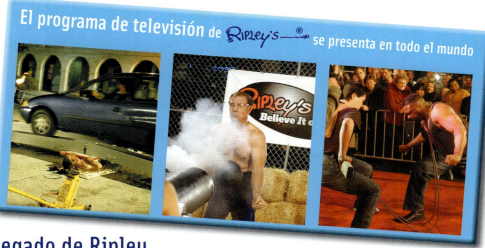
El programa de televisión de Ripley's se presenta en todo el mundo

El legado de Ripley sigue vivo

Aunque murió en 1949 (después de tener un colapso en el escenario de su programa semanal de televisión), sus caricaturas de "¡Aunque Usted No lo Crea!", aún se producen diariamente (al igual que ha sucedido todos los días desde 1918) lo que las convierte en las caricaturas de amplia distribución de mayor duración en el mundo. Investigadores intrépidos siguen los pasos de Robert Ripley, explorando continuamente el mundo y permitiendo que Ripley siga siendo el rey indiscutible de lo extraño y lo increíble. Con una enorme base de datos en computadora de hechos, personas y sucesos increíbles, un gigantesco archivo fotográfico y un almacén lleno de exhibiciones únicas, Ripley's puede presentar una celebración de la sorprendente diversidad de nuestro mundo, sin juzgar jamás. Desde el inicio, Robert Ripley animó a sus dedicados lectores a enviar material y fotografías... tradición que existe hasta la actualidad. ¡Su correo semanal a veces superaba las 170,000 cartas! En una ocasión conmemoraron al hombre que lo empezó todo en la iglesia de su ciudad natal, en Santa Rosa, California. Toda la iglesia se construyó con una sola secoya gigante...

Aunque Ud. No Lo Crea

Correo electrónico hq@ripleys.com para información respecto a enviar material, o escriba a Ripley Entertainment Inc., 7576 Kingspointe Parkway, #188, Orlando, Florida, 32819, Estados Unidos

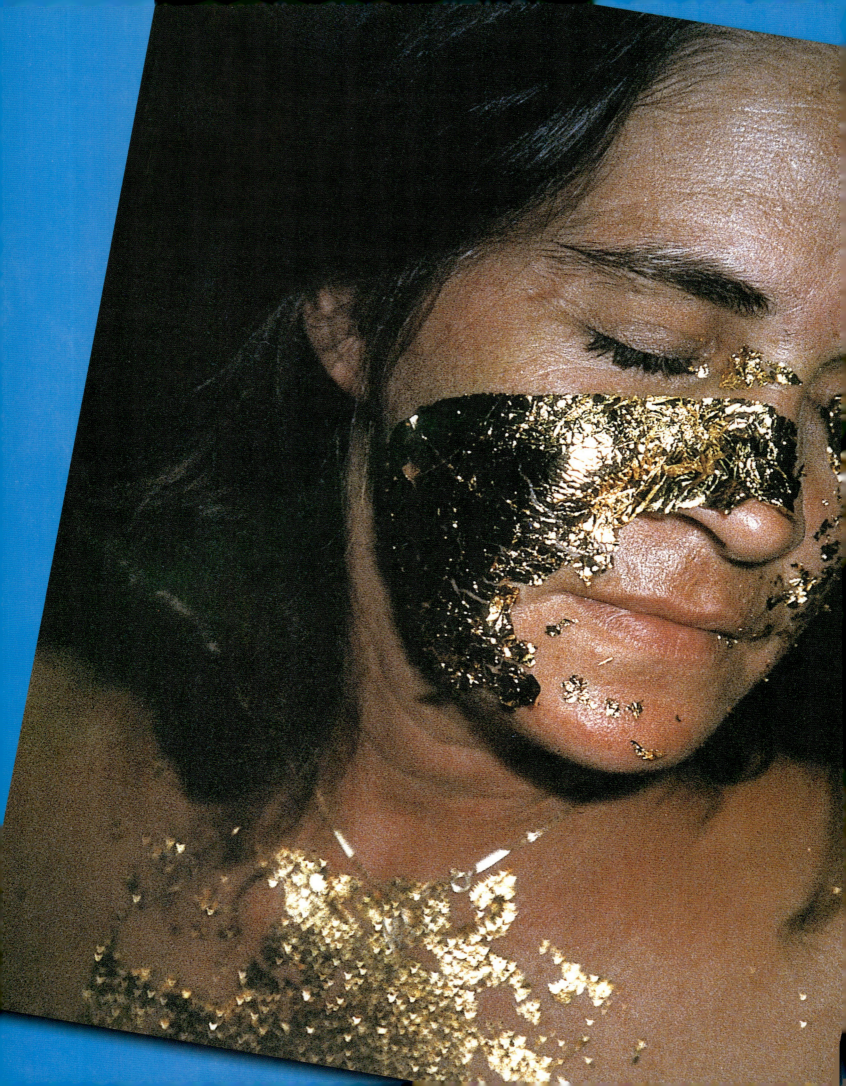

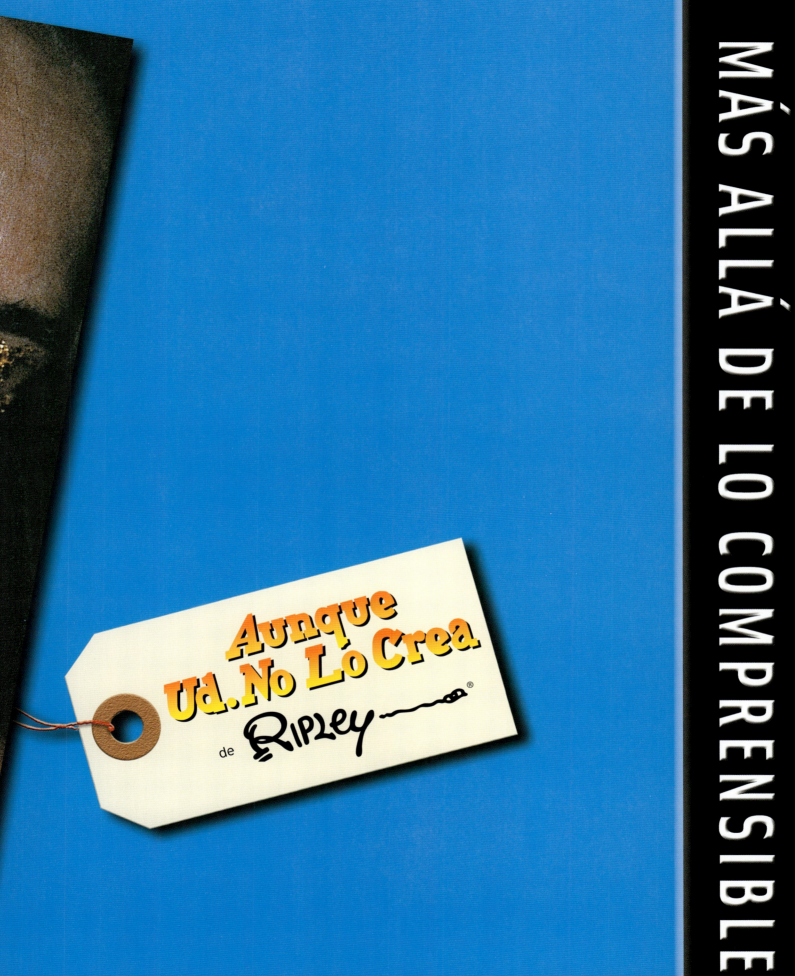

MÁS ALLÁ DE LO COMPRENSIBLE

Aunque Ud. No Lo Crea de Ripley

La Luz Nocturna de la Tierra

Si los humanos hubieran estado en los primeros años de la vida en la Tierra, las noches hubieran sido en verdad oscuras para ellos... ya que no había luz de luna en absoluto.

De hecho, no había luna. Sorprendentemente, la luna no se formó al mismo tiempo que la Tierra, sino algún tiempo después. Los científicos piensan que la luna se formó cuando otro planeta pequeño chocó con la Tierra recién nacida... con un impacto tan enorme que se derritió casi de inmediato. Al igual que cuando se lanza una piedra a un estanque, el impacto lanzó salpicaduras del planeta derretido de vuelta al espacio. Conforme las salpicaduras se enfriaron, se unieron para formar la luna.

Si desearas ver toda Australia, Europa y América en menos de medio día, podrías probar a sentarte en la luna. Ésta apenas se mueve, ¡pero la Tierra gira bajo ella a más 40,000 kilómetros por hora (24,860 mph)!

ASUNTOS DE LA LUNA

- Como la gravedad es la sexta parte de la que hay en la Tierra, una persona promedio en la luna podría saltar 4 metros (13 pies) hacia arriba... ¡como saltar arriba de un camión de dos pisos!
- El sol brilla hasta por 360 horas en el lado soleado de la luna y las temperaturas pueden alcanzar 127°C (260°F).
- La luna se ve del mismo tamaño del sol pero con el asombroso diámetro de 1.4 millones de kilómetros (870,000 mi), el sol es 400 veces más grande que la luna, que sólo tiene un diámetro de 3,500 kilómetros (2,175 mi). Sin embargo, a una distancia de 150 millones de kilómetros (93 millones de millas) de nosotros, el sol está 400 veces más lejos que la luna, que sólo está a 384,000 kilómetros (240,000 mi) de distancia.

Exploración del Universo

Las huellas que dejaron atrás en la luna los astronautas del Apollo, Neil Armstrong y Edwin "Buzz" Aldrin, hace más de 35 años aún están ahí... igual de perfectas como si las hubieran hecho ayer, ya que no hay viento ni lluvia para borrarlas. De hecho, es probable que duren para siempre.

Ilusión Óptica
La luna está cubierta de veintenas de mares, conocidos como maria (la palabra en latín para mar), sin embargo no hay una gota de agua en ninguno de ellos, ni nunca la ha habido. Sólo parecían mares a los primeros astrónomos de la Tierra. La primera misión tripulada a la luna aterrizó en el reseco Mar de la Tranquilidad.

¿Primer Aterrizaje en la Luna? De acuerdo a la tradición histórica china, un hombre y una mujer aterrizaron en la luna hace 4,000 años. El ingeniero Hou-Yih y su esposa, Chang Ngo, volaron a la luna en un ave celestial. Sus descripciones de las condiciones de la luna fueron increíblemente exactas. ¿Fue su viaje el resultado de una imaginación demasiado activa o en realidad fueron allá empleando tecnología que después perdió la humanidad?

Visión Clarividente Un viaje a la luna en una nave se describió en una obra de ficción de Luciano de Samosata, Siria, en el siglo II d.C.

Luna en la Ventana Un pedazo de roca lunar se conserva en la ventana de cristal de colores de la catedral de Washington.

Astronomía Azteca Una rueda calendario empleada por los antiguos aztecas de México, seguía la pista a las complicadas órbitas de la Tierra y la luna y pronosticaba con exactitud los eclipses.

Buenas Vibraciones Después de que la tripulación del *Apollo 12* aterrizó en la luna, en 1969, la superficie lunar continuó vibrando por casi una hora.

Afirmación Hueca En 1976, dos científicos rusos afirmaron que la luna no es un satélite natural de la Tierra, sino "un planetoide hueco preparado por una civilización muy avanzada y con tecnología sofisticada dentro de un mundo artificial 'invertido' que se puso en órbita alrededor de la Tierra hace eones".

Una Posibilidad Remota Cuando un hombre aterrizó en la luna, David Trelfall ganó 18,000 dólares. En 1964 hizo una apuesta de 1,000 a 1, de que el hombre pondría el pie en la luna antes del 1 de enero de 1971.

> "Más de 450 astronautas han viajado al espacio"

Desde el primer satélite artificial del mundo, el Sputnik 1 ruso, que lanzaron al espacio en 1957, se han producido más de 4,000 lanzamientos exitosos de naves espaciales... misiones tripuladas de exploración, pruebas robot a planetas distantes, laboratorios orbitales espaciales y satélites.

Poder del fuego

¡A cada segundo, el sol produce suficiente energía para abastecer las necesidades de energía de Estados Unidos por 50 millones de años! Para producirla, quema la cantidad increíble de 4 millones de toneladas de su masa. Sin embargo, se necesitarán alrededor de 5,000 millones de años para que se consuma todo, así que no necesitamos preocuparnos de que se agote. El peso del sol es 332,946 veces el de la Tierra y quema cerca de 33 billones de toneladas de hidrógeno en un año.

El sol arde con tal brillo que ilumina a la Tierra con la luz de día, a pesar de que está a 150 millones de kilómetros (93 millones de millas) de distancia. De hecho, ¡cada pulgada cuadrada (no más grande que la superficie de una estampilla postal) arde con el brillo de más de 1.5 millones de velas!

Nariz Dura El astrónomo danés Tycho Brahe tenía una nariz artificial de metal sólido. Le cortaron la nariz verdadera en un duelo en 1566, cuando tenía 20 años de edad.

Visión Redonda La primera persona en sugerir que la Tierra no era plana, sino en realidad esférica, fue el filósofo griego Filolao de Tarento en 450 a.C.

Casi una Colisión Nuestro mundo casi fue destruido por un asteroide en 1976. El asteroide en órbita alrededor del sol sólo estuvo a 1.2 millones de kilómetros (750,000 mi), que, en términos espaciales, ¡es demasiado cerca para nuestra comodidad!

Puntos ciegos

¡Se tuvo que mantener en secreto la primera observación de las manchas solares! Fueron observadas por un jesuita, el padre Scheiner, en 1650, pero hubiera sido blasfemo reconocer el hecho ya que se consideraba al sol como el símbolo más puro de la incorruptibilidad celestial.

Grandes Bolas de Fuego Se han visto bolas de fuego durante siglos. Los científicos las llaman "relámpagos en bola", pero nadie sabe qué son o cómo se producen. Algunas causan daños pero la mayoría no y parecen ser capaces de cruzar objetos sólidos sin dañarlos.

Implosión Cuando la gravedad de una estrella se vuelve demasiado grande, se colapsa en sí misma. A veces esta implosión aumenta hasta que absolutamente nada puede escapar de su fuerza. Cuando llega a esta etapa, se le conoce como "hoyo negro".

Estrellitas No todas las estrellas brillan. Ni todas son gigantescas. De hecho, existen estrellas en el espacio que son totalmente oscuras y más pequeñas que la luna. Pueden tener 27 a 37 kilómetros (17-23 mi) de diámetro, no mayores que una ciudad grande y se les llama estrellas de neutrones ya que están compuestas casi en su totalidad de partículas subatómicas llamadas neutrones.

Velocidad de la Luz Se necesitan 4 minutos para que la luz del sol llegue a la Tierra.

Tamaño de Consideración La estrella Sirio es alrededor de 25 veces más brillante que nuestro sol.

Edad Universal El Universo tiene entre 12,000 y 15,000 millones de años.

Enorme Cráter El cráter de meteorito más grande que se conoce, el cráter Chixulub en México, ¡tiene 180 kilómetros (112 mi) de diámetro!

¡El cráter Barringer en Arizona lo causó un meteorito que chocó con la Tierra hace 25,000 a 40,000 años! Tiene 800 m (2,625 ft) de diámetro y 200 m (656 ft) de profundidad.

Exploración del Universo

En un tiempo se pensó que los cometas que cruzan los cielos son advertencias de los dioses de la guerra, plagas, hambrunas o muerte... y cuando algo ocurría en un año de cometa (el año en que aparece el cometa), se pensaba que era una prueba positiva... ¡a pesar de que sucedían situaciones peores en años sin cometas!

Larga Espera ¡El cometa Delavan vuelve cada 24 millones de años!

Dieta Espacial Si en verdad deseas perder peso, puedes mudarte al planeta Plutón. Se debe a que Plutón es más pequeño y su gravedad es débil, de manera que sólo pesarías dos terceras partes de lo que pesas en la Tierra. Sin embargo, si fueras a Júpiter, ¡pesarías 23 veces más!

Estrellas de Bolsillo Con sólo 16 kilómetros (10 mi) de diámetro (no más grande que una ciudad pequeña) las estrellas más pequeñas de todas son las estrellas extrañas o quark, descubiertas en 2002, y que están formadas en su totalidad de quarks, las partículas más diminutas de todas.

Guppies Pioneros Los guppies de Centroamérica fueron los primeros peces en el espacio.

Tiempo Rápido Si tienes prisa por llegar a la edad de salir de la escuela (o cobrar la pensión), podrías intentar mudarte a Mercurio. Se debe a que Mercurio está tan cerca del sol que sus años duran menos de tres meses terrestres. Así que si tienes 12 años en la Tierra ahora, ¡tendrías casi 50 años en Mercurio!

Los Átomos Más Antiguos El intelectual griego Demócrito de Abdera describió los átomos por primera vez hace más de 2,000 años.

Cerrar el Círculo

¡Aproximadamente en el año 250 a.C. el filósofo griego Eratóstenes de Cirene determinó la circunferencia de la Tierra con sombras! Observó que las sombras que producía el sol en dos lugares separados por 800 kilómetros (500 mi) diferían en siete grados. A partir de esto calculó que si la Tierra era una esfera y los siete grados de diferencia equivalían a los 800 kilómetros (500 mi), entonces la circunferencia era de alrededor de 40,230 kilómetros (25,000 mi) y su diámetro de alrededor de 12,875 kilómetros (8,000 mi). Estuvo increíblemente cerca, ya que ahora sabemos que la circunferencia es de 40,075 kilómetros (24,902.4 mi) y el diámetro promedio (porque la Tierra no es una esfera exacta) es de 12,740 kilómetros (7,917.78 mi).

Superdensas Las estrellas de neutrones están tan comprimidas que aprietan un décimo de la materia que formaba la estrella gigante original (antes de que implotara) en una bola 1500 veces más pequeña.

Peso Cúbico Las estrellas de neutrones son tan densas que un fragmento del tamaño de un cubo de azúcar pesaría tanto como toda la gente de la Tierra junta.

Bola Apretada Con sólo 32 kilómetros (20 mi) de diámetro, la estrella de neutrones promedio contiene la décima parte de la materia que tiene el sol en sólo un millonésimo del espacio.

Estrellas Giratorias Al girar a más de 1,000 veces por segundo, algunas estrellas de neutrones rotan diez veces más rápido que un disco compacto.

Días Soleados Nuestro Sistema Solar tiene una edad de alrededor de 4,600 millones de años.

Dos sorprendidos y algo asustados trabajadores de campo rusos, Anna Takhtarova y su nieta Rita, fueron las primeras personas en encontrar a Yuri Gagarin cuando aterrizó en su aparato de aterrizaje (que aquí se muestra) después del primer vuelo tripulado del mundo en abril de 1961.

Magia de Luz de Luna de Colón

Tal vez no se hubiera anunciado el descubrimiento de América si no fuera por un eclipse de la luna. Al saber que estaba a punto de ocurrir un eclipse, Colón anunció a nativos hostiles en Jamaica que haría que la luna "perdiera su luz". Cuando sucedió como predijo, los nativos ya no causaron más problemas y Colón al final viajó a Europa para anunciar su descubrimiento.

Poder de Atracción Las estrellas de neutrones llamadas magnetares podrían ser un millón de veces más pequeñas que la Tierra, ¡pero tienen mil billones de veces su poder magnético!

Latido Celestial Como las luces intermitentes de los autos policiacos, los pulsares son estrellas de neutrones que envían señales en pulsos regulares ya que rotan a alta velocidad.

Desayuno de Astronauta Antes de que entrara a la nave espacial *Vostok 1* el 12 de abril de 1961, Yuri Gagarin desayunó carne molida, mermelada de zarzamora y café.

Feliz Cumpleaños Los astronautas del *Apollo 9* cantaron "Feliz Cumpleaños a Ti" en el espacio por primera vez el 8 de marzo de 1969.

Salto Espacial El vuelo tripulado de Estados Unidos duró sólo 15 minutos y 22 segundos. El vuelo suborbital de 483 kilómetros (302 mi) se hizo en la nave espacial Mercury, *Freedom 7*, por el astronauta Alan B. Shepherd el 5 de mayo de 1961.

Estómago Ingrávido Los equipos médicos que se dieron a la tripulación del *Skylab* de Estados Unidos incluían píldoras con el propósito de controlar el mareo.

Saludos en lo Alto "Capriadno was vidit" fueron las primeras palabras que dijo un estadounidense a un ruso la primera vez que se encontraron en el espacio en 1975. Significan "Qué agradable verlo de nuevo" y las dijo el general estadounidense Tom Stafford al coronel ruso Alexei Leonov, cuando la nave espacial *Apollo* se acopló con una nave espacial *Soyuz*.

Una extrabajadora de una fábrica de llantas fue la primera mujer en el espacio... Valentina Tereshkova. A finales de la década de 1950, Tereshkova se dedicó al paracaidismo y en 1960 fue elegida para entrenamiento espacial, convirtiéndose en la primera mujer en el espacio sólo dos años después.

Anillos Llamativos

Formado en su totalidad de gases ligeros como hidrógeno y helio, el planeta Saturno es tan ligero que en verdad podría flotar... ¡si encontraras una alberca lo bastante grande! Saturno es 1,000 veces más grande que la Tierra, pero 100 veces menos pesado. Saturno es el planeta más alejado de la Tierra que a veces se puede ver a simple vista. Aunque los otros planetas se pueden ver desde la Tierra, no emiten luz alguna. La luz que nos permite verlos es la luz solar reflejada. La cantidad de luz solar disminuye conforme viaja por el Sistema Solar, de manera que los planetas más allá de Saturno son tan tenues que no son visibles al ojo humano.

Se ha sugerido que los pigmeos del Bosque Ituri en África Central llamaban a Saturno "la estrella de las nueve lunas"... ¡antes que los científicos supieran de las lunas de Saturno!

Exploración del Universo • Aliens • Ovnis 15

¡Encuentros del tipo Extraterrestre!

> **PÁNICO EXTRATERRESTRE**
> Una invasión a la Tierra de extraterrestres el 30 de octubre de 1936 causó pánico en Estados Unidos. Se bloquearon los sistemas telefónicos por personas que telefoneaban a la policía, a hospitales, periódicos, parientes y amigos para solicitar ayuda o para comentar las noticias que estaban escuchando en su radio. La transmisión, presentada como una historia en vivo, fue en realidad una obra adaptada por el actor Orson Welles de la novela de H. G. Wells, *La Guerra de los Mundos*.

¡Un corto viaje en New Hampshire en 1961 tomó siete horas de la vida de dos personas!

Betty y Barney Hill estaban confundidos de por qué les tomó tanto tiempo llegar a su destino. Sin embargo, no fue hasta dos años después, cuando buscaron la asesoría del psiquiatra Benjamin Simon para tratar sus pesadillas recurrentes y extrañamente similares, que los hipnotizaron para llegar a la raíz de sus molestias nocturnas. Mientras estaban hipnotizados, ambos contaron cómo los habían sacado de sus autos seres extraños y los sometieron a exámenes médicos intensos. Betty, en estado hipnótico, también contó que el origen de los extraterrestres era zeta reculi, que es un sistema de estrellas en el espacio. ¡No se descubrió oficialmente hasta 1969!

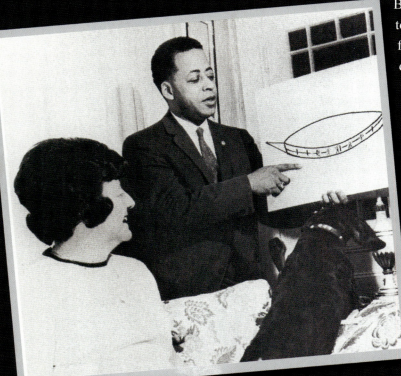

Betty y Barney Hill fueron las primeras personas en hablar en público sobre su supuesto encuentro con extraterrestres, y desde entonces, muchos otros "raptados" se han presentado para hablar de experiencias similares.

Panqués Voladores Joe Simonton afirmó que conoció extraterrestres en 1961 y que le dieron varios panqués sin sal. A partir de entonces, le pusieron a Joe el apodo de "Panqué Joe".

Compañero Viajero George Adamski, vendedor de hot-dogs en el Observatorio del Mount Palomar, cerca de San Diego, California, aseguró que tuvo varios contactos con seres de otros mundos y que incluso voló con ellos por el Sistema Solar. Su primer contacto al parecer fue cerca de Desert Center, Arizona, el 20 de noviembre de 1952.

Idioma Muerto Catherine Muller, de Ginebra, Suiza, fue la primera en copiar el lenguaje escrito marciano, e insistía que lo aprendió de un asociado muerto durante una sesión de espiritismo.

Se descubrió esta extraña criatura en el norte de Israel en 1998. Con 10 a 12 cm (4-5 in) de longitud, tiene lo que parecen ser brazos, piernas, dedos y cabeza. Muchos creen que esta extraña criatura es un extraterrestre.

Avistamiento de Grupo Más de 50 personas confirmaron haber visto un objeto que volaba en la isla Trindade en el Atlántico Sur el 16 de enero de 1958. La tripulación del barco del Servicio Hidrográfico y de Navegación de Brasil, el *Almirante Saldaña*, y un equipo de buzos abordo afirmaron haber visto el objeto.

Verdaderos Creyentes Una encuesta reveló que 92 por ciento de los estadounidenses cree que extraterrestres viven entre nosotros.

Estampilla Oficial Guinea Ecuatorial fue el primer país en mostrar platillos voladores en sus estampillas postales.

Vehículo Caliente Carl Farlow estaba conduciendo un camión entre Avon y Sopley, en Inglaterra, el 6 de noviembre de 1967 cuando se apagaron las luces. Un objeto ovalado flotó sobre el camino y luego voló alejándose y desapareció. La policía descubrió más tarde que había quemado el suelo, derritiendo el asfalto™.

Letra de Marte La letra B en el lado de una piedra marciana se vio con claridad cuando una sonda espacial Viking trasmitió fotografías de la superficie de Marte a la Tierra en 1976. El Centro Espacial de Pasadena recibió innumerables llamadas telefónicas sobre esta supuesta evidencia de vida en el planeta rojo.

LOS VERDADEROS PLATILLOS NO QUIEREN VOLAR

Poco antes de 1960, el gobierno canadiense financió un programa para construir un platillo volador avanzado. Este disco impulsado por reacción a chorro podría volar increíblemente rápido (2,414 km/h) [1,500 mph] y despegar y aterrizar verticalmente. Sin embargo, el proyecto llegó a ser tan costoso que lo vendieron a Estados Unidos para desarrollarlo más. Por desgracia, la nave demostró ser inestable a velocidades por encima de 48 km/h (30 mph) y no podía elevarse más de 1 m (4 pies) sin ladearse peligrosamente.

Choque Causado por ovni El piloto estadounidense Thomas Mantell persiguió un objeto volador no identificado en la Base de la Fuerza Aérea Godman, en Kentucky, el 7 de enero de 1948. Durante la persecución, el avión de Mantell explotó y los restos se encontraron a 145 kilómetros (90 mi) de distancia. La explicación oficial fue que el piloto estaba persiguiendo al planeta Venus, pero más adelante se demostró que Venus no era visible en ese momento.

¿El Misterio de Roswell?

En julio de 1947, un objeto misterioso chocó en una parte remota de New Mexico. Un ranchero local del pueblo de Roswell informó al sheriff que tal vez había recuperado los restos de un platillo volador. El sheriff de inmediato informó esto a la cercana base aérea militar, que envió un equipo para examinar los restos. Pronto el mundo se sorprendió por un informe oficial que hablaba de la recuperación de los restos de un "disco volador". Para el siguiente día, los militares negaban oficialmente todo y afirmaban que eran los restos de un globo climatológico. Los restos reales eran de brillante material plástico metálico, pero parecen haber desaparecido desde entonces. A partir de ese momento, ha tenido lugar una encarnizada discusión del significado del incidente.

Éstos son supuestamente los restos del "disco volador" que aterrizó en Roswell en julio de 1947. Sin embargo, muchos creen que es el material de un globo climatológico.

Aliens • Ovnis

Armas Secretas Nazis En 1959, se filtraron informes de que el régimen nazi había creado varios discos voladores misteriosos, que se decía tenían un desempeño increíble, aunque nunca se encontró evidencia de su existencia. Se decía que fueron diseñados por varios científicos: Schreiver, Miethe, Bellonzo y Habermohl, aunque ninguno de esos individuos se pudo localizar después de la guerra. Es seguro que uno de esos discos voladores existió. Lo diseñó el granjero alemán Arthur Sack, y los probaron pilotos de Luftwaffe en 1944. Por desgracia, ¡se negaba mucho a despegar y abandonaron el proyecto!

Ojos de Platillo Mientras volaba sobre las Montañas Cascade en el estado de Washington el 24 de enero de 1947, el piloto Kenneth Arnold vio varias luces brillantes que parecían una nave con alas de murciélago. Describió que se movían "como haría un platillo si lo hicieras dar saltos en agua". Esta observación creó el término "platillo volador".

Rueda de Luz Hombres en un vapor británico que viajaban por el Golfo Pérsico en 1906 vieron una enorme rueda de luz girar bajo el agua. Los rayos de la rueda, que era más grande que el vapor, pasaron por la nave, ¡pero no la dañaron ni tampoco a la tripulación en ninguna forma!

¿Nuevo Mundo? El explorador Cristóbal Colón vio un ovni la noche anterior a su descubrimiento del Nuevo Mundo.

- *Paul Villa es un verdadero creyente en la existencia de vida extraterrestre. Ha pasado años fotografiando lo que afirma son ovnis. Envía sus fotografías a presidentes importantes, además de distribuir copias al público. ¡Está determinado a tomar un día una imagen de un ovni que cree que demostrará sin duda que existen los ovnis y, en consecuencia, los extraterrestres! Mientras tanto, la gente cree sin poderlo evitar que sus fotografías son engaños, incluyendo esta que se tomó en Alburquerque, New Mexico.*

> "**Ovni deja un diseño de puntos en el pecho de estadounidense**"

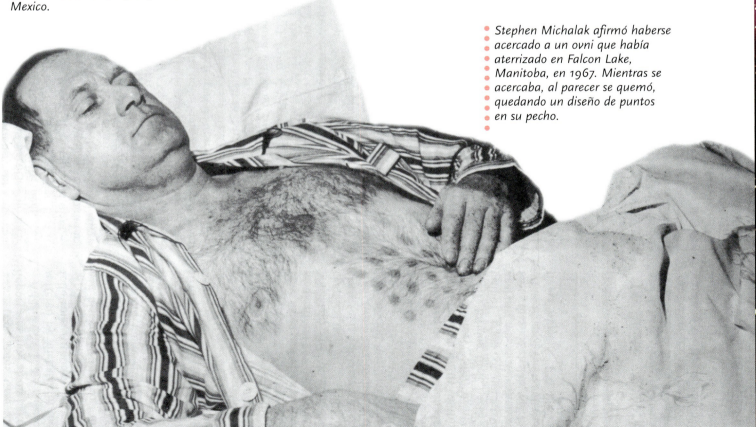

- *Stephen Michalak afirmó haberse acercado a un ovni que había aterrizado en Falcon Lake, Manitoba, en 1967. Mientras se acercaba, al parecer se quemó, quedando un diseño de puntos en su pecho.*

¿QUÉ SUCEDE EN EL ÁREA 51?

Todos los días laborales al menos 500 personas vuelan a trabajar en una misteriosa base en Nevada, que oficialmente no existe. Este lugar, llamado Área 51, es parte de la base aérea de Groom Lake, donde se probó por primera vez el avión espía U2 en condiciones de gran confidencialidad, y donde se murmura que se están probando nuevas naves sigilosas. Una seguridad muy fuerte mantiene alejados a los curiosos pero existen rumores de que en el Área 51 se conservan varias naves espaciales extraterrestres para propósitos de prueba, de manera que se pueda entender su funcionamiento y aplicarse a nuevos proyectos. Incluso se han tenido informes de que se diseccionó y estudió a un extraterrestre muerto y que se encuentra en esta base secreta.

Esta fotografía supuestamente muestra a un extraterrestre que se recuperó de un ovni que se estrelló en 1950 cerca de New Mexico. Al parecer, se envió el "extraterrestre" a Alemania para examinarlo, pero se cree que es un engaño.

Extraterrestres Que Saludan
Fueron muchos los testigos de la aparición de una extraña nave voladora sobre una misión anglicana en Papua Nueva Guinea en junio de 1959. El padre Gill, el personal de la misión y toda la congregación vio una nave circular con pasamanos, "como el puente de un bote". La tripulación de cuatro estaba recargada en los pasamanos y cuando la gente en tierra los saludó con la mano, ¡también los saludaron!

Luces Fuera Un objeto volador rojo inutilizó luces, radio y motor de un auto que conducía un maestro de escuela en Cochcrane, Wisconsin el 3 de abril de 1968.

Autor que Desaparece
Después de encontrarse con un extraterrestre en febrero de 1954, ¡Cedric Allingham desapareció! El encuentro tuvo lugar cerca de Lossiemouth, Escocia, y Allingham luego escribió un libro sobre el suceso, ¡pero luego no se volvió a saber de él!

Bolas de Luz El soldado canadiense de primera clase de la Segunda Guerra Mundial, Carson Yorke vio una bola de luz que flotaba en el aire cerca de Amberes, Bélgica. Se le unieron otras cuatro bolas brillantes, pero hasta la actualidad nadie sabe qué eran.

Al parecer se vieron ovnis en 1989, volando sobre Rusia.

Fantasmas Juguetones dan miedo

Se tienen muchos informes de actividad de poltergeist en países de todo el mundo que aterrorizan a familias con sus travesuras.

En 1973, en una casa ordinaria de las afueras de Enfield, North London, Inglaterra, investigadores psíquicos examinaron un caso de poltergeists (palabra alemana que significa "fantasma ruidoso") que estaban hostigando a Peggy Harper, divorciada que vivía con sus cuatro hijos. Las camas de los niños subían y bajaban y objetos volaban misteriosamente. Se llamó a la policía y un oficial informó ver una silla flotando en el aire. Después, los niños también flotaban en el aire. La actividad de poltergeist terminó de repente en 1979, más o menos al mismo tiempo que una de las niñas entró a la pubertad.

Estos muebles amontonados en la sala de los Webster fueron al parecer el trabajo de un poltergeist. El embrujamiento de esta casita en Chester, Inglaterra, empezó a finales de 1984 y continuó por un par de años. Los residentes de la casa encontraron que el origen del "poltergeist" se remontaba a un hombre llamado Tomas Harden, quien vivió en una casita que estaba en el mismo lugar en el siglo XVI. La pareja había estado renovando su propiedad y se cree que esto molestó al poltergeist.

En 1985, Ken Webster tenía una computadora en su casa, algo poco común en esa época, y a menudo encontraba mensajes escritos en la pantalla por Tomas Harden. Los mensajes siempre estaban en un estilo antiguo de inglés y se tenían que traducir para que tuvieran sentido. No contento con escribir mensajes en la pantalla de la computadora, Harden a menudo los escribía también en el piso de la casa. Entre 1984 y 1987, ¡los Webster recibieron alrededor de 300 mensajes de su poltergeist!

La Palabra Mágica En un tiempo se creyó que la palabra "abracadabra" curaba fiebres.

Hazaña de Flotación ¡El espiritualista victoriano Daniel Douglas Home podía levitar! Muchos observadores aseguraron que era un truco aunque nadie pudo explicar cómo lo hacía.

Golpes Antiguos La familia Fox de Hydesville, cerca de Rochester, New York, en diciembre de 1847 escuchó que tocaban en las paredes de su casa. Encontraron que los golpes podían contestar preguntas, y Kate y Margaretta Fox comenzaron a hacer demostraciones públicas que condujeron al movimiento espiritualista en Estados Unidos.

Manos Muertas ¡Patience Worth escribió novelas 150 años después de su muerte! En julio de 1913, la señora Curran recibió mensajes con una tabla de ouija, y durante los siguientes 15 años la muerta Patience Worth escribió cuatro novelas largas y numerosos poemas mediante la señora Curran.

Las Termitas Hablan El pueblo azande de África emplea termitas para contestar preguntas sobre sucesos futuros.

Visión del Pasado Jardineros fantasmas, un hombre que desapareció, una dama haciendo un dibujo, una boda del siglo XVIII fueron vistos por dos damas, Charlotte Anne Moberley y Eleanor Jourdain, en los jardines del Palacio de Versalles, Francia, el 10 de agosto de 1901. Cinco meses después volvieron a visitar los jardines pero no existían los lugares por donde habían paseado. Al parecer, de alguna forma viajaron al pasado y vieron fantasmas del pasado.

Los Espíritus de Bull Henry Bull y su familia escuchaban con regularidad pasos fantasmales, una campana, toques misteriosos y voces extrañas mientras vivieron en Borley Rectory, en Essex, Inglaterra. En 1892, cuando el hijo de Henry Bull tomó posesión de la casa, se vio a un cochero etéreo en el camino y un hombre sin cabeza caminó por el jardín. Ocupantes posteriores vieron que mensajes garabateados aparecían en las paredes.

Escritor Fantasma En 1998, tres trabajadores de un museo en La Habana, Cuba, renunciaron después de ver el fantasma del escritor Ernest Hemingway.

Este fantasma sin cabeza de un perro se fotografió en Buckinghamshire, Inglaterra, en 1916. ¡El inspector de detectives que tomó la foto no recuerda ver la aparición en ese momento!

MANCHA EN LA FAMILIA
La familia Muret de Thionville, Francia, pagó 50,000 libras (27,000 dólares) a un mago para asegurar el éxito de su hijo en sus exámenes. Se instruyó a la familia a tomar parte en actividades crípticas, como beber tinta y balancear huevos en la cabeza… ¡pero el encantamiento falló y el chico tuvo el último lugar en los resultados de los exámenes!

Vuelo de Regreso del Más Allá El capitán Bob Loft y el segundo oficial Don Repo fueron vistos por otros pilotos en otros aviones después de su muerte el 29 de diciembre de 1972, cuando se estrellaron en los Everglades de Florida.

Limones Asesinos Brujas empleaban limones para matar gente. Se escribía el nombre de tu enemigo en un pedazo de papel sujeto a un limón. Esto causaba que se enfermara, enloqueciera o incluso muriera.

Justicia Ruda A menudo se ahogaba a mujeres del siglo XVII para demostrar que no eran brujas. Se ataba y arrojaba al agua a la sospechosa de ser bruja. Si flotaba, se consideraba que era bruja, pero si se hundía, era inocente… muchas se ahogaban en el proceso.

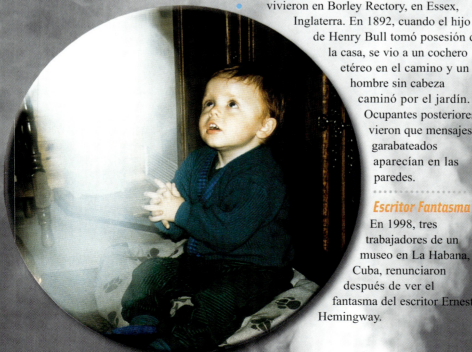

A la edad de dos años, Greg Sheldon Maxwell a menudo decía: "¡La vieja nana está aquí!", y al parecer apuntaba a nada en particular. Cuando se reveló esta foto, ¡se sugirió que la neblina frente a él era en realidad el fantasma de su bisabuela!

Magia • Ocultismo

PREDECIR EL FUTURO

- **Moleosofía:** descubrir el destino de una persona al "leer" los lunares de su cuerpo.
- **Geomancia:** emplear un puño de tierra o puntos al azar para predecir el destino de alguien.
- **Axinomancia:** predecir el futuro con un hacha.
- **Pesomancia:** leer señales creadas por diseños de guijarros.
- **Escapulomancia:** emplear huesos para determinar el futuro de alguien.

Calavera Gritona Se escucharon quejidos fantasmales y otros ruidos aterradores en Burton Agnes Hall, Bridlington, Inglaterra, después de la muerte de su dueña del siglo XVII, Anne Griffith. Había pedido que su cabeza se mantuviera en la casa pero ignoraron su deseo. Cuando los ruidos se volvieron insoportables, abrieron el féretro de Anne y se encontró que la cabeza ya estaba separada del cuerpo. ¡Llevaron el cráneo a la sala y los ruidos se detuvieron!

Isla Visitada por Fantasmas ¡Inglaterra tiene más fantasmas por kilómetro cuadrado que cualquier otra parte del mundo!

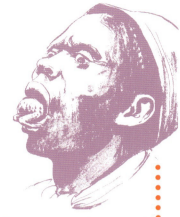

Obligaron a un nativo, acusado de brujería en Kenia, África, a mantener una rana viva en la boca. Si se deslizaba por la garganta, era culpable. Si no, era inocente.

Marido que se Desvanece Siete personas vieron al capitán Towns en su hogar cerca de Sydney, Australia, en mayo de 1873. Sin embargo, el Capitán había muerto seis semanas antes. Cuando la señora Towns se acercó a la aparición, desapareció y no se le volvió a ver.

Fantasma Bien Vestido El fantasma de un dandi del siglo XVIII que vio la autora, la Baronesa de Orczy en una estación del metro de Londres, la inspiró a escribir sus historias sobre Pimpinela Escarlata.

APROPIADAS PARA SER BRUJAS

En diciembre de 1691, siete jóvenes de Salem, Massachussets, sufrieron ataques violentos cuando jugaban con un "oráculo". Más adelante empezaron a ver "figuras espectrales" que las golpeaban y arañaban. Las jóvenes culparon a tres mujeres del lugar de sus males y esto empezó la más famosa cacería de brujas en la historia de Estados Unidos.

Alister Crowley fue nombrado "El Hombre Más Perverso del Mundo" ya que afirmó que había vendido su alma al Diablo. A Crowley le gustaba que lo conocieran como "La Bestia del Apocalipsis" y admitió tomar parte en rituales ocultos y estudiar los poderes secretos de la naturaleza.

Aunque Ud. No Lo Crea de Ripley

Magia en una caja

David Blaine de New York se ha vuelto en un fenómeno moderno como ilusionista y mago de primer plano.

Primero logró la aclamación cuando vagaba por las calles de diversas ciudades en Estados Unidos, llevando a cabo magia a personas al azar, televisadas y con primeros planos. Desde entonces ha intentado y tenido éxito en hazañas como permanecer por horas en un bloque de hielo, quedar suspendido en una caja y que lo enterraran vivo por una semana. Sin embargo, ¡sus destrezas fenomenales como mago han llevado a la gente a creer que esos logros son sólo ilusiones!

En noviembre de 2000, David Blaine se paró en el centro de Times Square, New York, ¡rodeado por un bloque de hielo de 6 toneladas! Se mantuvo ahí por más de 60 horas mientras los espectadores daban vueltas alrededor del hielo, observándolo. Salió con las piernas hinchadas, pero sin daño físico.

MAGIA CALLEJERA
David Blaine ha sorprendido a gente de todo el mundo con su magia callejera. Se le ha visto arrancar la cabeza a un pollo antes de volver a ponérsela, al parecer sin causar daño a la criatura. Durante un truco, pareció cruzar un vidrio ordinario para sacar un reloj de la exhibición de una joyería, ¡y una vez se sacó un pedazo de cuerda del estómago!

En 2002, ¡David Blaine se paró en el poste de 24 m (80 pies) en Bryant Park, New York, por 35 horas consecutivas! Después de soportar el viento, la oscuridad de la noche y las miradas constantes de la multitud en el suelo bajo él, saltó a un montón de cajas de cartón que su equipo había puesto bajo el poste.

"Vivir sólo con agua y bajo observación constante por 44 días consecutivos"

Doctor, Doctor A los 16 años de edad, David Blaine levitó frente a su médico, ¡quien de inmediato lo llevó para hacerle un examen!

Código Mágico Se dice que *Mysterious Stranger*, el libro de David Blaine, contiene un código que si se lee apropiadamente, ¡puede conducir a un tesoro oculto!

La idea original de Harry Houdini fue la inspiración de la hazaña de David Blaine en New York en 1999. Metieron a Blaine bajo tierra y lo enterraron vivo en una caja de vidrio por una semana, viviendo sólo con cuatro cucharadas de agua al día.

Noah Kelly, de Inglaterra, imitó la hazaña de David Blaine, ¡cubriéndose con bloques de queso en un centro comercial de Weston-Super-Mare, Inglaterra, por 48 horas!

David Blaine llevó a cabo otra extenuante hazaña de resistencia en octubre de 2003, cuando pasó 44 días en una caja de vidrio suspendida del Puente de la Torre, Londres, Inglaterra. Sólo se le permitió tomar agua durante el tiempo que pasó en la caja y estuvo bajo la observación constante de grandes multitudes en el terreno bajo sus pies. Cuando salió de la caja después de 44 días, había perdido casi 25 kg (55 lb) y durante las siguientes semanas, lo sometieron a un programa de realimentación con el fin de que recuperara la salud.

Aunque Ud. No Lo Crea de Ripley

La Calle de los Siete Diablos en Jever, Alemania, se llama así porque tres hombres y cuatro mujeres que vivían en ella fueron ejecutados por brujería.

Nombre Mágico El mago galés Richard Valentine Pitchford fue un fracaso como "Profesor Valentine Thomas", y "Val Raymond", ¡pero fue un enorme éxito cuando lo presentaron como "Cardini"!

Diabólico Vecino Cerca del Vaticano en Roma, se encuentra un museo dedicado por completo al Diablo.

Caminar a Través de las Paredes En 1986, el mago estadounidense David Copperfield causó sensación cuando en un espectáculo televisado, cruzó caminando la masa sólida de la Gran Muralla China. Sin embargo, su hazaña no fue el primer suceso así, ya que el mago inglés P. T. Selbit caminó a través de una pared de ladrillo en el escenario en 1914.

El Arte de las Brujas En un tiempo se pensaba que las brujas eran capaces de viajar en cáscaras de huevo vacías, tal vez sea la razón de que incluso en la actualidad la gente a menudo aplaste las cáscaras después de comer un huevo.

Suspendido en el Aire En 1936, Subbayah Pullavar de la India, ¡levitó enfrente de 150 observadores! Pullavar empezó vertiendo agua alrededor de una tienda, a la que entró luego, ocultándose al público por varios minutos. Cuando retiraron la tienda, el público se sorprendió al verlo al parecer en un trance y suspendido horizontalmente a alrededor de 1 metro (3 pies) en el aire. Algunas personas del público movieron objetos bajo él pero no pudieron encontrar evidencia de un soporte. Una vez que la tienda se puso de nuevo a su alrededor, algunos observadores lo vieron descender al suelo, ¡aún en posición horizontal!

Esta cabeza cortada puede parecer muy convincente, ¡pero en realidad es una ilusión! Se crea con dos espejos de pie bajo la mesa en que descansa la cabeza de la persona.

Al Extremo de su Cuerda

En el Truco Hindú de la Cuerda, un jaduwallah (mago) lanza una cuerda al aire, donde queda suspendida. Un niño chico sube la cuerda y desaparece. El mago ordena al niño descender y al no recibir respuesta, sube por la cuerda con una daga entre los dientes. ¡Él también desaparece! Se escuchan gritos fuertes desde el cielo y el cuerpo desmembrado del niño cae pedazo a pedazo. El mago reaparece, baja la cuerda, que entonces cae al suelo. Reúne los pedazos del niño en un saco grande y el niño surge del saco totalmente restaurado y sin repercusiones por su aterradora experiencia. ¡Es una de las hazañas más sorprendentes en la magia pero muy pocas personas saben cómo se hace!

Karachi y su hijo Khydar demostraron su versión del Truco de la Cuerda Hindú en 1935.

Magia • Ocultismo

Toque Ligero En 1995, una mujer de la Isla de Wight, Inglaterra, ¡se quejó de que un fantasma encendió los aparatos eléctricos en su casita de descanso! ¡La junta de electricidad afirmó que era la primera vez que culpaban a un fantasma de una factura elevada!

La Paciencia de un Santo A San Kevin, santo irlandés del siglo VI, ¡lo canonizaron por tolerar al fantasma de una mujer que había asesinado!

Estacas Ardientes Entre 1621 y 1640, se acusó a 30,000 mujeres de brujería y se les quemó en la estaca.

Nada Tranquilizador La señora Dora Monroe se mudó a una casa en Wisconsin en 1972, ¡y descubrió un cobertor encantado! ¡La gente que dormía debajo de él dijo que éste les hablaba, se quitaba de la cama e incluso se arrastraba bajo los muebles!

PUEBLO FANTASMA R.U.

El pueblo de Pluckley tiene la reputación de ser el pueblo más visitado por fantasmas en Inglaterra. Tiene al menos 11 fantasmas:

- La Dama Dering del siglo XII frecuenta el panteón
- Un trabajador gritón que se asfixió con arcilla que cayó de un contenedor en una fábrica de ladrillos
- Un salteador de caminos que fue atacado y atravesado por una lanza contra un árbol en el Rincón del Miedo
- Una misteriosa dama de blanco
- Un monje fantasmal que vigila el terreno de una casa
- Una carroza fantasma tirada por cuatro caballos fantasmagóricos
- El fantasma negro del viejo molino en ruinas
- Una gitana que quemaron hasta morir
- Una dama que se suicidó al beber el jugo de bayas venenosas
- Un director de escuela que se colgó solo en el pueblo
- Un coronel que se colgó en los bosques

> "La figura de un hombre aparece en la fotografía de una 'iglesia vacía'"

Eddie Coxon tomó esta fotografía durante un festival de las flores en una iglesia de Staffordshire, Inglaterra. Estaba seguro que no había nadie frente a la cámara, sin embargo, ¡esta figura fantasmal aparece en la fotografía!

Lección de Historia Coleen Butterbaugh en octubre de 1963, en una habitación de la Universidad Weslayan de Nebraska, ¡vio desaparecer a una mujer! Cuando describió el incidente a policías, le mostraron una foto de la mujer que había visto... Clarissa Mills, que murió en esa habitación en 1936.

LINCOLN ACECHA EN LA CASA BLANCA

Cuando Franklin D. Roosevelt fue presidente, la reina Wilhelmina de Holanda informó haber visto el fantasma de Abraham Lincoln en la Casa Blanca. El presidente Theodore Roosevelt, la primera dama Bird Johnson, el presidente Harry S. Truman, y el presidente Dwight Eisenhower también afirmaron haber visto a este fantasma.

La Maldición de Profanadores de Tumbas

Los arqueólogos que estuvieron presentes cuando se abrió la tumba de Tutankhamón por primera vez en 3,000 años, el 17 de febrero de 1923, ignoraron la advertencia inscrita sobre la entrada de la tumba para alejar a los intrusos:

"La muerte vendrá a quienes trastornen el sueño de los faraones"

Howard Carter y su equipo de arqueólogos abrieron la tumba de Tutankhamón en Egipto en 1922, haciendo caso omiso a la advertencia de muerte inscrita sobre la entrada de la tumba.

Lord Carnarvon, el patrocinador de la expedición, murió 47 días después de entrar a la tumba y otros varios miembros de la expedición murieron poco después de su regreso a Inglaterra. Seis años después, 12 de los miembros de la expedición habían muerto, y después de otros siete años, sólo sobrevivían dos de los excavadores. Del equipo original, sólo Howard Carter vivió hasta la vejez.

Historia de Novela Cuando le ofrecieron al actor Anthony Hopkins el papel principal en la película de 1974, *La Joven de Petrovka*, buscó en vano un ejemplar de la novela de George Feifer en que se basaba la película. Mientras esperaba su tren a casa, vio un libro en una banca. Era un ejemplar de *La Joven de Petrovka*. Durante la filmación en Viena, presentaron el novelista al actor. Resultó que Feifer había prestado su propio ejemplar a un amigo que lo había perdido en Londres. Hopkins le mostró a Feifer el libro que había encontrado. ¡Era el ejemplar de Feifer!

LAS PREDICCIONES DE NOSTRADAMUS

- El Parlamento de Londres causaría la muerte de su rey: Ejecutaron a Carlos I en Londres en 1649

- Londres ardería por incendio en tres veces veinte más seis: El Gran Incendio de Londres de 1666

- Un emperador nacería cerca de Italia y por 14 años sería un tirano: Napoleón nació en Córcega, una isla cerca de Italia, y tuvo el poder de 1799 a 1814

- La temible guerra se prepara en Occidente, el siguiente año vendrá la pestilencia: A la Primera Guerra Mundial le siguió la influenza mundial

- Por no desear aceptar el divorcio, el rey de las islas se verá obligado a huir: forzaron al rey Eduardo VIII a abdicar cuando insistió en casarse con la señora Simpson, una divorciada.

UNA CIFRA DE PROBABILIDADES

¿Sabía que en cualquier grupo de 23 personas, existe alrededor de 50 por ciento de posibilidades de que dos de ellas compartan el mismo cumpleaños? No tiene nada que ver con la coincidencia, y todo que ver con la estadística.

Profecías • Coincidencias

OCASIONES DE CIRUELA
El poeta francés Emile Deschamps una vez compartió una mesa con un Monseñor de Fortgibu al que agradaba el budín de ciruela y persuadió al poeta a probar un poco. Algunos años más tarde, Deschamps vio un budín de ciruela en un restaurante y pidió una rebanada, pero le dijeron que estaba reservado para otro cliente. ¡Se trataba de su antiguo amigo, Monseñor de Fortgibu! Varios años después, Deschamps asistió a una cena en que uno de los platillos era budín de ciruela. Contó la historia de la extraña coincidencia y todos bromearon que Fortgibu llegaría. Y lo hizo. ¡Lo habían invitado a una cena cerca pero se había perdido! "Tres veces en mi vida he comido budín de ciruela", comentó Deschamps, "y tres veces he visto a Monseñor de Fortgibu."

Palabras Fuera de Lugar Justo antes de los desembarcos de Normandía durante la Segunda Guerra Mundial, un crucigrama en el periódico inglés *The Daily Telegraph* incluía las respuestas Utah, Mulberry y Neptune. Eran todos los nombres código secretos de las zonas de desembarco. La respuesta a otra pista era Cacique, el nombre código de la operación en sí. El compilador del crucigrama, el maestro Leonard Dawe, fue investigado de inmediato por oficiales de inteligencia, pero resultó ser una sorprendente coincidencia.

Chivo Expiatorio Joseph Figlock caminaba junto a un edificio de 14 pisos en Detroit en 1975, cuando un bebé cayó del edificio y aterrizó en él. Un año después, otro bebé cayó del mismo edificio y sobrevivió a la caída al caer en... ¡Joseph Figlock!

David Mandell afirma haber tenido premoniciones en sus sueños, los cuales dibujó después. Aquí se le ve con algunos de los dibujos, que tienen una gran semejanza con sucesos que acontecieron poco después de sus sueños.

Servicio a la Habitación En 1953, el periodista estadounidense Irving Kupcinet viajó a Inglaterra de París. En su habitación del hotel encontró algunas pertenencias personales de su amigo, el jugador de básquetbol Harry Hannin. Dos días después, Kupcinet recibió una carta de Hannin en París, que decía: "Nunca vas a creer esto, pero acabo de encontrar una corbata con tu nombre en mi habitación de hotel".

De la Cuna al Altar Alan Redgrave y Melanie Somerville se sintieron compenetrados al instante cuando se conocieron por primera vez en un supermercado. Pronto descubrieron que los dos habían nacido el mismo día, en el mismo hospital y que pusieron juntas sus cunas en la sala de niños. Alan y Melanie se casaron en 2003.

Congregación de Abejas La señora Margaret Bell, una apicultora muy conocida en el pueblo inglés de Ludlow, murió en junio de 1994. Por una hora durante el funeral de la señora Bell, ¡un enjambre de abejas se posó en un edificio en Bell Lane!

Un astrólogo una vez aseguró a Guillermo el Conquistador que invadiría Inglaterra con 900 barcos y que en esa vasta armada, sólo un hombre moriría. Sólo un hombre no sobrevivió al viaje... ¡el astrólogo!

Todo Cuadra Colgaron a tres hombres en Londres por asesinar a un hombre en un lugar llamado Greenberry Hill. ¡Los apellidos de los asesinos eran Green, Berry y Hill!

Katie con Placa de Cobre

Una psíquica llamada Katie, ¡exhibía la habilidad de hacer crecer cobre en su piel! Katie tenía diversas habilidades psíquicas, como la habilidad para hacer levitar objetos, doblar metales y escribir en francés medieval mientras estaba en trance.

El doctor Berthold E. Schwartz, investigador psíquico de Florida, estudió a Katie por algún tiempo y la pudo ver durante sus trances, cuando aparecía el cobre. También se descubrió que crecía cobre en objetos que llevaba o en gente que tocaba. Se examinó el cobre y se descubrió que contenía 98 por ciento de trazas de cobre y dos por ciento de zinc. Los exámenes que se llevaron a cabo en Katie hicieron que la gente creyera que presentaba efectos secundarios psíquicos, similares al ectoplasma que se dice que los médiums pueden crear en sus bocas durante los estados de trance.

Antes de que ella entrara en trance, el doctor Schwarz examinaba con cuidado a Katie y no encontraba trazas de cobre, pero a menudo aparecía en su cara, cuello, manos y espalda poco después de entrar en trance. Despegar el cobre a menudo causaba algo de incomodidad a Katie.

Escape Telepático
En 1942, la telepatía salvó la vida del primer ministro británico Sir Winston Churchill. Estaba programado para asistir a un ejercicio militar el 13 de abril, pero después de tener una premonición, decidió no ir. Durante el ejercicio, mataron accidentalmente a 27 personas y 68 resultaron heridas de gravedad. El brigadier Grant Taylor, quien asistió en lugar de Churchill ese aciago día, murió. Si Churchill hubiera asistido como se planeó al principio, pudo haber cambiado el curso total de la historia de Inglaterra.

Pruebas Universitarias El primer examen científico de la percepción extrasensorial lo llevó a cabo el profesor Rhine en la Universidad Duke, Carolina del Norte. Durante más de 40 años, se hicieron pruebas a numerosas personas y Rhine llegó a la conclusión de que existía la percepción extrasensorial o alguna forma de comunicación telepática.

Adivinador de Agua En 1952, el ejército británico empleó al coronel Harry Grattan de los Ingenieros Reales para localizar fuentes de agua en Alemania. Como localizador de agua con años de experiencia, localizó con éxito muchos sitios que produjeron agua.

Balanceo para Petróleo La compañía Fox Brewing de Chicago contrató a Ace Gotowski para buscar petróleo en 1943. Empleando un péndulo, Gotowski identificó un lugar apropiado; cuando la compañía perforó donde había indicado, se descubrió que había localizado el mayor pozo petrolero de ese tiempo.

Percepción extrasensorial

Parecería que algunas personas tienen habilidades magnéticas. En 1994, Edward Naumov, de Moscú, exhibió su habilidad para pegar objetos metálicos a alguien. La persona encontraba que sin importar lo duro que intentara resistirse a los objetos, ¡la "energía" de Naumov los pegaba a él sin señales de tocarlo o de truco!

Lectura en la Radio Sydney y Lesley Piddington desconcertaron a los radioescuchas británicos con sus hazañas de lectura del pensamiento en 1949. Afirman haber enviado mensajes de la BBC a una campana de inmersión bajo el agua, usando telepatía.

Telepatía a Larga Distancia Como parte de diversas pruebas científicas en Rusia durante 1966, entregaron a Karl Nikolatev un paquete sellado elegido al azar de una serie de cajas idénticas. Yuri Kamensky, amigo de Nikolatev, se encontraba a 2,900 kilómetros (1800 mi) de distancia. Mientras Nikolatev abría la caja, Kamensky describió el contenido con exactitud. Ambos hombres fueron supervisados por equipos científicos para asegurar que no hubiera trucos.

Retorno Seguro En 1960, la hija de un profesor estadounidense había desaparecido. Después de dos meses, desesperado el profesor telefoneó al clarividente holandés Gerard Croiset, quien era famoso por ayudar en varios casos policiacos. Croiset le dijo al padre que sabría de su hija en seis días. Seis días después, el profesor bajó a desayunar y encontró a su hija sentada en la sala, ¡totalmente segura!

Tragedia Pronosticada El 20 de octubre de 1966, una mujer en Plymouth, Inglaterra, le dijo a la gente de su congregación que había recibido una visión de una avalancha de carbón en el sur de Gales. El siguiente día, una masa de carbón se deslizo de un vertedero de carbón sobre el pueblo galés de Aberfan, matando a más de 100 niños y muchos adultos.

Movimientos Mentales ¡Nelya Mikhaileva movía objetos con la mente! En 1968, científicos rusos la filmaron mientras hacía que un pedazo de pan y un agitador de vidrio se movieran, y detuvo y puso en marcha un reloj de péndulo sin tocar nada.

Uri Geller, el psíquico israelí, explicó su poder para doblar llaves a distancia mientras era parte de un programa de llamadas de la radio británica en 1973. Minutos más tarde, se iluminó el conmutador con llamadas que informaban de llaves, tenedores, cucharas y clavos que se habían doblado espontáneamente, y que habían empezado a funcionar relojes de mano y de pared que no había servido por años.

Poner los Pies al Fuego

Como parte de sus prácticas religiosas, pueblos de Fiji, Asia e India caminan por carbones al rojo vivo sin lesión alguna aparente. En Fiji, la ceremonia que en un tiempo se realizaba por razones religiosas, la llevan a cabo turistas con regularidad. En India y otras partes de Asia, la ceremonia aún se lleva a cabo por razones religiosas, y se requiere que los participantes se preparen espiritualmente antes de la ceremonia. Muchas personas occidentales han tratado de caminar en fuego sin problemas, a pesar de que los carbones están lo bastante calientes para causar que la madera explote en llamas de inmediato. La habilidad para evitar las lesiones parece ser porque la gente camina en cenizas ardientes, no en carbones o madera en llamas y porque el calor vaporiza el agua en la piel y produce una película protectora.

Caminar en fuego es una característica del Festival Vegetariano anual en Phuket, sur de Tailandia. Los devotos budistas llevan a cabo ritos para evocar la buena suerte y purgar los cuerpos de cualquier mal.

Explotan en Llamas

Los restos achicharrados del doctor Bentley de Coudersport, Pennsylvania, sorprendieron a quienes lo encontraron en el baño el 5 de diciembre de 1966.

Se han presentado informes de personas que explotan en llamas (combustión humana espontánea) y es un fenómeno para el que parece no haber explicación lógica. Con frecuencia, se encuentra el cuerpo consumido en parte en una habitación cerrada que está llena de hollín y partículas grasosas. Una característica común es que se consume sólo parte del cuerpo y a menudo material inflamable cercano no sufre daño alguno. ¡En un tiempo se creyó que la combustión espontánea era una reacción extrema a beber demasiado brandy o estar demasiado enojado! Lo que es más desconcertante es que incluso en un crematorio, donde las temperaturas pueden alcanzar 1,000° C, (1,800° F) los huesos no se queman en forma tan completa como en los casos de combustión espontánea.

Un montón de cenizas y la mitad de una pierna fue todo lo que quedó del doctor Bentley. Un calor intenso consumió su cuerpo, pero aparte del agujero quemado en el piso, poco fue dañado.

DESAPARECIDOS EN UN FOGONAZO

- **Señora Mary Reezer, Florida, 1951.** La pared detrás de su silla y un montón de periódicos cercanos no se quemaron.
- **Billy Peterson, Detroit, 1959.** El calor dentro del auto fue tan grande que parte del tablero se derritió, ¡pero la ropa de Billy no se dañó!
- **Paul Hayes, Londres, 1985.** Un fuego lo envolvió mientras caminaba en Stepney Green. Las flamas desaparecieron en forma igual de repentina.

Público Conmocionado En 1880, un médico eminente, el doctor B. H. Hartwell, y varias otras personas fueron testigos de la muerte de una mujer en Massachusetts, quien explotó en llamas.

Encerrada en un Auto En 1988, en Sydney, Australia, una mujer de edad avanzada estaba sentada en un auto estacionado. Minutos después, la gente notó humo que salía del vehículo, seguido por una explosión. Sacaron a la víctima viva, pero murió una semana después. Investigadores no encontraron restos de gas, problemas eléctricos o fallas de la instalación eléctrica... el caso sigue siendo un misterio.

Establo Indemne En 1888, el cuerpo de un trabajador viejo se encontró en un pajar en Aberdeen, Escocia. Había ardido hasta morir, pero su cara no mostraba señales de dolor. La viga en que estaba recostado no sufrió daños ni habían ardido las pacas de heno cercanas.

¿Pista para el Triángulo?

El mar entre las Bermudas, Florida y Puerto Rico tiene la reputación de poseer poderes secretos que han causado la desaparición de numerosos barcos y aviones. Las historias sobre el Triángulo de las Bermudas empezaron cuando cinco bombarderos Avenger desaparecieron menos de cinco horas después de despegar de la Estación Aérea Naval de Fort Lauderdale el 5 de diciembre de 1945. En 2000 se encontró una posible explicación interesante cuando se encontró un barco de pesca de casco de metal de 22 m (72 pies) casi sin dañar en un gran cráter del lecho del Mar del Norte, a 150 kilómetros (93 pies) al este de Escocia. El cráter pudo ser causado por la liberación de una enorme burbuja de gas metano. La investigación descubrió que el lecho marino en esta área contenía grandes depósitos de una sustancia semejante al hielo llamada hidrato de metano, que es capaz de liberar de repente enormes cantidades de gas metano, que pudo crear una enorme burbuja que se elevó a la superficie, causando que el barco se hundiera en un instante. También podría ser la explicación de este tipo de desapariciones en el Triángulo de las Bermudas.

NAVES DESAPARECIDAS

- *Bomber flight 19:* 1945
- *Martin Mariner:* 1945
- *City Belle:* 1946
- *Superfortress:* 1947
- *DC-3:* 1948
- *Star Ariel:* 1949
- *Revonoc:* 1958
- *Witchcraft:* 1967

Fantasma en el Hielo Mientras cruzaba un lago congelado en Canadá, el explorador James Alan Rennie vio que se formaban huellas en el hielo sin una explicación visible. Conforme se aproximaban las huellas: "Me quedé totalmente inmóvil, lleno de un pánico irracional. Las huellas se aproximaron a 45 m (50 yd) de mí, luego a 15 (20), después a cinco (10)... y entonces, ¡pum! Grité mientras una gran gota de agua me golpeaba en la cara. Me di la vuelta, quitándome el agua de la cara y vi que las huellas continuaban cruzando el lago".

Herida En septiembre de 1983, un ama de casa argentina tuvo una visión de la Virgen María y escuchó el primero de 1,800 mensajes religiosos. Un año después, aparecieron misteriosas llagas rojas en muñecas, pies y frente, que representaban las heridas que sufrió Cristo en su crucifixión.

Los estigmas han aparecido durante siglos en muchas personas de gran religiosidad y a menudo se asocian con "curaciones milagrosas". El italiano Giorgio Bongiovanni es un estigmatizado poco común ya que no es una persona religiosa, y sin embargo, afirma que en 1989 la Bendita Virgen María se le presentó en una visión y le dijo que viajara a Fátima, Portugal. Seis meses después de que lo hiciera, recibió las primeras señales de los estigmas, las heridas en las palmas de las manos. Desde entonces también ha recibido heridas en pies, costado y frente. Esas heridas sangran todos los días y los médicos no pueden encontrarles explicación.

Buscadores de Agua Muchas personas parecen poseer la misteriosa habilidad para encontrar agua oculta. El que busca agua bajo tierra emplea una varita de zahorí (una rama con forma de Y, que por tradición es de avellano) que se mueve violentamente cuando se localiza agua bajo el suelo. Se han localizado depósitos de minerales e incluso cables subterráneos empleando éste y otros métodos similares, pero nadie parece saber con exactitud cómo o por qué funciona.

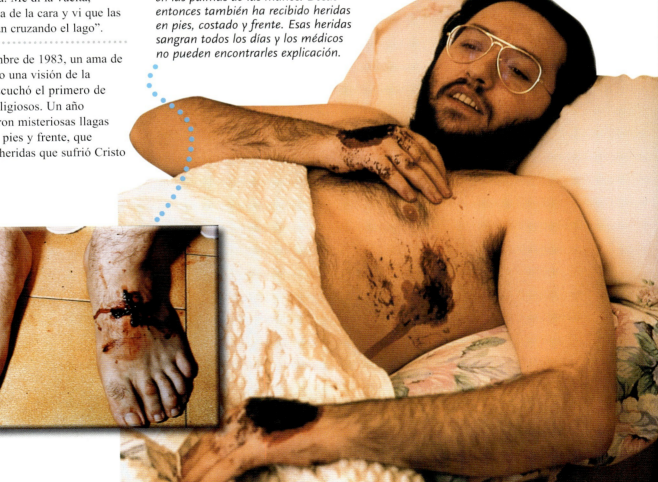

INVASIÓN DE LOS GLOBSTER

En 1960, dos trabajadores australianos de un rancho encontraron un cadáver gigantesco arrastrado a una playa remota en Tasmania. Tenía más de 6 m (20 pies) de longitud y 5.5 m (18 pies) de ancho. Tenía la forma de una tortuga y estaba cubierto por pelo grasoso. Llamado "globster", se encontró una criatura similar más grande en Nueva Zelanda en 1965 y otra en Tasmania en 1970. Algunas personas han identificado esas criaturas como grasa de ballenas muertas, mientras otras dicen que siguen siendo un misterio.

Lluvia de Pescados Lubinas y sábalos cayeron al suelo en Marksville, Louisiana, el 23 de octubre de 1947. Una lluvia de peces pequeños, incluyendo eperlanos y lenguados, cayó del cielo en el jardín de Ron Langton en West Ham, Londres, el 27 de mayo de 1984. El siguiente año, una lluvia de peces cayó en el jardín de Louis Castoreno en Fort Worth, Texas, el 8 de mayo de 1985.

Golpe de Gelatina Rowland Moody de Southampton, Inglaterra, estaba en su invernadero durante una fuerte tormenta de nieve el 12 de febrero de 1979, cuando escuchó que algo golpeaba el techo de su casa y rebotaba al suelo. Cuando salió a investigar, encontró que su jardín y el de sus vecinos estaban cubiertos con semillas de mastuerzo (planta que se ingiere en ensaladas) cubiertas con una gelatina pegajosa.

En un lago seco del Valle de la Muerte, California, ¡se pueden encontrar piedras que se mueven! Esas piedras viajan grandes distancias, creando diversas huellas, desde rectas hasta curvas o en zigzag, sin ayuda visible. Algunos geólogos atribuyen el fenómeno a vientos fuertes, ¡pero otros creen que hay fuerzas extrañas en acción!

Anillo de Desventura La estrella de cine mudo Rodolfo Valentino compró un anillo que se suponía que era de mala suerte. Cuando se lo ponía, sus películas eran fracasos. Varias personas que obtuvieron el anillo después de la muerte de Valentino enfermaron o fueron asesinadas.

"Mensajes de extraterrestres"

Señales en los Campos de Maíz

Diseños misteriosos y enormes en plantas de maíz, a veces de varias decenas de metros, empezaron a aparecer en la década de 1970 en el sur de Inglaterra. Consistían en enormes círculos en que se había aplastado el maíz, con todos los tallos dirigidos en la misma dirección. Pronto los diseños circulares en la cosecha se volvieron más complicados y se extendieron a otras partes del mundo. ¿Eran mensajes de extraterrestres o la causa era algunos misteriosos "vórtices de plasma iónico"... un nuevo término científico inventado por los cereólogos autonombrados que estudiaron el fenómeno? ¿O sólo son una nueva forma de arte de graffiti que llevaron a cabo embaucadores?

Los indios hopi de Arizona creían que los círculos de las cosechas eran señales de que el mundo terminaría pronto.

IMPRESIONES EN LAS COSECHAS

- Se ha informado de círculos en cosechas ya desde 815 d.C. en Lyon, Francia
- En el siglo XVI, una ilustración en grabado mostraba al diablo segando diseños en un campo
- Se ha informado de más de 5,000 casos en los últimos 20 años
- Las marcas se encontraron una vez en la nieve en Afganistán a una altura de 6,100 metros (20,000 pies)
- Un diseño se encontró una vez bajo el agua en un campo de arroz en Japón

Fenómenos inexplicables • Mitos • Leyendas

Bestias Acechan en Inglaterra

Una mañana en 1994, la actriz Sarah Miles vio algo poco común cerca de su casa en West Sussex. Era un gato negro enorme, tan grande como un mastín, ¡y de apariencia misteriosa! Desde este avistamiento ha crecido la leyenda de la Bestia de Bodmin Moor.

Este molde se hizo para mostrar el tamaño de la impresión de una huella que se encontró en West Sussex, Inglaterra, y que se dice es similar a la de la legendaria Bestia de Bodmin Moor.

Desde la década de 1960, se han producido informes similares de grandes gatos merodeando en las partes silvestres de Inglaterra y a veces vagando en zonas habitadas. Las búsquedas no han logrado revelarlos, aunque se han tomado fotografías y se ha encontrado ganado que parece haber sido muerto por un animal grande. Sin embargo, los granjeros han matado a algunos gatos silvestres o han sido atropellados, y entre los cuerpos se han encontrado pumas y linces, además de tipos más pequeños de gatos de la jungla, a los que después han culpado de los ataques.

Esta imagen fue tomada en cámara por Rosie Rhodes en 1994 y se cree que es la Bestia de Bodmin Moor. Al parecer es demasiado grande para ser un animal doméstico.

CRIATURAS MISTERIOSAS

- Almas: Rusia
- Orang Pendek: Sumatra
- Sasquatch: Norteamérica
- El Hombre Salvaje de Hubei: sur de China
- Yeti: Himalayas
- Yowie: Australia

Las Huellas de Pie Grande

Hay muchos informes de ver a una criatura como hombre, grande y peluda (el Sasquatch) en Canadá y Estados Unidos. Al Sasquatch se le conoce popularmente como Pie Grande porque la mayor parte de la evidencia de su existencia es en forma de grandes huellas de pie. Las más impresionantes de ellas se encontraron en Bossburgh, estado de Washington, en octubre de 1969. Cada huella de pie medía alrededor de 46 cm (18 in) de largo y las huellas cubrían alrededor de 0,8 kilómetros (0.5 mi).

Un oficial de la Patrulla Forestal tomó esta fotografía de "Pie Grande" en 1995, cerca del Monte Rainier, en el estado de Washington. Sin embargo, muchos creen que es una fotografía falsa.

Maldición Sólida Una piedra en la ciudad estadounidense de Augusta, Georgia, fue la causa de muchas muertes. Originalmente se encontraba en el antiguo mercado de esclavos y se ataba a ella los esclavos rebeldes y se les azotaba. La madre de un hombre que murió por los latigazos puso una maldición en la piedra. Se dice que la piedra ha sido la causa de numerosas muertes cada vez que alguien trataba de moverla.

Civilización Perdida La Atlántida, de acuerdo al filósofo griego Platón, fue una civilización en una isla que fue destruida por terremotos y tragada por el mar. Se han realizado muchos intentos de descubrir la localización de esta isla, pero sin éxito.

MONSTRUOS DE LAGOS

- Lago Champlain, Estados Unidos (Champ)
- Lago Chini, Malasia
- Lago Khaiyr, Rusia
- Lago Nahuel Huapi, Argentina
- Lago Okanagan, Canadá
- Loch Ness, Escocia, (Nessie)
- Lough Rea, Irlanda
- Lago Tianchitianchi, China

Ripley's — HUELLA DEL PIE DEL YETI — EXHIBICIÓN NO: 22449 — VACIADO NEGATIVO DE LA HUELLA DE UN YETI, CREADO EN TÍBET EN LA DÉCADA DE 1950

Oro Mortal Nadie que haya visto la Mina del Holandés Perdido de la Montaña Superstición en Arizona ha vivido para contar la historia. De acuerdo a una leyenda local, la mina está rellena de oro, pero todo hombre que la encontraba era asesinado por los indios apaches que estaban enojados por la profanación de su tierra.

El Holandés Volador Abundan las historias de barcos fantasmas, pero el más famoso es el *Holandés Volador*, que está condenado a viajar dando la vuelta al Cabo de Buena Esperanza para siempre.

¡Prueba este Rapé (tabaco)! ¡El buscador de oro Albert Ostmann fue secuestrado por una familia de Sasquatch en 1924 y sólo escapó cuando el macho enfermó por comer un caja de rapé!

Este guardabosque australiano presenta su dibujo de Yowie, que trazó poco después de supuestamente ver a la misteriosa criatura en el sureste de Queensland, Australia.

Mitos • Leyendas

Atlántida Oeste La versión del Océano Pacífico de la Atlántida es el Gran Imperio de Mu. Se creía que Mu era la cuna de la civilización, y que se hundió bajo las aguas del Pacífico hace más de 12,000 años. Nadie conoce su ubicación.

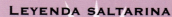

HUELLA DE CHUPACABRAS EXHIBICIÓN NO: 22451
VACIADO POSITIVO DE UNA HUELLA DE CHUPACABRAS, CREADO EN PUERTO RICO A FINALES DE LA DÉCADA DE 1990

En 1995 en Puerto Rico, se acusó a una criatura extraña de atacar animales domésticos y extraerles la sangre mediante una sola herida punzante. Los testigos dijeron que se parecía a un canguro, con colmillos afilados, ojos rojos sin párpados, alas de murciélago y púas que recorrían su espalda. La gente de la localidad llamó a la criatura El Chupacabras (Goatsucker).

Melodía Fatal La BBC de Inglaterra prohibió la canción "Domingo Sombrío" (Gloomy Sunday) porque causaba muchas muertes. Escrita en 1935 por Lazzlo Javor, poeta húngaro, la canción se ha asociado con más de 200 muertes en todo el mundo.

¿Camino a la Atlántida? El psíquico estadounidense Edgar Cayce predijo que los restos de los templos de la Atlántida se descubrirían en el mar cerca de la isla de Bimini en las Bahamas en 1968 ó 1969. ¡Ahí se descubrió un "pavimento" largo de piedras de formas simétricas en el lecho marino en 1968!

Nessie Envejece Se ha informado con regularidad haber visto a la criatura que se dice habita en Loch Ness, en Escocia, desde el siglo VI. En la edad moderna, se han tomado fotografías que supuestamente muestran al monstruo, pero hasta el momento, a pesar de repetidas expediciones científicas, no se ha encontrado evidencia física.

Este gato encontrado en Manchester, Inglaterra, tenía una cola ancha y plana y "alas". Las "alas" de 28 cm (11 in) crecían del omóplato.

Colonia Desaparecida Cuando John White volvió de Inglaterra a la isla de Roanoke en Virginia, todos los colonos que había dejado cuatro años antes habían desaparecido sin dejar rastro. Nadie sabe que destino tuvieron.

LEYENDA SALTARINA
¡La Inglaterra victoriana estaba aterrorizada por una criatura que atacaba a la gente, saltaba sobre casas y era inmune a las balas! Con un traje que parecía metálico y un casco de vidrio y metal, con garras que surgían de sus mangas, lo llamaron Jack de Talones de Resorte debido a su notable habilidad para saltar sobre casas. Por un periodo de 66 años desde 1838, Jack esparció el pánico por el país. Pero después de una espectacular aparición en Liverpool en 1904, nunca se le volvió a ver... y hasta la fecha nadie sabe quién o qué era.

Son de Tambor Fantasmal Se informó que un tambor propiedad de Sir Francis Drake, el heroico almirante de Inglaterra del siglo XVI, sonó sin manos humanas para indicar el comienzo de la Primera Guerra Mundial.

Supuestamente ésta es la mano de un yeti descubierta a una altitud de 6,100 m (20,000 ft) en los Himalayas, en la frontera entre Tíbet y Nepal. En 1951, Eric Shipton fotografió un rastro de enormes huellas similares a las humanas. Dos años después, Sir Edmund Hillary vio huellas similares durante la primera ascensión del Monte Everest. Se creía que eran las huellas del Yeti o Abominable Hombre de las Nieves. La criatura parece existir, pero nadie sabe qué es. Algunas personas piensan que es un oso, un gran antropoide desconocido o incluso una forma primitiva de humano.

Enigma Inquietante

Sarah Winchester, de California, diseñó lo que podría ser la casa más enigmática de todos los tiempos... y luego pasó 38 años tratando de construirla.

Puertas que se abren a paredes desnudas, escaleras que no llevan a parte alguna, trampillas debajo de las cuales no hay paso y balcones sin entrada son sólo algunas de las fascinantes características que Sarah construyó en su extraña casa de San José, en el Valle de Santa Clara, California. De 1884 a 1922, constructores y carpinteros estuvieron ocupados en construir todos los días hasta que Sarah murió. Durante su vida, la señora Winchester no permitió a nadie entrar a su casa excepto a los trabajadores y a unas cuantas sirvientas. En la actualidad se cree que la Casa Misteriosa de Winchester está embrujada por los fantasmas del marido y la hija de Sarah.

Entre las muchas extrañas y fascinantes características de la casa se encuentran numerosas escaleras que no llevan a ninguna parte.

LA CASA DE WINCHESTER

- 950 puertas, excluyendo las puertas de armario, algunas de las cuales no llevan a ninguna parte
- 10,000 ventanas, la mayoría de las cuales tiene 13 vidrios
- 47 chimeneas, muchas tienen tiros que no tienen salida
- 17 salidas de chimeneas, en la actualidad, con evidencia de otras dos
- 160 habitaciones, en total
- 5 cocinas, tal vez 6
- 40 alcobas, tal vez más
- 13 baños
- 2 salones de baile, sin terminar
- 40 escaleras, algunas de las cuales parecen no ir a ninguna parte
- 52 tragaluces, muchos de los cuales parecen no dejar pasar luz alguna
- 7 pisos, antes del terremoto de 1906, ahora 4

Construida en San José, California, ¡la casa de Sarah Winchester originalmente era una construcción de siete pisos! Se redujo a cuatro pisos en 1906, después del daño causado por el famoso terremoto de San Francisco.

Enigma • Adivinanza

ILUSIÓN ÓPTICA

A pesar de los intentos por comprobar la fecha de origen del Sudario de Turín mediante análisis, como el fechado con carbono, el sudario sigue siendo un misterio. Muchos creen que es el sudario con que se cubrió a Cristo al enterrarlo, mientras otros creen que es una falsificación medieval.

Para ver al pato, necesitas girar la imagen en sentido contrario a las manecillas del reloj. Para ver el conejo, míralo de la derecha.

Hombre que No Pudieron Colgar Sin importar lo mucho que lo intentaron las autoridades de la prisión, no pudieron colgar a John Lee. En 1885, Lee de 19 años de edad fue sentenciado a muerte por matar a su patrón. Se llevaron a cabo varios intentos sin éxito por colgarlo y al final lo indultaron.

Caos en la Cripta Se movieron por todas partes féretros en una cripta familiar de Bridgetown, Barbados, ¡a pesar de que la cripta estaba sellada! En los siguientes ocho años, cada vez que se reabría la cripta para introducir a un miembro de la familia, se habían movido los féretros... ¡pero no había señales de que entraran a la tumba!

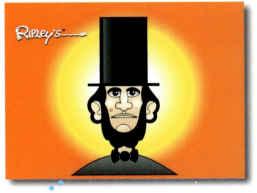

¿Qué es más grande? ¿La altura del sombrero o el ancho del ala del sombrero?

Sacerdote Preservado Cuando se exhumó el cuerpo del reverendo padre Paul de Moll el 24 de julio de 1899, se descubrió que estaba perfectamente preservado. El sacerdote belga murió tres años antes.

Sobrevive el Cuerpo En 1921, cuando se exhumó el cuerpo de Julia Buccola Petta siete años después de su muerte durante el parto, su cuerpo se encontraba en perfecta condición.

Teatro en la Cima de la Montaña Se encuentran más de 200 bloques de piedra agrupados para formar lo que parece un anfiteatro en la planicie de 3 kilómetros (2 mi) de largo de El Enladrillado, en Chile. Los arqueólogos no saben para qué era el sitio, quién preparó los bloques gigantes o cómo los transportaron al lugar, al que sólo se puede llegar mediante un viaje de tres horas en caballo.

¡Ninguno! Ambos son del mismo tamaño.

La planicie de Nazca, Perú, está cubierta de extrañas líneas, algunas de las cuales forman diseños y otras la forma de animales. Sólo se pueden ver apropiadamente desde el aire... pero el pueblo inca que las hizo no tenía conocimientos de vuelo.

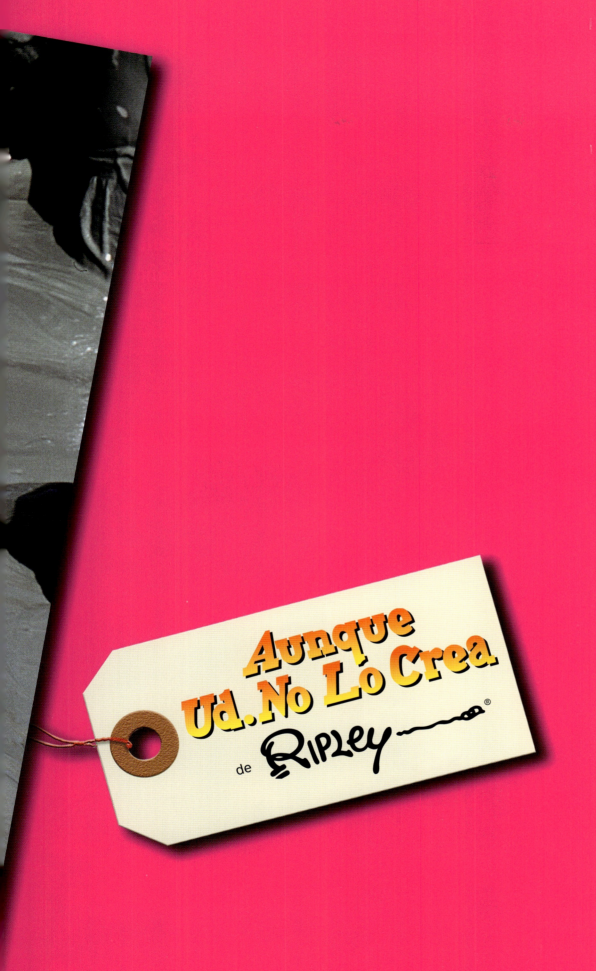

TIERRA SORPRENDENTE

Aunque Ud. No Lo Crea de Ripley

Aunque Ud. No Lo Crea de Ripley

Bebés en el Cosmos

VERDADES LOCALES

- La cantidad de agua en la Tierra nunca cambia. El agua se recicla continuamente... sólo cambia de ubicación
- El área superficial de la Tierra es de casi 321 millones de kilómetros cuadrados
- El peso de la Tierra aumenta alrededor de 3,000 toneladas cada año... la causa son los meteoritos que chocan en ella
- Si el sol dejara de brillar, nadie en la Tierra lo sabría por 8 minutos
- New York está más cerca del centro de la Tierra que Honolulú
- La corteza de la Tierra, su capa externa dura, tiene menos de 5 kilómetros de grosor en algunos lugares

La vida apareció en la Tierra hace unos 3,800 millones de años, pero los humanos sólo han estado presentes alrededor de 600,000 años.

Si la historia del universo se pudiera comprimir en 24 horas, la tierra empezó a formarse con polvo cósmico más o menos a las 9:40 a. m. La vida apareció en la Tierra para las 4 p. m. ¡Las primeras personas caminaron sobre la superficie de nuestro planeta sólo a las 11:59!

Nuestro planeta es más o menos la tercera parte de viejo que el universo: La Tierra tiene entre 4,300 y 4,550 millones de años y el universo tiene alrededor de 11,200 millones de años.

La Destrucción de Lisboa Uno de los peores terremotos en Europa fue el de Lisboa, Portugal, en 1755. Redujo a ruinas la ciudad y murieron hasta 60,000 personas. El cantante de ópera Antonio Morelli (1739-1814), quedó enterrado vivo bajo los restos de una iglesia destruida en el terremoto. Su cabello se había vuelto blanco.

Choque de Alta Velocidad Las ondas de choque de un terremoto pueden viajar a 8 kilómetros por segundo.

Rocas Ondulantes En la cueva de Holl Loch, Suiza, dos grandes estalactitas que cuelgan en una pared de la cueva parecen banderas ondeando al viento.

Inconmovible El Antártico tiene volcanes activos y cordilleras de montañas jóvenes, pero es la única parte en la Tierra que nunca experimenta terremotos.

Tonos Profundos Se construyó un órgano de tubos en las Cavernas Luray, en Virginia, empleando estalactitas.

La Cueva de las Golondrinas Esta profunda cueva vertical se llama así por las decenas de miles de golondrinas que viven en ella. Los aventureros llegan al fondo de la enorme cueva, que es lo bastante alta para contener el Empire State Building, mediante rappel y con paracaídas... tratando de no chocar con una golondrina en el camino de bajada.

> "*Gosses Bluff, un asteroide... de 1,000 metros de diámetro*"

Explosión del Espacio
El 30 de junio de 1908, unos cuidadores de rebaños de renos en la región Tunguska de Siberia se vieron lanzados al aire por una enorme explosión. Habían estado durmiendo en sus tiendas sin darse cuenta que un meteorito, o asteroide pequeño, se dirigía hacia ellos. Más o menos a 6.5 kilómetros (4 mi) de altura en la atmósfera, explotó el intruso del espacio. Los cuidadores de rebaños de renos fueron lanzados al aire y quedaron inconscientes. Un hombre murió. El objeto misterioso del cielo apareció ante los hombres en el suelo como si fuera una enorme bola de fuego. En tierra, se incendiaron árboles. Después del extraño suceso, polvo y humo fue todo lo que quedó de 104 kilómetros cuadrados (40 mi cuadradas) de bosque.

Gosses Bluff, cráter en el territorio Norte de Australia, visto desde el espacio. El asteroide o cometa que lo causó tal vez tenía 1 kilómetro de diámetro y se estrelló en la Tierra hace alrededor de 142 millones de años, creando un anillo de colinas de cerca de 4.5 kilómetros de diámetro.

El Mayor en Estados Unidos Un hombre que perforaba para encontrar agua en Manson, Iowa, en 1912 encontró una roca poco común en el fondo de un tiro de pozo. Fue creada por el impacto de un asteroide hace 70 millones de años. La enorme roca del espacio, que tenía 2.5 kilómetros de ancho, era el meteorito más grande conocido que haya chocado con Estados Unidos. Produjo un cráter de 5 kilómetros de profundidad.

Bajo Tres Kilómetros y Medio La mina East Rand, una mina activa de oro en Sudáfrica, tiene 3,585 m de profundidad.

Golpeteo Constante Alrededor de 20 meteoritos de buen tamaño chocan con nuestro planeta todos los años. Wethersfield, Connecticut, es el único lugar en que han caído dos veces meteoros grandes... una vez en abril de 1971 y de nuevo en noviembre de 1982.

Pozo al Infierno En una remota región de Rusia, cerca de la frontera con Finlandia, científicos han excavado un hoyo de 13 kilómetros (8 mi) de profundidad. Llamado el Pozo Kola, es el agujero más profundo en el mundo. La perforación empezó en 1970 y se detuvo en 1994. En el fondo del agujero, apodado el Pozo al Infierno, los científicos encontraron rocas de 2,700 millones de años de antigüedad.

La gigantesca roca giratoria del Monte Cimino, Italia, tiene 9 m (28 ft) de largo y pesa 385 toneladas, y sin embargo, ¡la roca gira de un lado a otro en su base sin caerse!

Los profesores Giuseppe Geraci y Bruno D'Argenio de Nápoles, encontraron señales de vida escondidas en meteoritos del espacio exterior. Aquí se ven mostrando su hallazgo, descubrieron que cuando se revivía a los microorganismos, ¡empezaban a moverse y reproducirse muy rápido!

Confortables Cuevas

Los 4,000 residentes de Coober Pedy, en el interior australiano, viven bajo tierra para escapar al abrasador calor de la superficie.

Sobre el suelo, llega a 49º C (120º F), mientras que bajo tierra la temperatura de 21º C (70º F) es más cómoda. Casi toda la población de esta comunidad del interior dedicada a la minería de ópalo vive bajo tierra, donde se han construido casas, iglesias, oficinas, tiendas y hoteles. Una casa nueva con cinco habitaciones se puede construir con una máquina para hacer túneles por la modesta cantidad de 25,000 dólares. El paisaje tan severo y parecido a la luna de esta ciudad también contiene un campo de golf sin pasto en que los jugadores llevan con ellos un pequeño cuadro de pasto artificial, ¡desde el cual dan el primer golpe!

"Cocodrilo Harry", excazador de cocodrilos, está parado frente a las paredes de su casa bajo tierra, que están llenas con los mensajes que han dejado turistas que visitan este pueblo minero subterráneo. La casa de Harry se presentó en la película Mad Max: Más Allá del Domo del Trueno (Australia, 1985).

El ministro de la iglesia local en la parte posterior de la iglesia subterránea de catacumba de Coober Pedy.

Dentro de la Tierra · 43

LOS CINCO MÁS DEVASTADORES
TERREMOTOS

1. 1,100,000 muertos, región oriental del Mediterráneo, julio de 1201
2. 830,000 muertos, provincia Shanxi, China, 2 de febrero de 1556
3. 300,000 muertos, Calcuta, India, 11 de octubre de 1737
4. 242,000 muertos, Tangshan, China, 27 de julio de 1976
5. 180,000 muertos, provincia Gansu, China, 16 de diciembre de 1920

Cámara Campeona A gran profundidad de las Montañas Mulu de Sarawak, Malasia, se encuentra la Cámara Sarawak, la cueva más grande del mundo. Es tan grande que podría contener la Casa Blanca, el Capitolio y el Bulevar Nacional de Washington. Todas las noches, al ponerse el sol, tres millones de murciélagos surgen de la boca de la Cueva Venado, una de las otras tres enormes cuevas en el área.

Kilómetros de Oscuridad El sistema de la Cueva Mammoth en Kentucky tiene más de 1,600 kilómetros (1,000 mi) de largo. Si se unieran los túneles de la cueva en línea recta, se extendería desde Detroit hasta New York.

- Desde que la falla de San Andrés apareció hace 15 a 20 millones de años, los dos lados se han deslizado, como dos líneas de una carretera, ¡alrededor de 240 kilómetros (150 mi) en diferentes direcciones! La línea de la falla se extiende más de 1,300 kilómetros (800 mi) y al menos 16 kilómetros (10 mi) dentro de la Tierra.

Visión de Túnel Algunas cuevas son más difíciles de explorar que otras. El espeleólogo Mike Madden lo sabe mejor que la mayoría: en 1987, dirigió una expedición de 39 kilómetros por una cueva llena de agua en el sistema de cuevas Nohoch Nah Chuch, en México.

Tallada por Monjes Las Cuevas de Mil Budas, cerca de Tunhwang, China, tienen diez pisos de alto y 1.5 kilómetros (1 mi) de largo. Las 500 cuevas en el sistema fueron talladas en la roca por monjes budistas durante un periodo de 1,000 años.

Placas de la Corteza La corteza de la Tierra no es tan sólida como podría parecer: se debe a que está dividida en siete placas grandes y nueve más pequeñas que se mueven sobre capas derretidas en su interior. Hawai se mueve hacia el oeste alrededor de 8 cm (3 in) al año.

- Justo Rosito de Lino Bueno, España, pasó 25 años (1907-32) cavándose una casa de roca sólida, empleando sólo un pico. Su casa de siete habitaciones incluso contiene anaqueles, bancas, chimenea y cocina, todo tallado en las paredes. El gobierno español quedó tan impresionado con su construcción que, ¡le dio 2 hectáreas (5 acres) de tierra, una medalla y una pensión de por vida de 1 peseta al día!

Aunque Ud. No Lo Crea de Ripley

Josefsburg, pueblo del sur de Tirol, Italia, está en sombras perpetuas por 91 días del año. Las montañas tapan al sol del 3 de noviembre hasta el 2 de febrero.

Éxito Nocturno La isla Volcán, en el puerto de Rabaul, Papua Nueva Guinea, se elevó del fondo oceánico en una sola noche en 1870. En unos cuantos años, el volcán había crecido para tener una cima de 180 m (600 ft). La lava enfriada al final unió al Volcán con la tierra firme.

Constructor de Puentes El Monte Sakurajima, en Japón, era una isla hasta 1914, cuando tuvo una erupción tan violenta que su lava llenó un estrecho de 300 m (1,000 ft) de ancho y 90 m (300 ft) de profundo, haciendo que la isla fuera parte de la tierra firme.

Cosecha Sorpresiva El campesino mexicano Dionisio Pulido fue testigo del nacimiento de un volcán en 1943. Al trabajar en sus tierras, vio un agujero abierto en la tierra, del que surgía humo y polvo, además de materiales sulfurosos. Poco a poco, se formó un diminuto cono volcánico. Ahora llamado Paricutín, el volcán había alcanzado una altura de 424 m (1,391 ft) para el momento en que dejó de estar activo en 1952. ¡Robert Ripley trató de comprar este volcán!

Oro Derretido Cuando tiene una erupción el Monte Erebus, en la Antártica, arroja pedazos de oro puro en su lava volcánica.

Más o menos a las 4 a. m. del 24 de agosto de 79 d.C., el Monte Vesubio tuvo una erupción y mató a los habitantes de Pompeya, enterrándolos bajo una ceniza fina que se petrificó y solidificó con el paso del tiempo. La carne y los órganos se descompusieron dejando la forma de los que murieron.

El Parque Nacional Volcánico Lassen, del norte de California, atrae muchos turistas que desean pararse en la "Roca Caliente de California". La roca se mantuvo caliente por tres semanas después de que el cráter del Monte Lassen la arrojara a 5 kilómetros (3 mi) cuando tuvo una erupción en 1915.

Salida Explosiva Krakatoa, un volcán de Indonesia, desapareció por completo el 26 de agosto de 1883. El volcán isla se desgajó y se destruyó la isla completa. La explosión se escuchó en un 10 por ciento del mundo. Cerca del volcán, se bloqueó la luz del sol y el polvo seguía cayendo 10 días después.

Volcanes

La gente a menudo se sumerge en el lodo caliente y supuestamente terapéutico que llena el cráter del volcán Totumo, en Colombia.

> "El Volcán Totumo en Colombia escupe lodo a 15 metros (50 ft) en el aire"

Fuego en el Mar Profundo Un volcán a 12,000 m (39,000 ft) bajo las aguas del Mar de Bismarck, cerca de Papua Nueva Guinea, emite pequeñas cantidades de plata y oro derretidos cuando hace erupción.

Único Sobreviviente Sólo una persona escapó a la erupción del Mont Pelée, en la isla caribeña de Martinica, en 1902. Todos en el pueblo de St. Pierre, al pie del volcán, murieron, excepto un prisionero retenido en una celda de paredes gruesas.

Luminiscencia Después de la erupción del Mont Pelée, la columna de lava que lanzó brillaba tanto que iluminó el cielo nocturno por meses.

Ahora lo Ves, Ahora No lo Ves Giulia Ferdinanda, una pequeña isla volcánica en la costa de Sicilia, Italia, constantemente emerge y desaparece bajo las olas del Mar Mediterráneo.

Crecimiento en la Temporada Activa Showa Shinzan en Japón es el volcán joven de mayor crecimiento. El cono apareció el 28 de diciembre de 1943 e hizo erupción el siguiente año, momento en que había alcanzado una altura de 200 m (656 ft). En la actualidad ha alcanzado una altura de 732 m (2,400 ft)... ¡y sigue creciendo!

Impulsado Tierra Adentro La erupción de Krakatoa produjo una marejada que depositó al barco holandés Berouw unos 3 kilómetros (2 mi) tierra adentro.

LAS CINCO MÁS DEVASTADORES
ERUPCIONES VOLCÁNICAS

1. **Volcán sin nombre, Nueva Zelanda, aprox. 130 d.C.** Enorme cráter ahora lleno con el Lago Taupo, creado por una explosión enorme que lanzó 30 millones de toneladas de ceniza
2. **Santorini (Thera) Grecia, aprox. 1550 d.C.** La explosión volcánica causó una marejada que tal vez eliminó a la antigua civilización minoica en Creta
3. **Krakatoa, Indonesia, 1883.** La erupción volcánica lanzó material a 55 kilómetros (34 mi) en el aire
4. **Tambora, Indonesia, 1815.** La parte superior del cono volcánico se redujo alrededor de 1,219 m (4,000 ft) en segundos gracias a la fuerza de la erupción
5. **Vesubio, Italia, 79 d.C.** Las ciudades romanas de Pompeya, Herculano y Stabiae quedaron enterradas bajo nubes de gas y ceniza.

Aunque Ud. No Lo Crea de Ripley

Erik Weihenmayer, visto aquí a punto de cruzar un barranco, se convirtió en la primera persona ciega en subir a la cima del Monte Everest en 2001. También conquistó las siete cumbres más altas de los siete continentes del mundo además del Polar Circus, una cascada de hielo en Alberta de 900 m (3,000 ft).

Everest Creciente La altura del Monte Everest aumentó 2 m (6 ft) en 1999. La altura oficial se cambió como resultado de emplear la tecnología satelital del Sistema de Posicionamiento Global (GPS).

Choque de Conchas Se han encontrado fósiles de criaturas que una vez vivieron en el mar, cerca de la cumbre del Everest.

Ascensión Rápida El sherpa Lhakpa Gelu conquistó el Everest en tiempo récord: 10 horas 56 minutos en mayo de 2003.

Una Cumbre para Presumir La Tierra no tiene la forma de una bola perfecta, de manera que la cumbre del pico andino Chimborazo, de 6,267 m (20,561 ft) de alto, está más lejos del centro de la Tierra que la cumbre del pico más elevado, el Monte Everest de 8,850 m (29,035 ft) de alto.

Muy Equivocado En un tiempo, se pensó que el Pico de Teide, en las Islas Canarias, era la montaña más elevada del mundo, pero una mala medición sobreestimó su altura por mucho.

VIDA DE ALTURA

- ¡El sherpa Apa ha subido el monte Everest 13 veces!
- El estadounidense Gary Guller fue la primera persona con un solo brazo en subir al Monte Everest en 2003
- En 2001, Marco Siffredi descendió de la cumbre del Monte Everest en su tabla para nieve
- Davo Karnicar en 2000 bajó del Monte Everest en esquís
- La única persona que ha dormido en la cumbre del Monte Everest fue el sherpa Babu, quien pasó más de 21 horas ahí en 1999

Marcha en Aire Tenue El montañista italiano Rheinhold Meissner fue la primera persona en subir a las 14 montañas más altas del mundo (todas las cumbres de más de 8,000 m [26,250 ft]) sin emplear oxígeno.

A la edad de 70 años, 222 días, el patinador profesional japonés Yuichiro Miura (izquierda) y su hijo exhiben su bandera en la cumbre del Everest. Rompió el récord para la persona de más edad en subir a la cumbre en mayo de 2002.

Montañas 47

Más de 1,000 alpinistas han alcanzado la cima del Monte Everest, y al menos 170 han muerto intentándolo

"Más de 1,100 han alcanzado la cima del Everest"

Montaña Platicadora La rugiente montaña de Fallon, Nevada, está compuesta de arena blanca, fina y cortante. En ocasiones el sonido de su estruendo y bramido se puede escuchar a kilómetros.

Subir a un Camión El punto más alto de la nación más baja del mundo (las Maldivas) tiene más o menos la misma altura de un camión escolar.

Nieve Ecuatorial El Monte Kenia está situado en el Ecuador, en el África tropical, pero a pesar de eso, siempre está cubierto de nieve.

Mar por Kilómetros Vatnajökull, en Islandia, se puede ver desde las Islas Faroe, a 547 kilómetros (340 mi) de distancia... la vista más amplia entre montañas.

Pico que Desaparece En 1991, los últimos 10 metros (33 ft) del Monte Cook de Nueva Zelanda (la montaña más elevada del país) se cayeron en una avalancha. La cima ahora mide 3,754 metros (12,316 ft).

Vista de Océanos Parado en la cima del Monte Izaru en Costa Rica, el cual alcanza los 3,414 m (11,200 ft), una persona puede ver tanto el Océano Atlántico como el Pacífico.

Montañas Bajo el Mar La cadena de montañas más larga del mundo está bajo el mar. La Dorsal del Centro del Océano serpentea bajo las aguas de los océanos Pacífico, Ártico, Atlántico e Índico por alrededor de 83,812 kilómetros (52,080 mi). Esta cadena de montañas submarinas es casi 11 veces más larga que los Andes, la cadena de montañas más larga en tierra.

Silbury Hill en Wiltshire, Inglaterra, es muy extraño. ¡Es un montículo que contiene 1,250,000 toneladas de tierra construido por el hombre prehistórico sin ninguna razón clara!

Encima de la Mesa Las mesetas de las montañas planas de Venezuela (llamadas tepuis) están entre las montañas más extrañas del mundo. El tepui más grande se llama Roraima, una meseta de 113 kilómetros (44 mi^2) cuadrados que se eleva con puros acantilados a 2,804 m (9,200 ft) de altura. En esta meseta aislada, todas las especies de plantas son originarias del lugar y no se encuentran en ninguna otra parte del mundo.

¡Un Rayo Cae Siete Veces Sobre Roy!

Roy Sullivan, guardabosques del Parque Nacional Yosemite, California, sobrevivió a siete rayos durante su vida. El primer rayo en 1969 le chamuscó las pestañas.

El siguiente año sufrió quemaduras en el hombro izquierdo. Le siguieron tres rayos más en 1972 y 1973. El primero le encendió el cabello... extinguió las flamas arrojándose una cubeta de agua en la cabeza. Justo cuando le había vuelto a crecer el pelo, otro rayo rasgó su sombrero y cayó en su cabeza, volviendo a prenderle fuego. El tercer rayo le causó una lesión en el tobillo. Cuatro años después, un rayo le quemó el pecho y el estómago. Por último, sobrevivió a un rayo que hizo caer las líneas eléctricas sobre la cabaña en que vivía.

RAYOS DE LA NADA

- Un rayo, en promedio, es de 3 kilómetros (2 mi) de largo y 8 cm (3 in) de ancho
- 84% de las personas a las que le cae un rayo son hombres
- La temperatura de un rayo puede alcanzar 300,000°C, alrededor de seis veces más caliente que la superficie del sol
- En cualquier momento dado, se producen alrededor de 1800 tormentas de rayos en el mundo, generando 50 a 100 rayos del cielo a la tierra cada minuto
- El rayo puede viajar por el aire a cerca de 145,000 kilómetros (90,000 mi) por segundo, casi la mitad de la velocidad de la luz

Un Pueblo Caliente Residentes de Bremanger en la costa noruega culpan a una línea eléctrica de atraer rayos que han caído en todas las 11 casas del pueblo al menos una vez en los últimos 35 años. Una casa, perteneciente a Klara y Kare Svarstad, recibió rayos en cuatro ocasiones en 1999.

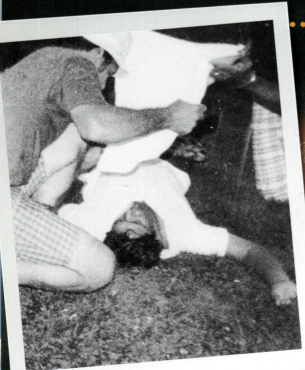

Lee Trevino fue uno de los cuatro golfistas a los que les cayó un rayo durante el torneo Abierto del Oeste, que tuvo lugar en Chicago en 1975. El rayo lo levantó 46 cm (18 in) en el aire y lo dejó inconsciente.

Adelantarse a los acontecimientos

En junio de 1987, rayos activaron los mecanismos de lanzamiento de tres cohetes en la rampa de lanzamiento de la isla Wallops de la NASA, en Virginia. Fue irónico que los cohetes tuvieran instrumentos diseñados para investigar los rayos. "Esperábamos rayos. Sólo que estuvieron un poco demasiado cerca de lo que nos gustaría", comentó Warren Gurkin, director de la rama de proyectos de sonido de cohetes de la NASA.

Explosión de los Horne En mayo de 1951, rayos prendieron fuego a dos casas en Marianna, Florida, una perteneciente a C. N. Horne de North Green Street, y la otra a S. H. Horne de South Green Street.

Barbacoa en Masa El 22 de junio de 1918, 504 ovejas murieron en un solo rayo en el Bosque Nacional Wasatch, Utah.

Rayo Milagroso Nueve años después de quedar ciego en un accidente, Edwin Robinson de Falmouth, Maine, recuperó la vista después de que le cayera un rayo el 4 de junio de 1980.

Rayo Causa Desastre Durante una tormenta eléctrica el 2 de noviembre de 1994, un rayo descarriló un tren que transportaba combustible por Drunka, pueblo del sur de Egipto. El rayo incendió el petróleo, que a su vez incendió un depósito de petróleo cerca del sitio del choque. El petróleo ardiente recorrió el pueblo gracias al agua de la lluvia torrencial, matando a lo que se calcula fueron 500 personas.

Mensaje Celestial En julio de 1984, tres días después de que se consagrara a un obispo controversial en York Minster, un rayo cayó en la catedral, causando daños por más de 3.5 millones de dólares.

Golpes de Suerte Si le cayó un rayo y sobrevivió, es elegible para ser miembro del Club Sobrevivientes de Personas a las que les Cayeron Rayos, con su lema: "Únetenos si te cae".

Alto Precio Un rayo mortal le cayó a un Boeing 707 en 1963, causando que se estrellara el avión, matando a 81 personas.

Pérdida del Equipo Todos los miembros de un equipo de futbol murieron por un rayo, durante un encuentro en la República Democrática del Congo el 25 de octubre de 1998. No tocó al otro equipo

Carga Ganadora En 1910, le cayó un rayo a Ray Caldwell, lanzador de beisbol de los Indios de Cleveland y lo dejó sin sentido, pero continuó para terminar y ganar el juego.

Tierra Calcinada En la región autónoma de Xinjian Uygur, en China, existe un área de 100 kilómetros (60 mi) de largo en que regularmente las tormentas de rayos causan que ardan los árboles.

En el Empire State Building en New York (y la Torre Eiffel en París) caen rayos un promedio de 20 a 30 veces al año porque es común que los rayos busquen el objeto más elevado.

Aunque Ud. No Lo Crea de Ripley

Thomas la Maquinita y sus Amigos quedaron congelados en hielo en el festival anual japonés de hielo y nieve en Sapporo, Japón. Se necesitan más de 3,000 personas para construir las esculturas más grandes.

Arenas Blancas El 6 de enero de 1913, cayeron 10 cm (4 in) de nieve en Jabal Gargaf, Libia, en el desierto de Sahara.

Gran Nevada La nieve más profunda después de una nevada tuvo lugar apropiadamente en el Monte Shasta Ski Bowl, California, del 13 de febrero al 19 de febrero de 1959. Esta tormenta de nieve produjo 4.8 metros (189 in) de nieve.

Esquí Polar El ruso Dmitry Shparo y seis miembros de su equipo, fueron los primeros en esquiar hasta el Polo Norte. Su viaje de 1,448 kilómetros (900 mi) duró 77 días.

Revestido de Blanco La nevada más profunda que se haya registrado fue de 11.5 m (38 ft). Esta sorprendente capa de nieve se acumuló durante una tormenta de nieve el 11 de marzo de 1911 en Tamarac, California.

¡Colmillo, Colmillo! En 1997, seis elefantes murieron por un solo rayo en el Parque Nacional Kruger, Sudáfrica.

Viaje en Motonieve Los hermanos estadounidenses Andre, Carl y Denis Boucher (junto con John Outzen en 1992) cruzaron la nieve y el hielo del casquete polar de Norte América, desde el Pacífico hasta el Atlántico en motonieves. Les tomó 56 días recorrer los 16,495 kilómetros (10,250 mi) de Alaska a Nueva Escocia.

Señal Sagrada En agosto de 2000, en Ontario, Canadá, un rayo destruyó un árbol y causó un incendio en una casa vacía de tres recámaras. En las cenizas todo lo que quedó fue una placa de la Virgen María.

Funerales Congelados En la ciudad rusa de Yakutsk, que se encuentran en lo profundo del este de Siberia, el suelo se congela y es tan duro que las tumbas sólo se pueden excavar de marzo a septiembre durante el deshielo. Los ciudadanos de Yakutsk deben posponer la parte del entierro en todos los funerales hasta el verano.

Nieve de colores
Cayó nieve roja en parte de los Alpes Suizos en octubre de 1775 y cayó nieve color chocolate en el Monte Hotham, en Victoria, Australia, en julio de 1935. Los copos de nieve rojos tenían ese color por polvo de arena que sopló al norte desde el Sahara, mientras que la nieve chocolate retenía polvo del seco distrito Mallée de Victoria.

En 1997, el explorador noruego Boerge Ousland viajó solo a través de la Antártida en 64 días. Se convirtió en la primera persona en viajar sin ayuda a través del nevado continente del sur.

El Extremo del Clima | 51

Cazadores de tormenta recogieron granizos del tamaño de bolas de tenis después de una granizada cerca de Sitka, Kansas, en 1999.

Nieve en el Desierto
El emirato de Dubai, en el Golfo, tendrá nieve a partir de 2006. Están construyendo un "Domo de Esquí" de 277 millones de dólares en el desierto para llevar los deportes de invierno a la península árabe. El domo, que estará abierto para que esquíe el público, incluirá una ladera de esquiar giratoria por una montaña artificial.

Cobija de Hielo En agosto de 1980, residentes de Orient, Nebraska, se sorprendieron al ver montones blancos de granizo que cubrían su zona. El granizo cubría el suelo hasta una profundidad de 2 metros (6 ft).

Lento Deshielo La cantidad de granizo que cayó en los municipios de Adair y Union, Texas, en agosto de 1890, fue tan grande que parte permaneció por seis meses.

¡Pesado! Granizos que pesaban más de 1 kg (2 lb 3 oz) cayeron en Gopalganj, Bangladesh, en 1986.

Caída Fatal El 19 de julio de 2002 cayeron granizos del tamaño de huevos de gallina en la provincia Henan, China. Se produjeron 25 muertes, muchas personas fueron hospitalizadas con heridas en la cabeza, destruyó edificios y rompió vidrios de vehículos.

Un Pedazo de Granizo Se encontró un granizo gigante en Coffeyville, Kansas, el 3 de septiembre de 1970. Cuando la científica Nancy Knight sostuvo el granizo en su mano, era más grande que su palma.

> "Granizos del tamaño de huevos de gallina mataron a 25 personas en China."

Granizada de Terror La granizada más mortal que se haya registrado mató 246 personas y más de 1,600 animales de granja en Moradabad, India, el 30 de abril de 1888.

Las Cinco LLUVIAS MÁS EXTRAÑAS
No hablamos en serio cuando decimos que llueven perros y gatos, pero la historia ha registrado algunas precipitaciones poco comunes.

1. **Ratones muertos**, Bergen, Noruega, 1578
2. **Sapos vivos**, Lalain, Francia, 1794
3. **Serpientes vivas**, Memphis, Tennessee, 1877
4. **Almejas vivas**, Paderborn, Alemania, 1892
5. **Gusanos vivos**, Acapulco, México, 1968

Aunque Ud. No Lo Crea de Ripley®

¡No mires hacia arriba!
Llovieron ranas y sapos en los residentes de Leicester, Massachusetts, el 7 de septiembre de 1954. Pequeñas ranas cayeron del cielo en muchas partes de Loucestershire, Inglaterra, en octubre de 1987; una lluvia de ranas ocurrió durante una tormenta en Brignoles, Francia, el 23 de septiembre de 1973, y a Sylvia Mowday y su hija les cayó una lluvia de ranas diminutas en Birmingham, Inglaterra, el 12 de junio de 1954.

Sin Lluvias No ha caído lluvia en partes del desierto de Atacama, en el norte de Chile, en la historia registrada.

Ver Rojo El 30 de junio de 1968, llovió sangre en Inglaterra. Al examinarla más de cerca, se descubrió que la lluvia se había teñido con arena roja... que procedía del desierto de Sahara, ¡a unos 3,200 kilómetros (2,000 mi) de distancia!

Los Lugares Más Húmedos Todos los años, 12 metros (467 in) de lluvia caen en Mawayram, India. El lugar más húmedo en Estados Unidos es el Monte Waialeale, Hawai, que recibe 11.7 metros (460 in) de lluvia al año.

La Lluvia Más Tupida En 1952, la lluvia individual más tupida depositó más de 7,500 toneladas de agua en 0.4 hectáreas (1 acre) de tierra en la isla Reunión, en el Océano Índico.

La Mayor Ráfaga de Viento El viento más fuerte que se haya registrado en Estados Unidos (y la velocidad de viento más alta que se haya registrado en la Tierra) fue una ráfaga de viento de 372 km/h (231 mph) en el Monte Washington, New Hampshire, el 12 de abril de 1934.

¡Agárrense! El lugar más ventoso del mundo es la Bahía Commonwealth, Antártida, donde los vendavales normalmente alcanzan 322 km/h (200 mph).

Esta mula, perteneciente al granjero W. T. Perry, del municipio de Jefferson, Kentucky, trepó a un árbol para escapar a una inundación en enero de 1937.

Entronques cerca de Hitzacker, en Alemania, quedaron cortados en 2002 por la subida del agua, causada por la creciente del Río Elba, que se salió de su cauce.

El Extremo del Clima 53

¡Un tornado se llevó la pared de esta casa, pero los platos en la despensa quedaron intactos en su lugar!

Depósitos Pesados de Petróleo Un tornado que pasó por Bakersfield, California, en 1990, movió dos tanques de petróleo de 90 toneladas 4.8 kilómetros (3 mi), depositándolos 183 m (600 ft) arriba de la ladera de una montaña.

Alta Velocidad Un tornado que asoló Wichita Falls, Texas, el 2 de abril de 1958, viajaba a una velocidad de 451 km/h (280 mph).

Festival de Tornados Entre el 3 y el 4 de abril de 1974, Estados Unidos experimentó 148 tornados.

Calor a la Sombra La temperatura más elevada que se haya registrado fue 58º C (136º F) a la sombra en Al'Aziziyah, Libia, el 13 de septiembre de 1922.

¡Ahí Hace Frío! La temperatura más baja que se haya registrado en la Tierra fue −89º C (-128.6º F) en la base Vostok, Antártida, el 21 de julio de 1983.

Descarrilado El 29 de mayo de 1934, un tornado en Moorhead, Minnesota, levantó y arrastró un tren de pasajeros de ocho vagones, 24 metros desde las vías férreas.

Perro Volador En 1994, en Le Mars, Iowa, un tornado levantó a un perro y su perrera, depositándolo a varias manzanas sin sufrir daños.

En promedio, se producen 140 tornados al año en Estados Unidos.

Ciudades para Lentes de Sol Los adoradores del sol deberían dirigirse a Yuma, Arizona, que tiene el promedio anual más elevado de días de sol en el mundo, o a San Petersburgo, Florida, donde el sol brilló 768 días consecutivos de febrero de 1967 a marzo de 1969.

Vaca Voladora En 1878, un tornado en Iowa transportó una vaca alrededor de 16 kilómetros (10 mi) por el aire.

Una Fiesta en las Cataratas

Jean Lussier, de 36 años de edad, procedente de Massachusetts, hizo historia al bajar las Cataratas del Niágara en una bola inflable de hule, en lugar de un barril de madera o un bidón de acero. Vivió para contar la historia.

Lussier empleó los 1,500 dólares que eran los ahorros de su vida para construir la bola de hule de 1.8 m (6 ft) de diámetro, recubierta con 32 tubos internos para protegerlo contra los choques y un interior vacío con un colchón de aire para protección. La bola tenía 68 kg (150 lb) de hule duro como lastre en el fondo para mantenerlo estable y contenía suficiente oxígeno para mantener a Lussier vivo por 40 horas en caso de que quedara atrapado bajo el agua. El 4 de julio de 1928, remó la bola a la mitad del río, a 3 kilómetros (2 mi) corriente arriba de las Cascadas Horseshoe. Al soltarse, el lastre se desprendió del fondo de la bola, antes de que Lussier llegara al borde a las 3:35 p.m. Tres de los tubos internos se rompieron en la caída y la estructura resultó muy dañada. Sin embargo, a las 4:23 p.m., la bola de hule y Lussier fueron recogidos por el Maid of the Mist, un bote turístico de excursión. ¡Lussier sobrevivió sólo con magulladuras de poca importancia!

Después del descenso exitoso de Lussier en las cataratas, vendió pedazos de su bolsa de hule a turistas. Cuando vendió todo, ¡se informó que empezó a vender pedazos de hule que había comprado en una llantera cercana!

William Red Hill padre, en su barril de acero en 1930, antes de su navegación exitosa de los rápidos inferiores y el remolino de las Cataratas del Niágara. En 1951, su hijo Red Hill hijo, repitió la acrobacia de su padre en un barril hecho de tubos de hule... pero murió en el intento.

Cataratas • Ríos

TEMERARIOS

En octubre de 1829, Sam Patch se convirtió en la primera persona en saltar por las Cataratas del Niágara. Saltó dos veces, sin protección. "Nadie debería hacer eso de nuevo", comentó Annie Taylor, la primera y única mujer en lanzarse por la cascada, después de que se lanzó exitosamente en un barril en octubre de 1901, a la edad de 63 años. En julio de 1920, el inglés Charles Stevens se lanzó por el borde en un barril con un yunque atado a sus pies. Todo lo que se encontró de él fue un brazo sujeto al barril. Robert Overacker se lanzó a su muerte en 1995, al intentar el salto con una moto acuática y mochila cohete.

Inundación La mayor inundación de todos los tiempos ocurrió hace alrededor de 7,500 años, cuando se precipitó agua por una franja estrecha de tierra baja hacia el este del Mediterráneo, creando el Mar Negro. Este torrente ahogó pueblos, villas y granjas, y pudo ser la inundación en la historia bíblica de Noe.

Arrastrada por el Agua En la década de 1540, la Ciudad Vieja en Guatemala, fue destruida cuando una enorme ola de agua se liberó de la parte baja del Monte Agua durante un terremoto.

La Llamada de las Cascadas En 1855, el explorador David Livingstone fue la primera persona no africana en ver las cascadas que llamó Cataratas Victoria. Sin embargo, en realidad escuchó el rugido de las cascadas cuando aún estaba a 32 kilómetros (20 mi) de distancia. El nombre local para la cascada, Mosi-oa-tunya ("las aguas que truenan"), no podía ser más apropiado.

Cuando unas inundaciones arrasaron cosechas y casas en Mozambique, en 2000, Sophia Pedro se vio obligada a refugiarse de las aguas cada vez más altas en un árbol. En lo alto de sus ramas, dio a luz a un bebé, Rositha. Una hora después, bajaron al soldado Stewart Back de un helicóptero militar de Sudáfrica para rescatar a la mamá y al bebé.

Totalmente congelado El 29 de marzo de 1849, durante un periodo de clima muy frío, una obstrucción de hielo detuvo temporalmente el enorme flujo de agua sobre las Cataratas del Niágara.

Hechos de las Cataratas La sorprendente cantidad de 370,000 toneladas de agua pasan sobre las Cataratas del Niágara a cada momento, pero incluso a esta velocidad, se necesitarían más de 2 millones de años para que fluyera toda el agua de la Tierra sobre el Niágara. Sin embargo, las mayores cascadas en la Tierra, por su volumen, son las Cascadas Buyoma en el Río Congo. Tres veces más agua se hunde en el Buyoma que en la cascada del Niágara.

La Más Elevada La caída de agua más alta es la Catarata Ángel, en el río Carrao, Venezuela. Las cascadas caen un total de 979 m (3,272 ft), donde la caída individual más elevada tiene 807 metros (2,648 ft).

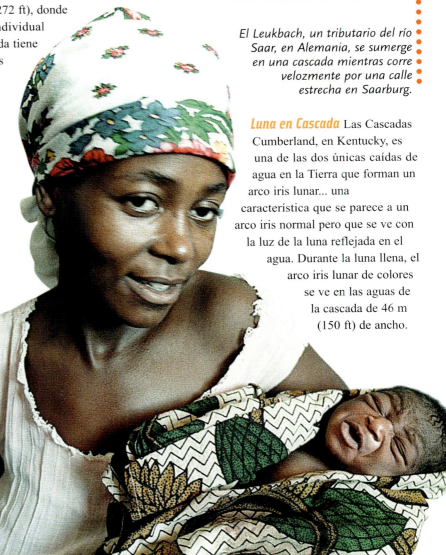

El Leukbach, un tributario del río Saar, en Alemania, se sumerge en una cascada mientras corre velozmente por una calle estrecha en Saarburg.

Luna en Cascada Las Cascadas Cumberland, en Kentucky, es una de las dos únicas caídas de agua en la Tierra que forman un arco iris lunar... una característica que se parece a un arco iris normal pero que se ve con la luz de la luna reflejada en el agua. Durante la luna llena, el arco iris lunar de colores se ve en las aguas de la cascada de 46 m (150 ft) de ancho.

El Río Tonle Sap, Camboya, fluye al sur en enero, al norte de febrero a junio, luego vuelve a cambiar al sur el resto del año.

Acantilado de Hielo Se ha descubierto una cascada helada en las laderas del monte Beardmore. Más de 3,048 metros (10,000 ft) de hielo vertical señalan ahora la anterior cascada que en un tiempo tuvo 60 veces la altura de 50 metros (160 ft) de las Cataratas del Niágara.

Subidas y Bajadas ¡El Lago Wakatipu en Nueva Zelanda cambia de nivel al menos 320 veces al día! El río de 84 kilómetros (52 mi) sube y baja 7 cm (3 in) cada cinco minutos.

El Río Más Corto El río más corto del mundo, el Río North Fork Roe de Montana, sólo tiene 17.7 m (58 ft) de longitud.

Cataratas Ocultas La Cascada Trümmelbach, Suiza, es invisible gran parte de su altura ya que pasa por el interior del Monte Jungfrau.

Corriente en Dos Direcciones El Río Baleswar en la India fluye hacia el norte y hacia el sur en la temporada de lluvias. Fluye hacia el sur en la superficie mientras sus corrientes inferiores corren en dirección contraria.

El Valle Más Profundo Tallado por una corriente que da tumbos, Yarlung Zangbo, en el Tíbet, es el valle más profundo en la Tierra: su profundidad es equivalente a 22 veces la altura de la Estatua de la Libertad.

Reglas de la Marea El agua de los ríos no siempre corre hacia el mar: En la sección más baja del río, la marea invierte la corriente. La ola de marea que corre río arriba en el río Qiantong Jiang en China es de 8 m (25 ft) de alto.

John-Paul Eatock y su perro de raza Terrier Jack Rusell, Part-Ex, hacen frente a las aguas revueltas mientras nadan. ¡Este perro de acción también toma parte en windsurfing, kayak, salto de rocas y salto en paracaídas!

Durante la mitad del año en las Cascadas Trick del Parque Nacional Glacier, Montana, el agua cae de la cascada superior, ¡y la otra mitad cae por debajo de la superior! La razón es que bajo el precipicio de roca está una salida subterránea para las aguas del río. Durante la temporada seca, este paso bajo tierra es lo bastante grande para contener toda la corriente del río y el agua sale bajo la cascada (ve la fotografía de abajo). Durante la temporada lluviosa, la cascada aumenta de manera que el río subterráneo está totalmente oculto y el agua baja en la cascada desde arriba (ve la fotografía superior).

Cataratas • Ríos • Desiertos • Planicies

Lago que desaparece

El lago Chad de África tiene en la actualidad sólo 1,350 kilómetros cuadrados (500 mi²) de área. Sequías prolongadas desde la década de 1960 han reducido drásticamente su extensión de la cantidad una vez sorprendente de 26,000 kilómetros cuadrados (10,000 m²) en los meses más lluviosos. Pero la evidencia de playas abandonadas, que se han descubierto recientemente, muestra que el lago alguna vez fue más de 12 veces mayor de lo que es en la actualidad.

Congelamiento Profundo El suelo está sólidamente congelado hasta una profundidad de 1,400 m (4,500 ft) bajo algunas partes de Siberia... ¡eso es tres veces la altura del Empire State Building de New York!

La Gran Depresión La cuenca que contiene al Mar Caspio es tan grande que podría contener a Missouri, Iowa, Illinois, New Hampshire y Vermont. Las tierras bajas del Caspio forman la mayor depresión del mundo.

Planicie Árabe Sin Vida Si se cubre todo el estado de Texas con arena, se tendría un desierto del mismo tamaño que el Sector Vacío de Arabia (el Rub al-Khali), que es la mayor extensión de arena en el mundo. El Sector Vacío no tiene agua y casi nada de vida.

Duna de Oz Las dunas de arena más grandes se encuentran en el Desierto Simpson de Australia. Se extienden en líneas paralelas a una distancia igual a la que hay de Washington D. C., a Filadelfia.

Desierto Sombrío Alrededor del 90 por ciento de la arena en el desierto Kara Kum en Asia Central es negra.

Mapa de Colores Los rastreadores pueden encontrar su camino en el Desierto de Namibia, en el sur de África, por el color de la arena. Entre más tierra adentro esté la arena, más vieja es y más tiempo se ha calcinado al sol, adquiriendo un color rojo óxido.

Arenas Cantantes Los vientos que soplan sobre las dunas de arena en el desierto de Gobi, en Mongolia, causan un sonido constante que varía de sonidos de redoble de tambor a un cántico profundo.

Nace un Desierto El desierto más nuevo del mundo apareció en 2001. El Hamoun, en la frontera de Irán y Afganistán, por lo general es una gran zona húmeda que varía en tamaño entre 1,035 y 2,070 kilómetros cuadrados (400 y 800 mi²). Sin embargo, las lluvias poco confiables en las montañas distantes que alimentan los ríos que corren al Hamoun, convierten periódicamente al pantano y al lago en un desierto. De 1999 hasta 2001, esas montañas experimentaron un periodo prolongado de sequía. Como resultado, el Hamoun ahora es un desierto de sal. Cuando los ríos fluyan de nuevo, se llenará con agua.

Las Cinco EXTENSIONES DESÉRTICAS MÁS GRANDES

1. **Sahara, Norte de África,** 8,416,850 kilómetros cuadrados (3,250,000 mi²)
2. **Desierto Australiano, centro de Australia,** 1,553,880 kilómetros cuadrados (600,000 mi²)
3. **Desierto Árabe, Omán y Arabia Saudita,** 1,294,900 kilómetros cuadrados (500,000 mi²)
4. **Desierto de Gobi, Mongolia y China,** 1,035,920 kilómetros cuadrados (400,000 mi²)
5. **Desierto Kalahari, Botswana,** 517,960 kilómetros cuadrados (200,000 mi²)

El Mar Aral era originalmente el cuarto lago más grande del mundo que cubría 68,000 kilómetros cuadrados (26,250 mi²), igual al área del sur de California. En la actualidad, ha disminuido 75 por ciento, el equivalente de secar el Lago Ontario y el Erie. El nivel del mar ha bajado 16 metros (50 ft), dejando barcos abandonados en la arena.

Carrera Brutal y Reseca a un Cálido Final

La carrera anual sin paradas de la Copa del Desierto, de 160 kilómetros (105 mi), a través del árido desierto de Jordania y Arabia exige que los participantes transporten su propio equipo y suministros... además de agua para beber.

El tiempo máximo permitido para completar la carrera sin paradas de la Copa del Desierto es sólo 60 horas. Los competidores corren 40 kilómetros (25 mi) por montañas, luego 56 kilómetros (35 mi) sobre piedras de desierto y por último 72 kilómetros (45 mi) por la arena. Los punteros de la competencia cruzan el desierto Wadi Rum de noche para evitar el intenso calor, mientras que los que les siguen tienen que correr en un calor sofocante de 43º C (110º F). Las reglas estipulan que no se permite a ningún corredor ayudar a otro si se mete en problemas.

Al abandonar Petra al inicio de su viaje, los competidores enfrentan dos días de correr sin paradas a través de terreno desértico inhóspito y desnudo, deteniéndose sólo para un breve descanso.

Tazón de arena
La zona semidesértica norte y este del lago Chad es la fuente más importante de polvo en la atmósfera de la Tierra. Los vientos de invierno levantan el polvo de la superficie árida y seca del desierto y se dispersa por la atmósfera del planeta.

Desiertos • Planicies

Competidor del Rally de Dakar de 2003 se toma su tiempo afuera para planchar... ¡en el techo de su auto!

Hecho a la Sombra Los humanos han hecho 75 por ciento de los oasis del desierto del Sahara. Estos oasis artificiales son valles irrigados en que se plantaron palmeras para proporcionar sombra del sol.

Totalmente Plana La Planicie Nullabor de Australia, una extensión monótona y sin árboles, es tan plana que la vía férrea que cruza la planicie avanza totalmente recta por 483 kilómetros (300 mi).

Nuestro Propio Oasis El oasis más grande en el Universo tiene 12,713 kilómetros (7,900 mi) de diámetro. El planeta Tierra es el único mundo conocido en que crecen plantas, fluye agua y viven animales.

Fosa de Hielo El punto más profundo en tierra es la Fosa Bentley, que se encuentra bajo el hielo en la Antártida. Esta depresión está a más de 2,536 metros (8,320 ft) bajo el nivel del mar.

Tierra Baja La depresión expuesta más profunda en la Tierra rodea al Mar Muerto, entre Israel y Jordania. La playa está a 399 metros (1,310 ft) bajo el nivel del mar.

Descomposición en Seco Con el paso del tiempo, el avance del Desierto del Sahara hacia al Mar Mediterráneo ha enterrado alrededor de 600 ciudades romanas.

El Ancho Sahara El Desierto del Sahara es tan grande en extensión como Estados Unidos.

¡Gran Arboleda! El mayor oasis con arboleda de palmeras en el mundo, en Palm Canyon, California, se extiende una distancia de 38 kilómetros (15 mi) de extremo a extremo.

Barcos en la Arena Viven focas en un desierto donde se pueden encontrar barcos encallados. La Costa Esqueleto de Namibia es un paisaje desértico en que enormes dunas se elevan de playas que son hogar de colonias de focas y están llenas con los restos de naves que han encallado en la traicionera playa.

Correo Aéreo Caluroso El viaje regular de entrega de correo semanal en un desierto es un recorrido de correo por aeroplano de 2,615 kilómetros (1,625 mi) que sale de Port Augusta, Australia del Sur, todos los sábados, a Boulia en el interior cálido y seco.

Durante un periodo de 40 años, el viento ha erosionado el suelo, dejando este tocón de árbol en el municipio de Tuscola, Michigan, erguido a 2 metros (6 ft) sobre el suelo.

Aunque Ud. No Lo Crea de Ripley

Enterrada en el Tiempo Las arenas del desierto enterraron por completo la ciudad de Ubar, en Omán. Esta ciudad era un floreciente centro comercial hace 1,700 años, pero desapareció bajo las arenas y sólo se volvió a descubrir en 1974.

Última Marcha Todo un ejército desapareció en el desierto sin dejar rastro. Enviado por el rey persa Cambyses en 525 a.C. para reconquistar el antiguo Egipto, el ejército viajaba al Oasis Siwa para destruir el templo del dios Amun. El oráculo de este templo profetizó que el ejército sería derrotado. Desapareció en el Desierto Occidental.

Este árbol que crece en medio de la carretera 60 de Estados Unidos, cerca de Fairland, Oklahoma, no se podrá derribar nunca. El derecho a la tierra para la carretera se otorgó al estado con la estipulación de que nunca se alteraría el árbol. El olmo fue plantado por un niño pequeño en honor a su padre fallecido.

Apenas a las afueras de Tucson, Arizona, en el desierto de Sonora, se encuentra un cementerio de aviones. Casi 4,400 aviones y helicópteros que dejaron el servicio se encuentran abandonados sobre 1,050 hectáreas (2,600 acres) de terreno. El clima del desierto impide que los aviones se deterioren o corroan demasiado rápido, y todo el tiempo se rescatan millones de dólares en refacciones de los aviones. El FBI emplea el lugar para ensayar rescate de rehenes en aviones.

> "ejército completo desaparece en el desierto sin dejar rastros"

De Verde a Arena Hace veinte mil años, el Desierto del Sahara estaba cubierto en realidad de pastizales, ríos, lagos y bosques, cuando los vientos fríos de Europa llevaban humedad al norte de África.

Un espejismo visto en el cielo sobre Ashland, Ohio, el 12 de marzo de 1890, parecía ser un reflejo de otro pueblo a unos 50 kilómetros (30 mi) de distancia.

Desiertos • Planicies • Islas

Una Gema para el Golfo

La isla creada por el hombre de Palm Jumeirah, en el Golfo Pérsico, será el primer objeto construido por el hombre visible desde kilómetros de altura desde la Gran Muralla China.

Lo que será la isla artificial más grande del mundo formará parte de un enorme complejo de islas y carreteras elevadas, que abarcarán más de 8 kilómetros cuadrados (3 mi^2) y medirá 6.5 kilómetros (4 mi) de longitud. La isla será parte de una estructura con forma de palmera, con un tronco de casi 1.5 kilómetros (1 mi) de ancho y 17 grandes "hojas". La isla será el centro vacacional de playa más lujoso del mundo con 56 kilómetros (35 mi) de playas artificiales, 50 hoteles de lujo, 4,500 apartamentos y villas, complejos de compras, cines y el primer parque marino del Medio Oriente.

Esta imagen de satélite muestra la gigantesca isla con forma de palmera de Jumeirah, en la costa de Dubai, sobresaliendo a 5 kilómetros (3 mi) en el Mar Azul.

Las Cinco Extensiones
COSTERAS MÁS CORTAS

Algunos países tienen costas increíblemente cortas

1. **Mónaco:** 5 kilómetros (3 mi)
2. **Nauru:** 19 kilómetros (12 mi)
3. **Bosnia- Herzegovina:** 21 kilómetros (13 mi)
4. **Jordania:** 26 kilómetros (16 mi)
5. **Eslovenia:** 31 kilómetros (19 mi)

Nación Delta: El delta más grande del mundo es un país... la mayor parte de Bangladesh, que abarca cerca de 143,993 kilómetros cuadrados (55,600 mi^2). Se formó por los deltas combinados de los ríos Ganges y Brahmaputra.

¡Ultraola! La ola más grande que haya azotado una costa fue un monstruo de 524 m (1,720 ft) que batió contra la Bahía de Lituya, Alaska, en julio de 1958.

Nacimiento en el Agua La isla más nueva del mundo fue una sorpresa... y así es su nombre. La Isla Surprise Rock (Pulau Batu Hairan) en el estado de Sabah, Malasia, se elevó del fondo del océano en 1988. Varios otros pequeños islotes han aparecido en el mar desde entonces, pero a diferencia de la Isla Surprise Rock, se han hundido de vuelta al océano o han sido arrasados por el agua.

Aunque Ud. No Lo Crea de Ripley

Varados La permanencia involuntaria más prolongada en una isla fue la de la tripulación del barco *Invercauld,* que naufragó en la isla subártica de Auckland en mayo de 1864. Sólo rescataron vivos a tres de los 19 tripulantes 375 días después.

El Atolón Más Grande Kwaljein, en las Islas Marshall del Pacífico, es el atolón más grande del mundo. La pequeña isla se dobla para encerrar un área del tamaño de Rhode Island.

Islas Vecinas La Isla Little Diomede, parte de Estados Unidos, se encuentra en el Estrecho de Bering, entre Siberia y Alaska. A 3 kilómetros (2 mi) al oeste se encuentra la Isla Big Diomede, parte de la exUnión Soviética. La posición de esas dos islas significa que la exUnión Soviética y Estados Unidos se encuentran separados sólo por unos kilómetros.

Todo en el Mar La deshabitada, desolada y helada Isla de Bouvet en el Océano Pacífico Sur está a 1,609 kilómetros (1,500 mi) de la tierra más cercana, más o menos la misma distancia de Omaha, Nebraska, a Salt Lake City, Utah.

Rocas de Construcción En Kotor, Montenegro, la gente de la localidad arrojó rocas en Chisel Rock por un periodo de 150 años. Al final, la pequeña roca que emergió de las olas se transformó en una isleta de mayor tamaño, lo bastante grande para que se construyera una iglesia en ella.

Iceberg de Florida Lo más al sur que se ha visto un iceberg en el Océano Atlántico fue en la latitud 28° 22'... un poco más al sur que Daytona Beach,

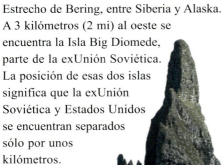

Un escarpado pináculo de roca llamado Ball's Piramid que se eleva 562 m (1,843 ft) del mar, cerca de la isla de Lord Howe, Australia, es de 2.5 veces la altura de las torres del Puente Golden Gate de San Francisco.

Un escarpado pináculo de roca llamado Ball's Piramid que se eleva 562 m del mar, cerca de la isla de Lord Howe, Australia, es de 2.5 veces la altura de las torres del Puente Golden Gate de San Francisco.

¡Esta sorprendente antorcha olímpica permite a una flama existir incluso cuando está sumergida en agua! La llevó Wendy Craig Duncan durante la preparación para los Juegos Olímpicos de Sydney de 2000.

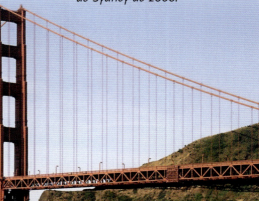

Islas

Reino en Zancos

El rey Bates afirma que la "isla fuerte" que posee, y que mide 131 x 37 metros (430 X 120 ft), es el estado más pequeño del mundo. A 13 kilómetros (8 mi) de la costa de Inglaterra, el fuerte, un antiguo fuerte de la Naval Real de Inglaterra en la Segunda Guerra Mundial llamado Roughs Tower, se encuentra sobre pilotes en el Mar del Norte.

Isla de naufragio
En el Río Moroni, entre Surinam y la Guyana Francesa, un barco naufragado dio nacimiento a una isla. El navío redujo el movimiento del agua, permitiendo que se depositara lodo, y semillas transportadas por el agua se depositaran y germinaran. Durante un periodo de 36 años, el naufragio se transformó en una diminuta isla (sin nombre), en la que surgieron árboles.

En 1966, Bates y su esposa Joan, declararon que el fuerte era el reino de Sealand y que ellos eran rey y reina, a pesar de nunca recibir reconocimiento oficial. El "rey Roy" con el tiempo elaboró los tesoros nacionales, como la bandera del Principiado de Sealand, un himno nacional, monedas de oro y plata lanzadas como dólares de Sealand, estampillas postales y pasaportes.

Alaska tiene una línea costera que es más grande que la totalidad de los otros estados costeros de Estados Unidos.

Michael Bates es el supuesto heredero del rey Roy de Sealand (visto en el fondo), el fuerte que afirman es el estado más pequeño del mundo.

Surfing en el Río

Una sorprendente ola de marea natural corre cada año subiendo por el río Severn, en Inglaterra.

Este fenómeno viaja subiendo el estuario del Severn, avanzando por una distancia de 40 kilómetros (25 mi). La ola de marea, ocurre cuando el volumen de agua que entra al Canal de Bristol desde el Atlántico se ve forzado a avanzar por un estrecho canal y se eleva a una altura de hasta 15 metros (50 ft). La velocidad del agua aumenta hasta llegar a un promedio de 16 km/h (10 mph). Dave Lawson tiene el récord para la ola de marea en río recorrida por un surfista... viajó una distancia de 9.2 k (5.7 mi) en 40 minutos.

Ola monstruosa
La ola más elevada en el mar verificada en tiempos modernos fue una de 85 m (280 ft) que chocó en las Islas Ryukyu de Japón en 1771. La ola fue lo bastante poderosa para arrojar una roca enorme, que pesaba más de 75 toneladas, más de 1.6 kilómetros (1 mi) tierra adentro.

El Profundo Mar Azul ¡El punto más profundo en el lecho oceánico es 1.25 veces más profundo de lo que es elevado el monte Everest! Una sorprendente profundidad de 10,921 m (35,830 ft) se ha registrado en la Fosa de las Marianas, en el Océano Pacífico.

Investigación de las Profundidades El 23 de enero de 1960, la batisfera *Trieste* de la Armada de Estados Unidos descendió a una profundidad de 10,911 m (35,797 ft), el punto más profundo al que se ha descendido en la Fosa de las Marianas.

Clara como el Vidrio El agua del mar de Weddell, en la Antártida, ¡es tan clara que se pueden ver objetos pequeños a más de 79 metros (260 ft) bajo la superficie!

Surtidor Submarino El agua que sale de un manantial caliente bajo el agua, a 483 kilómetros (300 mi) de la costa oeste de Estados Unidos, tiene una temperatura de 404° C (759° F).

Océano de Agua Dulce Fuera de la desembocadura del río Amazonas, por entre 160 y 255 kilómetros (100 y 160 mi), el agua del Atlántico es dulce.

¡Una isla en un lago en una isla en un lago en una isla! La superficie del lago en el Volcán Taal, en las Islas Filipinas, está debajo del nivel del mar.

Un surfista viaja en las olas de la marea del río Severn.

Lecho de Lodo Afuera de la desembocadura del río Amazonas se encuentran profundos depósitos de lodo y otros sedimentos arrastrados por el río. Estos depósitos forman un cono que es de 685 kilómetros (425 mi) de largo y 260 kilómetros (160 mi) de ancho. El lodo tiene una profundidad de 11,000 m (3,600 ft), ¡más de 1,829 metros (6000 ft) más profundo de lo que es alto el monte Everest!

Jacuzzi del Pacífico Los geólogos han calculado que podría haber hasta un millón de volcanes en el fondo del Océano Pacífico. Hasta el momento, se han descubierto más de 5,000 volcanes activos submarinos

Poderoso Amazonas La cantidad de agua dulce que sale de la desembocadura del Amazonas al Océano Atlántico en un día sería suficiente para satisfacer la necesidad de agua de Estados Unidos por cinco meses.

Escape de la Profundidad El escape de mayor profundidad bajo el agua lo llevaron a cabo Roger Chapman y Roger Mallinson desde una profundidad de 480 metros (1,575 ft) en la costa de Irlanda, en 1973. Su barco, *Pisces III*, se hundió y estuvieron atrapados 76 horas antes de escapar.

Las olas más altas que usan los surfistas se encuentran en la Bahía Waimea, Hawai. Las olas en esta bahía con frecuencia se elevan a una sorprendente altura de 9 a 11 metros (30 a 35 ft).

Depósitos Elevados En la Isla Lane de Hawai se encuentran sedimentos que olas depositaron a una altura de más de 366 m (1,200 ft) sobre el mar. Unas olas tan grandes sólo pudieron ser causadas por un enorme derrumbe bajo el agua.

Jinete de Tsunamis La mayor ola que haya usado un surfista fue una pared de agua de unos 15 m (50 ft) de alto. Tal vez fue un tsunami (una ola creada por un terremoto). Viajó por ella en 1868 en el océano cerca de la Isla Minole, en Hawai, un surfista hawaiano al que atrapó la ola.

Everest Bajo el Agua La montaña más alta bajo el agua es casi tan alta como el Monte Everest. Una montaña marina entre Samoa y Nueva Zelanda se eleva a 8,687 metros (2,8500 ft).

Ola Enorme Un soldado de Estados Unidos a bordo del USS *Ramapo* en el Pacífico en 1933 registró una ola de 34 metros (112 ft) de alto. Esta ola era de casi dos veces la altura del busto de Abraham Lincoln en el Monte Rushmore.

Fondo Marino y Desayuno Se está construyendo un hotel bajo las olas en la costa de Dubai, en los Emiratos Árabes Unidos. El acceso será mediante un tubo de cristal desde el área de recepción en la playa.

Agua que Corre La corriente oceánica más fuerte es la Corriente Circumpolar Antártica que fluye a casi 2,000 millones de metros cúbicos (7,000 millones ft^3) por segundo en el paso restringido entre Sudamérica y Antártida.

> "Una ola de dos veces la altura del busto de Lincoln en el Monte Rushmore"

Salvamento de Profundidad En 1992, el USS *Salvor* recuperó un naufragio a 5,258 metros (17,250 ft) bajo las olas.

Habitación en el Fondo Richard Presley pasó 69 días bajo el agua en un módulo, en Key Largo, Florida, en 1992.

Balsa Vagabunda Una balsa llamada La Balta estuvo a la deriva 13,840 kilómetros (8,600 mi) en el Océano Pacífico desde Ecuador hasta Australia en 1973.

Seis Meses a la Deriva Maurice y Maralyn Bailey estuvieron a la deriva en una balsa en el Océano Pacífico por 177 días después de que una ballena hundiera su bote.

Sobrevivir Solo Poon Lim, marino británico, estuvo a la deriva 133 días sólo en una balsa en 1943.

El géiser de agua termal Strokkur, en Islandia, envía chorros de agua hirviendo y vapor caliente a 35 metros (115 ft) en el aire cada siete a diez minutos. Islandia tiene más de 700 géiseres y manantiales calientes.

Récord Europeo Los manantiales de agua termal en Polichnitos, en la isla griega de Lesvos, son los más calientes de Europa. El agua burbujea del suelo a temperaturas de entre 76 y 91° C (169 y 196° F).

Baño en Nieve El agua termal natural de Islandia alimenta la Laguna Azul, un estanque cuyas aguas tienen un color azul helado. Sin embargo, el agua promedia 40° C (104° F) y sus propiedades ricas en minerales tienen poderes medicinales. En invierno, los bañistas disfrutan del agua termal mientras las temperaturas están muy por debajo de cero y el estanque está rodeado por nieve.

Calor Himalayo Brota agua de los manantiales de agua termal de Manikaran, en las faldas de los Himalayas de la India, a 94° C (201° F) para quienes pueden soportar la elevada temperatura. Se dice que sumergirse con regularidad en el manantial de Manikaran (el más caliente del mundo) cura todo tipo de enfermedades de la piel. Se puede cocinar arroz en el manantial de Manikaran en 20 minutos.

PLÁTANOS DE ISLANDIA

Manantiales de agua termal alimentan tuberías que calientan los edificios de la capital de Islandia, Reyjavik. También se emplean tuberías de agua termal para calentar invernaderos en que se cultivan frutas y verduras que no podrían sobrevivir al aire libre. Un grupo de plátanos que se cultivó en un invernadero de Islandia calentado de esta forma se regaló una vez al primer ministro británico, Sir Winston Churchill.

Agua Caliente Gran parte del agua en Norris Geyser Basin, en el Parque Nacional de Yellowstone, Estados Unidos, es más caliente que el punto de ebullición. Una perforación científica que cavó a cerca de 325 metros (1,000 ft) bajo la superficie midió una temperatura de 237° C (459° F). Yellowstone contiene más de 10,000 lugares térmicos, lo que incluye alrededor de 500 géiseres... más del 60 por ciento de los géiseres del mundo.

El Géiser Más Alto El géiser más alto del mundo es el Steamboat, en el Parque Nacional de Yellowstone. El géiser lanza agua a entre 100 y 135 metros (300 y 400 ft) de altura durante sus erupciones. El problema para los visitantes es que es temperamental. Su erupción más alta fue en la década de 1950 y Steamboat no ha lanzado un chorro de agua en verdad alto desde mayo de 2000.

Olas • Géiser • Primavera

Marea Rugiente

En unas horas, la Bahía de Fundy, Canadá, se llena con agua tan alta como un edificio de cuatro pisos. Dos veces al día, las mareas más altas del mundo crean una diferencia de entre 7 y 16 metros (24 y 54 ft) en la profundidad del agua marina... la diferencia promedio es de 14 metros (48 ft). A la mitad de la marea, las corrientes de la bahía producen un rugido que se conoce localmente como "la voz de la luna".

La marea baja expone una roca "maceta" en la Bahía de Fundy, en la que crece un árbol solitario.

Regular Como Reloj El géiser Viejo Fiel del Parque Nacional de Yellowstone recibe su nombre por la regularidad de sus erupciones. Tiene una erupción cada 63 a 75 minutos. El cercano géiser Anemone es incluso más predecible: tiene una erupción cada siete a diez minutos. Los estanques de Anemone se llenan con agua que salpica mientras hierve. Cuando arroja el agua a 3 metros (10 ft) en el aire, el estanque se vacía por completo.

Acidez El géiser Echinus del Parque Nacional de Yellowstone es el géiser de agua más ácida del mundo. Hace erupción a una altura de 12 a 18 metros (40 a 60 ft).

En Agua Caliente Thermopolis, Wyoming, alardea de tener el manantial de agua termal más grande del mundo. La primera narración escrita del manantial, en 1776, registró que una serpiente de cascabel cayó al agua caliente y se cocinó. El manantial principal en Thermopolis produce 84,500 millones de litros (22,323,000 gal) de agua al día.

"Piezas de ajedrez en agua termal"

¡Se proporcionan tableros y piezas de ajedrez para los bañistas que se remojan en las aguas termales de Budapest, Hungría!

67

ANIMALES EXTRAORDINARIOS

Aunque Ud. No Lo Crea de Ripley

Mordida Profunda y Mortal

Los dientes del pez víbora sobresalen más allá de su boca y sus ojos. Para tener una comparación, si tus dientes fueran así de grandes, ¡tendrían que sobresalir la sorprendente cantidad de 30 centímetros (12 in)! Tiene los dientes más grandes, en proporción a su cabeza, de cualquier animal.

El pez víbora tiene más de 350 órganos de luz en el cuerpo para atraer peces en las oscuras profundidades en que caza.

Este monstruoso pez es uno de los depredadores más feroces de las profundidades. Para atraer a su presa, tiene una espina dorsal grande que en la punta produce luz. se cree que el pez víbora se aproxima a sus víctimas a gran velocidad, atravesándolos con sus dientes, y extiende su cráneo con bisagras para tragar presas grandes.

Los Cinco PECES MÁS BRILLANTES

Más de 1,500 tipos de peces brillan o resplandecen para atraer presas y parejas. Algunos se pueden ver desde 30 metros (98 ft) de distancia.

1. **Pez lámpara**
2. **Pez linterna**
3. **Pez dragón**
4. **Slickhead** (*Rouleina eucla*)
5. **Pez guardiamarina** (*Porichthys sp.*)

Bola de Baba El animal con más baba del mundo debe ser con seguridad la lamprea glutinosa. Produce una sustancia pegajosa de su piel que se mezcla con el agua marina para hacer una masa de moco baboso de diez veces el volumen del pez mismo.

Carroñero La lamprea glutinosa también tiene los hábitos más asquerosos. Emplean su boca como ventosa para hacer huecos en cadáveres en descomposición, luego viven en el interior del animal muerto mientras se descompone.

Danza de Luces Los órganos de luz del pez lámpara actúan como faros. Al bloquear esas luces y cambiar de dirección en la oscuridad, pueden confundir a los depredadores.

Como polillas a una flama

El pez linterna emplea su luz (fotóforos) corporal para atraer a su presa, que son peces más pequeños, y también atrae una pareja en el tiempo de aparearse. Algunos machos y hembras tienen secuencias diferentes, lo que les permite reconocerse unos a otros en el agua oscura.

Nunca se Han Visto Vivas Las ballenas de pico son los campeones de las sumersiones, permaneciendo bajo el agua dos horas o más. La mayoría de los tipos son poco comunes... la ballena de pico de Longman nunca ha sido vista viva y se conoce sólo de dos cráneos llevados a las playas por las corrientes.

Océanos

Con 20 metros (65 ft) de largo y 60 toneladas de peso, la ballena espermática macho es el mayor depredador del mundo. ¡Se encontró uno con un calamar gigante de 12 metros 40 ft) de largo en el estómago! Este espécimen gigante quedó varado y murió en la Isla Roemoe en el Mar del Norte en 1997.

CABEZA TEMPLADA
Cuando la ballena espermática sale de una inmersión, ¡su cabeza se "derrite"! La frente contiene alrededor de 25 tinas de baño de la sustancia espermaceti. Ésta se vuelve dura y cerosa en las frías profundidades, luego se expande y vuelve más aceitosa mientras la ballena se eleva de nuevo.

Hacer una Inhalación Cuando una ballena toma aire, ¡toma alrededor de 2,000 litros (529 gal) de aire en cerca de 2 segundos!

Los Cinco
MAMÍFEROS QUE SE SUMERGEN A MÁS PROFUNDIDAS

1. **Ballena espermática:** más de 3,000 metros (9,900 ft)
2. **Ballena de nariz de botella:** 2,000 metros (6,500 ft)
3. **Ballena asesina:** 1,000 metros (3,300 ft)
4. **Elefante marino:** 700 metros (2,300 ft)
5. **Foca de Weddell:** 600 metros (1,970 ft)

El calamar gigante puede crecer al enorme tamaño de 20 metros (66 ft), ¡es casi una cancha de tenis! Tiene los ojos más grandes del mundo. Más grandes que pelotas de futbol, ayudan a ver los destellos de luz que producen sus presas de peces y calamares más pequeños, a su profundidad favorita de cacería de hasta 1,000 metros (3,000 ft).

"Devora presas que pesan diez veces más que ella"

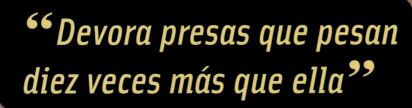

Truco Nauseabundo

Los pepinos de mar son parientes de estrellas y erizos de mar. Viven en aguas profundas y estanques de marea; filtran el lodo en busca de bocados comestibles. En algunas regiones, son los habitantes más comunes del fondo oceánico. Si se les molesta, vomitan, expulsando no sólo heces, sino también partículas de alimento descompuesto y lodo a su atacante. La viscosa descarga contiene gran parte de su intestino, que parece hilos pálidos.

Nada de Nuevo El celacanto, pez de 1.5 metros (5 ft) que se creía extinto con los dinosaurios, causó sensación cuando científicos en el sudoeste de África descubrieron que estaba vivo y bien en 1938. Exactamente 60 años después sucedió lo mismo en Indonesia, cuando se encontró otra especie diferente de celacanto.

¡Los pulpos pueden aprender a contar hasta cinco e incluso distinguir diferentes formas! Aparte de los delfines, son las criaturas del mar más inteligentes... se ha enseñado a este pulpo a abrir frascos cerrados con el fin de apoderarse de pequeños cangrejos en el interior.

La boca más grande de un animal, en comparación con el tamaño corporal, pertenece a la anguila tragadora (anguila pelícano). Este extraño pez de 60 cm (24 in) de largo extiende su mandíbula para tragar presas que pesan 10 veces más que ella.

En Pedazos ¡Es increíble que un tipo de esponja, llamada esponja roja, puede romperse en miles de pedazos, sin morir! Los pedazos rotos del animal se reagrupan hasta que está completo de nuevo.

El Mayor Sobreviviente El título de "mayor fósil viviente" es para la língula o lampshell. Parece una almeja pero es un grupo separado de animales que ha sobrevivido por más de 450 millones de años.

Beso de Vida

En las vastas profundidades del negro océano puede llevarse un tiempo encontrar a una pareja para copular. Cuando el diminuto macho de pez escorpión del mar profundo se aparea, sujeta a la hembra más grande con la boca, se sostiene ahí y gradualmente se une o fusiona con el cuerpo de ella, de manera que no puede marcharse nunca. Incluso comparte el alimento de ella mediante el suministro de sangre, y a su vez, fertiliza los huevos.

Océanos

Tiburón Asesino

¡Los dientes enormes, serrados y triangulares del gran tiburón blanco están sorprendentemente adaptados para desgarrar la carne! A menudo nada con los dientes expuestos, sólo para advertir a otros tiburones que se alejen de su territorio.

Los Cinco TIBURONES MÁS MORTALES

Cada año se informan 50 a 100 ataques graves de tiburón en todo el mundo, por lo general con menos de 10 decesos. Pero sólo son los que se informan...

1. Gran tiburón blanco
2. Tiburón tigre
3. Tiburón toro
4. Tiburón de arena
5. Tiburón cabeza de martillo

Los grandes tiburones blancos aprenden con rapidez y algunos adquieren el hábito de recorrer las playas, esperando bañistas descuidados. Un "pequeño" tiburón blanco atrapado en Japón en 1954 se había tragado a un niño de 13 años de edad... ¡entero!

El gran tiburón blanco ataca con ferocidad, se retira mientras la presa herida se debilita y luego vuelve para darse un atracón con la carne.

La película Tiburón (Estados Unidos, 1975) se basó en un tiburón solitario que aterrorizaba las playas de Long Island, y que mató al menos cinco personas en el verano de 1916. El culpable más probable, que tenía la espinilla de un niño en el estómago cuando lo capturaron, tal vez no fue un tiburón blanco sino un tiburón toro.

Mordido a la Mitad

El buzo y experto en tiburones australiano Rodney Fox necesitó 462 puntadas durante una operación de cuatro horas después de un ataque de tiburón. Casi lo partió en dos y su abdomen estaba totalmente expuesto, con todas las costillas rotas en el lado izquierdo del cuerpo. Lo llevaron a toda velocidad al hospital, ¡sólo lo mantenía unido su traje de buzo! Apenas tres meses después, estaba de vuelta en el agua con su propio recuerdo... un gran diente blanco incrustado en la muñeca.

Un gran tiburón blanco atacó salvajemente a Rodney Fox en 1963, durante un torneo de atrapar peces con lanza en la playa Aldinga, Australia... ¡y sobrevivió para contarlo!

Aguas Peligrosas En Sudamérica, gente que nada, o incluso que lava su ropa, ha recibido mordidas y muerto por tiburones toro que han nadado en el Amazonas 2,500 kilómetros (1,500 mi) tierra adentro.

Comidos Vivos
Tiburones atacaron y mataron a más de 500 personas en 1942, durante la Segunda Guerra Mundial. Un submarino alemán torpedeó un barco británico que transportaba prisioneros de guerra italianos en la costa de Sudáfrica... todos los hombres abordo se ahogaron o los mataron los tiburones.

No Es Exigente Al tiburón tigre se le llama "tiburón basurero" ya que muerde y traga casi todo... sea comestible o no. Se han abierto tiburones tigre para revelar que tragaron latas de combustible, llantas de bicicleta, pedazos de madera, partes de un perro muerto y en uno un tambor más grande que una pelota de futbol.

¡El Pez Más Grande que Se Haya Atrapado! Capturaron a un tiburón ballena que medía 14 metros (45 ft) de largo, 7 metros (23 ft 9 in) de circunferencia y que pesaba 13,600 kilos (30,000 lb), después de una pelea que duró 39 horas en Knights Key, Florida, el 1 de junio de 1912.

Monstruo Mascota El hawaiano Tom K. Maunupau, de Honolulu, ¡montó a un tiburón de 2 metros (6 ft) que tenía como mascota!

De Vuelta al Mar Un tiburón muerto se hunde con tanta lentitud que el agua salada casi disuelve su cuerpo antes de que llegue al fondo del mar. Las únicas partes del tiburón que son inmunes a la acción de la sal son sus dientes.

Dientes de Bebé El tiburón tigre da a luz crías vivas y puede tener hasta 27 tiburones bebé, todos perfectamente formados y equipados con dientes.

El tiburón ballena es el pez más grande del mundo, pesa más de 15 toneladas. Aunque cinco adultos podrían caber en su boca cavernosa, por fortuna sólo ingiere el diminuto plankton.

Océanos

Crece y Es Más Pequeña La rana paradójica de Sudamérica crece hasta 25 centímetros (10 in) como renacuajo, ¡pero se encoge a 7 centímetros (3 in) cuando es adulta!

Filtro de Agua Los tiburones cetorrino tragan 1,500,000 litros (400,000 gal) de agua por la boca cada hora.

Nos Pestañea El tiburón es el único pez que puede pestañear.

Labios Gordos El tiburón megaboca tiene labios del tamaño de una tina que podrían devorarlo completo. Pero este tiburón, que crece 5 metros (16 ft) de largo y casi 1 tonelada de peso, se alimenta de pequeñas criaturas en la profundidad. En un tiempo se pensó que tenía labios que brillaban en la oscuridad, ¡pero no se ha demostrado!

Las anguilas morenas salen disparadas de grietas y producen mordeduras muy rápidas con sus dientes como agujas. ¡Su boca es hogar de más de 100 tipos de gérmenes mortales!

Constructores del Fondo Marino Las lampreas construyen nidos de 10 metros (33 ft) de alto y 1 metro (4 ft) de ancho en el fondo del mar... ambos padres trabajan juntos para transportar las pesadas piedras que forman el nido.

Lleno de Aire Para alejar a los atacantes, el pez globo puede inflar su cuerpo tres veces su tamaño normal al llenar la vejiga de aire dentro de su cuerpo.

¡Toques peligrosos! La raya torpedo o eléctrica del Atlántico, de 100 kilogramos (220 lb), envía electrochoques de 200 voltios, que podrían matar a una persona. En agua dulce, el pez gato de un metro (4 ft) de longitud genera 400 voltios, mientras que la anguila eléctrica produce más de 500 voltios, suficiente para que pierda el sentido un caballo.

Viaje Resbaloso En Nueva Zelanda, se ha vuelto cada vez más popular viajar en balsa por aguas estancadas. El pasatiempo incluye viajar por cámaras de ríos de cuevas, oscuras y subterráneas que pueden estar llenas de anguilas.

¡GUERRA EN LA MATRIZ!
El tiburón tigre de arena cría a sus hijos en una parte interna de su cuerpo, parecida a una matriz. Los bebés muerden y luchan dentro de la matriz hasta que queda el más fuerte (por lo general el que alcanza una longitud de 60 mm (2.5 in, primero), después de comer a los otros bebés. Algunas personas han abierto tiburones tigre de arena y los bebés sin nacer mordieron sus dedos.

Ripley's
MANDÍBULAS DE TIBURÓN MEGALODONTE
EXHIBICIÓN NO: 17583
MANDÍBULAS LO BASTANTE GRANDES PARA TRAGAR UN AUTO.

Ripley presentó un programa de radio en vivo desde el fondo de un tanque de tiburones en San Agustín, Florida, el 23 de febrero de 1940.

Aunque Ud. No Lo Crea de Ripley

Las ballenas asesinas pueden pesar hasta 10 toneladas y crecer hasta 10 metros (33 ft) de longitud... ¡es tan grande como un edificio de tres pisos! Sólo se tienen unos cuantos registros de ataques de ballenas asesinas a humanos. Tienen al menos 25 métodos para cazar a las víctimas, incluyendo hacer que resbalen pingüinos de témpanos de hielo. También viajan con las olas a la playa para sujetar una foca descuidada. Luego se arrastran para volver al agua.

Los Cinco PARÁSITOS MÁS IMPORTANTES DE LAS BALLENAS

¿Quién desea ser ballena? Muchas están infestadas de parásitos extraños que no viven en ningún otro animal.

1. **Tenía** 30 metros (98 ft) de largo en una ballena espermática
2. **Gusanos** de pulmones del tamaño de un plátano
3. **Piojos de los labios** del tamaño de un pulgar, no son verdaderos piojos (insectos) sino parientes de los cangrejos
4. **Tremátodos de los senos nasales** con forma de sanguijuelas, son animales del tamaño de una mano en las vías aéreas de los senos nasales, en ocasiones se entierran en el cerebro
5. **Percebes** hasta del tamaño de un puño, principalmente en la cabeza

Ataque Sónico Los gruñidos de las ballenas se midieron en 180 decibeles. Son los sonidos más ruidosos que haga cualquier animal... casi tan ruidoso como un cohete al despegar. Las ballenas espermáticas emplean sus ruidosos gruñidos para dejar sin sentido a su presa.

Melodía que Llega Lejos Las ballenas jorobadas pueden cantar por más de 20 horas sin detenerse. Sus inquietantes canciones gimientes se han detectado con micrófonos submarinos a más de 100 kilómetros (62 mi) de distancia.

El Problema del Zumbido El "canto" de comunicación del rorcual (22 m [72 ft]) es un zumbido inmensamente ruidoso y bajo que tiene un tono constante que a menudo se ha confundido con la vibración de motores de barco. En 1964, un rorcual casi causó un incidente nuclear: marineros de Estados Unidos pensaron que habían escuchado un submarino de ataque ruso que se acercaba a escondidas a aguas estadounidenses.

Peligro antártico

La primera muerte registrada debida a una foca leopardo tuvo lugar en la Antártida en 2003, cuando atacaron a un científico de investigación mientras nadaba con esnórkel cerca de la playa. La foca jaló a la científica hacia abajo y se ahogó. Las focas leopardo son grandes, rápidas y feroces... de más de 4 metros (13 ft) de longitud y con un peso de casi media tonelada.

A Prueba de Agua En los días de la cacería masiva de ballenas, los marineros cortaban el prepucio de las grandes ballenas macho y lo empleaban como impermeables semejantes a ponchos.

La ballena franca tiene la cabeza más grande de todos los animales... ¡la tercera parte del tamaño total del cuerpo! Esta ballena medía 16 metros (53 ft) con un cráneo de 5 metros (18 ft). Cada labio medía más de 10 m (33 ft) hasta la comisura.

Océanos

Veneno en el Estanque

El pulpo de anillos azules puede tener un cuerpo que sólo es un poco más grande que una bola de tenis, pero tiene una mordedura mortal, que contiene suficiente veneno para matar al menos a siete personas.

El pulpo de anillos azules por lo general es café oscuro. Sin embargo, cuando se pone nervioso, se vuelve amarillo intenso con anillos azul eléctrico.

En 1967, un hombre que se remojaba los pies en un estanque de roca en Australia vivió sólo 90 minutos después de que lo mordió. El pulpo de anillos azules acecha en estanques de roca de las costas de los océanos Índico y Pacífico y muerde a la gente cuando camina en aguas poco profundas. Es posible no sentir la mordedura en sí, pero en menos de alrededor de cinco minutos la víctima se sentirá mareada y tendrá dificultades para respirar.

Encantadora El nautilo hembra, una criatura de aguas profundas relacionada con pulpos y calamares, tiene alrededor de 90 brazos.

Es Puros Ojos El pulpo béntico de aguas profundas tiene ojos que ocupan la tercera parte del tamaño de todo el cuerpo.

HERRAMIENTA SALVAJE
Se recuperó una carga de porcelana en un barco que estaba en el fondo del mar interno de Japón un siglo después de que se hundió. A los pulpos les gusta enroscarse en espacios encerrados, así que los bajaron al pecio y se aferraron con fuerza a los tazones y jarras de porcelana permitiendo subirlos con seguridad de vuelta a la superficie.

Lucha por la Supervivencia El pulpo hembra da a luz a 200,000 crías, pero sólo una o dos alcanzarán la madurez y se reproducirán.

Aumento de Peso Rápido Un pulpo puede aumentar de peso corporal 2 por ciento al día.

Pérdida Lenta En muchas especies de pulpos, la hembra es capaz de reproducirse antes de que llegue a los tres años de edad, pero sólo lo hace una vez, ¡muere poco después!

Se Sujeta en la Tierra Algunos pulpos dejan en ocasiones el agua y se arrastran en tierra para buscar alimento. Pueden salir del agua y subir a rocas o incluso a muros.

Pobres Cangrejos Se ha sabido de pulpos que trepan el borde de los botes pescadores y abren una bodega llena de cangrejos.

HECHOS CON VENTOSAS

- El pulpo no tiene esqueleto y puede "escurrirse" por una apertura no más grande que su ojo
- El pulpo tiene tres corazones, sangre azul y presión sanguínea alta permanente
- Por lo general, el pulpo de anillos azules sólo vive dos años
- Cada ventosa del pulpo puede tener hasta 10,000 neuronas (células nerviosas) para ayudarla en el tacto y el gusto
- El pulpo pigmeo puede vivir en la mitad de una concha de almeja, jalando la otra mitad de la concha con sus ventosas para cerrarla
- Los pulpos pasan el alimento de ventosa en ventosa hacia el pico duro dentro de su boca

Aunque Ud. No Lo Crea de Ripley

HECHOS MARINOS

- Muchos peces pueden cambiar de sexo
- Los caracoles vampiro salen del lecho marino en la noche para succionar la sangre de los tiburones
- La anguila de vidrio australiana es tan transparente que si la pusieras frente a estas palabras, podrías leerlas con facilidad
- Las estrellas de mar se alimentan invirtiendo el estómago y sacándolo por la boca
- ¡El gigantesco pez sol del océano crece del tamaño de la cabeza de un alfiler llegando a pesar más de 2 toneladas!

Flexibilidad Sexual Las ostras pueden cambiar de macho a hembra y al contrario de nuevo, ¡dependiendo de cuál es mejor para aparearse!

Pez de Suicidas El pez puercoespín es tan venenoso que a menudo se come en Japón como medio para cometer suicidio.

Platillo de Temporada El pez chino de Australia es comestible nueve meses del año, ¡pero es venenoso en junio, julio y agosto!

Belleza Mortal Con un cuerpo azul oscuro y dientes rojos, el pez ballesta de Hawai se puede comer con seguridad, ¡pero cuando es azul pálido es muy venenoso!

Último Paso ¡Pararse en las espinas huecas del dorso del pez piedra puede causar una muerte en extremo dolorosa a los humanos!

Si una estrella de mar pierde un brazo, ¡le crecerá otro! Los pescadores indonesios atrapaban y hacían pedazos las estrellas de mar que comían y arruinaban sus lechos de mariscos. Lanzaban los pedazos de vuelta al agua... y la población de estrellas de mar aumentaba rápidamente ya que cada una de las partes de los brazos crecían convirtiéndose en una nueva estrella de mar.

Vida Tranquila Se cree que algunas especies de almejas viven más de 100 años.

Picado hasta Morir En Australia, un niño chico murió menos de cinco minutos después de nadar a un enjambre de medusas, llamadas avispas de mar. Era alérgico a las picaduras y su cuerpo no pudo hacer frente al veneno.

La almeja gigante puede pesar hasta 225 kg (500 lb), ¡más que tres personas de tamaño promedio! La cocha se abre y cierra con mucha lentitud, ¡y se han contado historias de seres humanos que quedan atrapados en sus mandíbulas!

LOS CINCO MÁS IMPORTANTES
ANIMALES MARINOS CON AGUIJONES

Estas criaturas de apariencia inocente pueden causarte un dolor intenso si te pican.

1. Medusas, aguamalas de caja, avispas marinas
2. Erizos de mar
3. Corales de fuego
4. Peces de la familia Trachinidae
5. Peces piedra, peces león

Océanos •Playas

Muerte en los Caminos de Christmas

La sorprendente cantidad de 120 millones de cangrejos rojos salen de sus madrigueras en el bosque de la Isla Christmas y comienzan su migración anual de apareamiento a la playa. La ruta los lleva a cruzar pueblos, carreteras, vías de tren y acantilados hacia el mar.

Alrededor de un millón de cangrejos rojos mueren todos los años al cruzar calles y vías de tren en la isla de Christmas.

Venganza Diez veces más personas son picadas por peces león que están cautivos en acuarios, que por los silvestres. Las agudas espinas inyectan un veneno que causa un dolor ardiente insoportable.

AMANTE DE TIERRA
El cangrejo que trepa árboles, conocido como cangrejo de los cocoteros, puede crecer hasta un ancho de 1 metro (40 in) y pesar alrededor de 17 kilos (37 lb). Vive principalmente en tierra y se ahogará si se sumerge bajo el agua por más de unos cuantos minutos.

Espinas Mortales Se dice que el pez piedra tiene el veneno más poderoso de todos los animales marinos y puede matar en 15 minutos. Se han informado más de 50 muertes por año en costas de la India a Australia. Las espinas en el dorso del pez inyectan el veneno, mientras se encuentra camuflado en una roca o está enterrado parcialmente en la arena.

Vida Después de la Muerte Las carabelas portuguesas y las aguamalas pueden picar muchas horas después de que las corrientes las lleven muertas a la playa.

Final Acuoso El candirú, un pez parásito del Amazonas, entra al cuerpo a través de la uretra y se aloja en la vejiga. Es fatal a menos que se retire quirúrgicamente con rapidez.

"Los machos pesan hasta cinco toneladas"

Los elefantes marinos son tan grandes como los verdaderos elefantes, los machos pesan hasta cinco toneladas. En el periodo de apareamiento se levantan y rugen, y dan profundas mordidas a sus rivales. Son tan pesados que a veces pisotean o aplastan a sus parejas y crías.

Aunque Ud. No Lo Crea de Ripley

Ripley's TORTUGA DE DOS CABEZAS EXHIBICIÓN NO: 21479 CADA CABEZA DE LA TORTUGA CONTROLABA SU LADO DEL CUERPO

Familia Mixta Las tortugas hembra se aparean con varios machos en el mar. En consecuencia, un nido puede contener crías que tienen diferentes padres.

LOS CINCO MÁS IMPORTANTES
CASOS DE SUPERVIVENCIA DEL MÁS APTO

Algunos animales marinos pueden sobrevivir en tierra un tiempo sorprendentemente largo.

1. Cangrejo de los cocoteros
2. Perca trepadora
3. Anguila común
4. Pez saltarín del lodo
5. Cangrejo fantasma

Recurso de Aceite Aunque la capa de grasa de un elefante marino macho es de sólo 18 cm (7 in) de grosor, ¡puede producir hasta 800 litros (210 gal) de aceite!

Marisco Escavador El dátil de mar cava lentamente en la roca sólida al girar su concha de superficie rugosa de un lado a otro. Crece mientras cava, de manera que nunca puede escapar de su prisión de piedra. Se alimenta de partículas diminutas que filtra del agua marina.

Ataque desde la Retaguardia Uno de los parásitos más desagradables de la Tierra es el percebe parásito. Se aloja directamente bajo la cola del cangrejo y forma tentáculos de su cuerpo con forma de bolsa hacia el huésped. Succiona todos los nutrientes, ¡matando a la larga al cangrejo!

Flecos Engañosos El gusano de arena, de hasta 0.5 m (1.5 ft) de longitud tiene un cuerpo con flecos en los lados y parece inofensivo. A diferencia de la mayoría de los gusanos, tiene una mordida poderosa y puede sacar sangre con facilidad.

¿EL ANIMAL MÁS LARGO DEL MUNDO?
La criatura más larga no es una serpiente o siquiera una ballena... es un gusano (gusano cinta o nemerteano), que vive en la playa. Algunos cálculos le dan una longitud de más de 30 metros (98 ft), pero sólo tiene el grosor de un meñique. Este depredador serpenteante se enrolla bajo piedras, y puede sacar al exterior su estómago como medio de defensa.

Pistolas de Agua Las ascidias son criaturas simples con cuerpos correosos, como bolsas, que se pegan a rocas y filtran agua para buscar alimento. No tienen ojos, cerebro o extremidades. Sin embargo, tal vez sean los ancestros de todos los vertebrados (animales con columna vertebral), de los peces a los humanos. Si se les molesta cuando la marea está baja, arrojan agua.

Bolsas de Agua Las medusas están formadas por más de 95% de agua. No tienen huesos, corazón, cerebro u ojos reales.

Asesino Lento El caracol mortal dentro de una concha cono puede clavar un pequeño "dardo" cargado de veneno en la piel. El dolor se ha descrito como "agujas al rojo vivo que se retuercen por las venas".

- Los peces saltarines del lodo prefieren nadar con sus ojos giratorios de 360° sobre el agua. En tierra los mantienen húmedos al retraerlos hacia el agua que se almacena en el fondo de la cuenca de los ojos.

Saltarse una Respiración
Los peces saltarines del lodo pueden permanecer fuera del agua un día o más, al respirar en tres formas diferentes. Llevan un pequeño "estanque" personal de agua dentro de las grandes cámaras de las agallas de su cuello, de la que absorben oxígeno en la forma usual, y que se "refresca" sumergiéndose en un charco de vez en cuando. También absorben oxígeno por su piel dura y pegajosa. Por último, la boca se abre para absorber oxígeno con su recubrimiento rico en sangre. Los peces saltarines del lodo se mueven empleando sus aletas pectorales (frontales) como piernas cortas, y con un coletazo pueden saltar una distancia de 1 metro (3 ft) o más.

Playas • Cuevas

Los vampiros hacen pequeñas cortaduras con sus agudos dientes, succionando la sangre de sus víctimas mientras están dormidas. Sustancias químicas especiales en su saliva impiden que la sangre se coagule.

Horrores de las Rocas

Hasta diez millones de murciélagos cuelgan de los techos de cuevas individuales en Norteamérica e Indonesia durante las horas de luz de día. Sus excrementos forman enormes montículos apestosos y pegajosos de guano, que alimenta a aves, insectos y otras muchas formas de vida que comparten la oscuridad casi total.

LOS CINCO MÁS IMPORTANTES
HABITANTES DE CUEVAS

Algunos animales viven a mucha profundidad bajo la superficie de la Tierra, dependiendo que el agua en las paredes de la cueva traiga alimento de los lagos en la superficie.

1. **Camarones y cangrejos sin ojos**
2. **Peces ciegos de cueva**
3. **Grillos de cueva**
4. **Salamandras de cueva**
5. **Escarabajos y grillos blancos sin alas**

Aunque Ud. No Lo Crea de Ripley

Esta sorprendente serpiente ratonera americana de dos cabezas nació en un zoológico en Tilburg, Holanda, en 2002.

Saliva para la Sopa

Golondrinas de cueva en el sur de Asia anidan en los techos de grandes cavernas. Hacen sus nidos con su propia saliva, que se seca formando una sustancia pegajosa, que se une a la roca de la caverna. La gente emplea escaleras para alcanzar y recolectar los nidos, que se preparan en la delicia culinaria de sopa de nido de ave. En consecuencia, ¡la esencia de este platillo es la saliva de golondrina!

Recolección de nidos para la sopa de nido de ave en la Cueva Payanak, en la Isla Ko Phi Phi, Tailandia.

Trampa de Saliva Larvas de insectos comedores de hongos en el techo de cuevas en Nueva Zelanda producen saliva babosa como hilos pegajosos que cuelgan hacia abajo, luego hacen brillar su cuerpo como gusanos de luz. Atraen a moscas pequeñas a la luz, las cuales quedan atrapadas en la "red" de baba, y entonces las larvas las suben para comerlas.

La gran rana toro africana puede mantenerse bajo tierra por largo tiempo, a veces hasta varios años, si no hay lluvias fuertes. Cuando está bajo tierra, forma un capullo que le ayuda a detener la pérdida de agua. Se alimenta de otras ranas, además de insectos y gusanos.

Hotel de Cucarachas La cucaracha de cueva pasa toda su vida dentro y encima del guano... los excrementos de murciélago en el piso de cavernas. Las cucarachas se aparean y ponen sus huevos ahí, alimentándose exclusivamente de guano.

Sienten su Camino Algunos tipos de grillo de cueva tienen antenas diez veces más largas que su cuerpo. No sólo usan las antenas para tacto, sino también gusto y olfato. El grillo de cueva no tiene ojos, así que si se dañan las antenas, está sentenciado a morir.

Difícil de Tragar Los gusanos más grandes del mundo viven en Sudáfrica y el sur de Australia. Estos gigantes tienen más de 5 metros (16 ft) de largo cuando están estirados y son tan gruesos como una muñeca cuando se contraen. Sus túneles son tan grandes y pegajosos que cuando los gusanos se deslizan por ellos, hacen ruidos de gorgoteantes audibles a 100 metros (300 ft) de distancia. Sapos y aves que tratan de comer estos gusanos, tragan en parte un extremo, se ahogan y mueren mientras el gusano se aleja sin daño.

Excrementos Indicadores En Australia, la entrada al túnel de un vombat se puede reconocer por su gran tamaño y también por los excrementos distintivos cercanos, que tienen forma de cubo o ladrillo.

Vidas Oscuras Los peces de cueva pasan toda su vida en cuevas. Por esta razón son pálidos y ciegos... ¡algunos no tienen ojos en absoluto!

Cuevas • Pantanos

Acecha en los Pantanos

El enorme cocodrilo de agua salada es el reptil más grande y mortal, tal vez mate hasta 10 personas al año. Se desconoce la cifra exacta de víctimas ya que algunos cuerpos no se recuperan jamás.

¡Los cocodrilos de agua salada crecen más de 7 metros (23 ft) de largo y pesan más de 1 tonelada! En días cálidos, toman el sol en la rivera de ríos con las mandíbulas abiertas. Esto impide que se sobrecalienten y permite que las aves eliminen parásitos y pedazos de alimento atorados en sus dientes.

HECHOS DE LOS PANTANOS

- Los cocodrilos prehistóricos crecían más 15 metros (50 ft) de largo
- Sorprendentemente, ¡los dientes de los caimanes no tienen raíces!
- Los caimanes, como todos los reptiles, se ahogan si se les mantiene bajo el agua
- Los caimanes pueden pasarse sin alimento hasta por un año

¡La variada dieta del cocodrilo de agua salada consiste en peces, tortugas, serpientes, aves, búfalos, jabalíes e incluso monos!

Cocodrilo que Apaga Motores

En la década de 1970, en el norte de Australia, un cocodrilo de agua salada de 5.5 metros (18 ft) llamado "Cariño", atacó botes y masticó más de 20 motores fuera de borda... pero no gente. Su cuerpo disecado se exhibe en el Museo de Darwin.

Darle en el Ojo En la isla Ossabaw, Georgia, un biólogo estaba gruñendo como caimán y golpeando el agua con la mano, cuando un enorme caimán se levantó delante de él y atrapó su brazo. Le picó el ojo con la otra mano y escapó con lesiones de poca importancia.

Los bebes albinos de caimanes son poco comunes y a menudo sufren quemaduras de sol en estado silvestre.

Colmillos Gigantes en el Río

El hipopótamo macho tiene enormes dientes caninos inferiores que pueden crecer más de 40 cm (16 in) de largo. Cuando dos de esos monstruos de 1.5 toneladas luchan para controlar una porción del río, pueden infligir heridas terribles, incluso mortales, o pueden atacar botes cercanos y volcarlos.

La piel del hipopótamo exuda un fluido rojo y aceitoso para mantener sana la piel. ¡La gente solía pensar que los hipopótamos sudaban sangre!

Baja Mortalidad en Australia En Australia es tan probable que te mate un cocodrilo como un tiburón... alrededor de una muerte por año, en comparación con dos por rayos, 300 ahogadas y casi 1,000 por accidentes automovilísticos.

Atacado en el Borde del Agua El cocodrilo hindú llamado atracador es en la actualidad más temido que el tigre en algunos lugares. Entra nadando a los canales de desagüe y canales y atrapa a la gente cuando viene a llenar cubetas de agua para sus animales de granja.

¡La Gente Me Enferma! En 1956, un hombre cerca de Manaos, Brasil, contó cómo encontró que una enorme anaconda casi devoraba a su hijo de seis años de edad. Golpeó a la serpiente con un remo para que soltara al niño... todavía vivo.

Diminutos Asesinos del Río Mucho más mortales en el agua que cocodrilos o serpientes gigantes son diminutos animales parásitos, como trematódos, gusanos y sanguijuelas. Diseminan enfermedades como la ceguera del río y la elefantiasis, que desfiguran y matan a cientos de miles de personas todos los años en los trópicos.

Lengua Trampa La tortuga mordedora caimán atrapa peces cuando éstos atacan su lengua... a la que confunden con un gusano.

Sapo Paralizador El sapo más venenoso de Norteamérica es el sapo del Río Colorado. Su veneno puede causar que trastorne el habla, parálisis e incluso la muerte.

Caminar en Agua El basilisco puede correr en la superficie del agua de un lago o estanque por hasta 400 metros (400 yd).

Periodo de Sequía ¡El pez pulmonado africano puede sobrevivir hasta cuatro años enterrado en el lecho seco de un lago!

Pescadoras Serpientes en las montañas de Valais, Suiza, se sitúan en las playas de las corrientes de montaña y atrapan truchas cuando saltan sobre el agua.

Ayuno ¡Una boa constrictor puede pasársela sin alimentos por un año completo!

Comida Mordelona En 1963 mataron a una anaconda de 8 metros (26 ft) en Trinidad y al abrirla encontraron un caimán de 1.5 metros (5 ft) en su estómago.

Duermen Mirando ¡Una serpiente puede dormir con los dos ojos abiertos!

Kantima Pinchai es una de las valientes participantes de la Granja Sriracha Tigre en Tailandia. Sorprendió al público cuando metió la cabeza dentro de las mandíbulas de este cocodrilo, ¡que pueden presionar con una fuerza de más de 100 kilos por centímetro cuadrado!(2,000 lb X sq inch).

Pantanos • Bosques   85

PIEL DE PITÓN GIGANTE
EXHIBICIÓN NO: 14127
PITÓN BOLA DE 4.5 METROS (15 FT) DE LONGITUD

Se sabe que los pitones vagan por el sistema de drenaje de Singapur. ¡Algunas han aparecido en baños y se sabe que muerden!

Cruce de Víboras Una carretera en el Bosque Nacional Shawnee en Illinois, Estados Unidos, está cerrada al público varias semanas dos veces al año para que la puedan cruzar con seguridad víboras cobrizas, víboras de cascabel y mocasines de agua.

Alerta de Terremoto Poco antes de que un terremoto azotara a China en 1975, cientos de serpientes que hibernaban emergieron misteriosamente de debajo de la tierra.

Totalmente Congeladas Las culebras de jaretas resisten el frío reduciendo el latido de su corazón y permitiendo que sus huesos se congelen por completo.

¡Qué Bocado! En una ocasión se vio a una pitón de roca africana de 5 metros (16 ft) tragar entero a un impala de 60 kilogramos (130 lb), ¡con todo y cuernos!

DEMASIADO GRANDE PARA MANE JARLO
La serpiente con más masa del mundo es la anaconda de Sudamérica y el Caribe. Puede crecer hasta 10 metros (33 ft) y pesar más de 300 kg (660 lb). No se han descartado narraciones antiguas de gigantes como una anaconda de la década de 1940, que medía 40 metros (130 ft) y pesaba 5 toneladas.

Dudu Mia, encantador de serpientes de Bangladesh, come algunas de las 3,500 serpientes bebé que capturó en Bangladesh el 29 de abril de 2002. Afirmó que se comió a la mayoría después de capturarlas durante dos días en dos casas.

Aunque Ud. No Lo Crea de Ripley

Bebés Reciclados
Pequeños roedores del desierto embarazados, como los jerbos, "reciclan" sus fetos sin nacer al absorber los tejidos de los bebés de vuelta a su propio cuerpo. Lo hacen si las condiciones se vuelven difíciles y es poco probable que sus crías sobrevivan. Si los bebés ya nacieron, en lugar de eso se los comen.

Almacén de Grasa Cuando está bien alimentado, la joroba del camello puede contener hasta 40 kilogramos (80 lb) de grasa, que, cuando se fragmenta en el cuerpo para dar energía, produce hasta 60 litros (16 gal) de agua.

Camina como un Egipcio Un camello trota y galopa como ningún otro animal. Mueve ambas piernas de un lado del cuerpo hacia el frente al mismo tiempo, sacudiéndose de lado a lado, en un método único llamado "marcha".

Saltadores El canguro rojo de Australia, el marsupial más grande, puede recorrer 10 metros (33 ft) en un salto y superar una cerca de 3 metros (10 ft). Durante sequías intensas, los machos ahorran energía mediante detener la producción de esperma.

Dieta sin Agua Una rata canguro obtiene la décima parte del agua que necesita de las semillas que ingiere. Las otras nueve décimas partes proceden de agua que en realidad se forma en su cuerpo, mientras digiere su alimento.

Sin Sudar La temperatura corporal del camello puede elevarse de 38 a 40° C (100-104° F), a más de 43° C (109° F) al mediodía para reducir la pérdida de agua como sudor. En el otro extremo, puede bajar hasta a 34° C (93° F) en una noche fría para ahorrar energía y mantenerse cálido.

Largo Mes Un grupo de camellos viajó 860 kilómetros (534 mi) por el norte de Australia durante 34 días sin beber agua alguna.

Carreras de camellos tienen lugar semanalmente en Kuwait. Un buen camello de carreras se puede vender por entre 3,000 y 40,000 dólares.

Los camellos pueden continuar sin agua en la temporada fría por cinco meses, perdiendo hasta 40 % de su peso corporal como humedad (los humanos están cerca de la muerte después de perder 12%). Luego pueden beber 120 litros (32 gal) de agua a 12 litros (3 gal) por minuto... ¡el equivalente a tomar un jugo de 1 litro (2 pt) cada cinco segundos por diez minutos!

> "los camellos pueden viajar por desiertos abrasadores sin beber agua por más de un mes"

Desiertos • Planicies

Los Cinco más Importantes
VELOCISTAS

Muchos desiertos tienen grandes extensiones de terreno abierto, así que la velocidad es vital para escapar a los enemigos o atrapar a las presas. Estas distancias muestran el número de metros y pies que viajan en un segundo.

1. Chita, 8.8 metros (29 ft)
2. Avestruz, 6.4 metros (21 ft)
3. Canguro rojo, 4.3 metros (14 ft)
4. Velocista humano campeón (3.3 metros) (11 ft)
5. Dromedario (camello), 2.7 metros (9 ft)

Suministro en la Vejiga La rana retenedora de agua de Australia pasa más de nueve décimas veces de su vida bajo tierra en una bolsa como piel esperando a que llegue la lluvia de manera que pueda excavar a la superficie, alimentarse y aparearse. Mientras está enterrada, hasta la mitad del peso de su cuerpo es orina muy débil en su vejiga, que se recicla con lentitud para satisfacer sus necesidades de agua.

¡Gran Acumulador! La rata canguro de Norteamérica reúne semillas hasta 1,000 veces su propio peso corporal en su madriguera. ¡Es lo mismo que una persona que llena un camión de 60 toneladas con alimento!

Ruegan por Lluvias El sapo de espuelas, que vive en el desierto de Sonora en América del Norte, se mantiene bajo tierra 11 meses cada año, saliendo a la superficie sólo durante la temporada lluviosa en julio.

Excavadores de Profundidad Las hormigas del desierto de Atacama, Chile, excavan profundas galerías 3 metros (10 ft) bajo la superficie para llegar a las corrientes subterráneas.

¡Cuidado! El monstruo de Gila y el lagarto barbado mexicano son los dos únicos lagartos venenosos del mundo.

Venenoso Pequeños escorpiones de desierto del norte de África, como el amarillo, el de cola gorda, el buthus y el acechador mortal, no necesitan tamaño y fuerza para dominar a sus presas... emplean un poderoso veneno en el aguijón de la punta de su cola arqueada. Por lo general, los humanos adultos sanos sobreviven a pesar de muchas horas de dolor agonizante, pero pueden morir ancianos, niños, enfermos o personas débiles, por lo general después de alrededor de siete horas.

Sin Patas La víbora de cristal, una lagartija, no tiene patas, ¡y en ocasiones tampoco cola! Ésta se rompe y se retuerce como señuelo si la atacan.

En Australia, un moloch, o diablo espinoso, una lagartija con púas, cuando tiene sed, sumerge la cola en un charco y diminutas hendiduras en sus escamas permiten que el agua se filtre por acción capilar por todo su cuerpo hasta su boca.

CÉLULAS SANGUÍNEAS HERMOSAS
Los glóbulos rojos microscópicos de los camellos son ovalados... los de todos los demás mamíferos tienen forma redondeada, como platos.

En promedio, ¡muere una persona al día en Túnez por picadura de escorpión! El país del norte de África consiste principalmente en el desierto del Sahara y es hogar de millones de estos animales.

LAS CINCO ARAÑAS MÁS MORTALES

1. Araña de tela de embudo de Sydney, Australia
2. Viuda negra, África
3. Espalda roja, Australia
4. Araña Tejedora Dorada o Araña Banana, Norteamérica
5. Araña café o violinista (laxosceles reclusa) Norteamérica

Recolector de Hojas Después de una comida abundante, más de la tercera parte del peso de un mono narigón está formado por las hojas que llenan por completo el estómago.

Comidas Pesadas Un elefante africano grande come más de 160 kilogramos (350 lb) de alimento todos los días... el peso de dos humanos grandes.

Malos Invitados Muchos tipos diferentes de avispas de bosque pican y paralizan a orugas, ponen sus huevos en su interior y las entierran en el suelo. Nacen las larvas de la avispa y se comen a sus orugas "anfitrionas" vivas desde el interior.

En Marcha Las hormigas soldado de Sudamérica y las hormigas devastadoras de África han devorado bebés que dejan en cunas. Marchan en columnas de más de un millón de miembros. Aguijonean a los animales pequeños que no se pueden apartar de su camino hasta matarlos y los despedazan como alimento mediante miles de pares de tenazas diminutas.

Oledores de Gas ¡Se emplean zopilotes para detectar fugas de gas en el sur de California!

Mostrado aquí en su tamaño real, el camaleón más pequeño del mundo, el camaleón pigmeo de las hojas, pesa sólo 3 gramos (0.1 oz).

¡A los visitantes del zoológico de Estocolmo en Suecia se les permite acariciar las arañas (bajo supervisión)! Esta araña de rodillas anaranjadas de México se pone cómoda en la cara de un visitante.

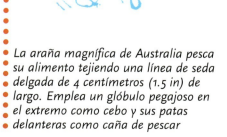

La araña magnífica de Australia pesca su alimento tejiendo una línea de seda delgada de 4 centímetros (1.5 in) de largo. Emplea un glóbulo pegajoso en el extremo como cebo y sus patas delanteras como caña de pescar

Desiertos • Planicies

Gigantes de Ocho Patas
La araña más grande es la tarántula comeaves Goliat de Sudamérica. Con una extensión de patas de casi 30 centímetros (12 in), cubriría un plato mediano. Un poco más pequeña, pero más pesada es la tarántula comepájaros rosa salmón, también de Sudamérica, que pesa poco más de 80 gramos (3 oz). Una tarántula comepájaros rosa salmón se comió dos ranas y dos serpientes jóvenes en cuatro días, luego durmió por dos semanas.

Las tarántulas cazan de noche, dándose un festín con animales como ranas, aves y lagartijas. Trituran a sus presas con sus largos colmillos.

Esta serpiente de color sorprendente, la víbora con fosas y cejas, tiene colmillos largos con los cuales atacar a la presa, con la boca abierta, atravesando piel y plumas para inyectar un veneno mortal.

¡Veloz Arremetida!
A pesar de sus más de 5 toneladas, un elefante africano puede correr más rápido que un velocista humano campeón, con velocidades de más de 40 kilómetros por hora (25 mph).

Cabeza Pesada
Las astas de un alce americano pueden pesar más de 25 kilogramos (55 lb). ¡Es como tener a un niño de ocho años sujeto a la cabeza!

Explosión Demográfica
Si una mosca común se apareara y pusiera 500 huevos y todos nacieran y se reprodujeran, la población de moscas crecería alrededor de 30,000,000,000,000 cada año!

El Mayor Habitante de los Árboles
El animal más grande que pasa su vida en los árboles es el orangután macho del sudeste asiático, que puede pesar más de 80 kilogramos (175 lb)... tanto como un humano grande.

Larga Vida
Se han mantenido las mismas hormigas negras de jardín en tanques de nidos de hormigas por alrededor de 20 años. Con relación al tamaño, un humano que viviera el mismo tiempo, ¡sobreviviría 10,000 millones de años!

Lección Difícil de Aprender
Un científico vio a una chimpancé madre enseñar a su cría a abrir nueces golpeándolas con una piedra. Cuando la cría se aburrió y miró hacia otro lado, ¡le dio una cachetada y lo obligó a ver de nuevo!

La lengua pegajosa de este camaleón pantera Picasso puede extenderse hasta vez y media el tamaño del cuerpo para atrapar un grillo... ¡luego vuelve a su boca en un décimo de segundo!

Aunque Ud. No Lo Crea de Ripley

Dos Tristes Finales
Uno de los elefantes más grandes en cautividad fue Jumbo. Lo capturaron en Sudán en la década de 1860, lo trasladaron del Zoológico de París al de Londres en 1865, luego al empresario estadounidense Phineas T. Barnum en 1882. Con casi 3.7 metros (12 ft) de alto, pesaba alrededor de 6 toneladas. Jumbo murió en una colisión con un tren en Canadá, en 1885... se necesitaron casi 150 personas para arrastrar su cuerpo del terraplén. Lo desollaron y disecaron para el Museo Barnum, pero 90 años después un incendio lo destruyó. Su esqueleto aún se encuentra en el Museo de Historia Natural de Estados Unidos, en New York.

Corto Vuelo La mosca común tiene la duración de vida más corta de todos los insectos. En promedio, su esperanza de vida puede ser de entre 17 y 29 días.

Ripley's — VAMPIRO PINTADO EXHIBICIÓN NO: 18812 — PINTADO POR ENRIQUE ÁNGELES RAMOS DE LA CIUDAD DE MÉXICO

Murciélagos con Bebés La madre vampiro, con un cuerpo del tamaño de un gato bebé, da a luz a una cría a la vez. Está embarazada por siete meses con su bebé y lo alimenta con leche por nueve meses (mucho más que cualquier mamífero de tamaño similar), ¡casi tanto como un humano!

Bebida Fácil La sangre es tan nutritiva y fácil de digerir para el vampiro que tiene uno de los estómagos más pequeños y el intestino más corto de cualquier mamífero... menos de 20 centímetros (8 in).

Escarabajo Tanque El escarabajo rinoceronte tiene la fuerza para empujar un objeto de hasta 850 veces su propio peso.

Salto Rápido La pulga puede acelerar extremadamente rápido, ¡alrededor de 50 veces más rápido que un trasbordador espacial!

Diminuto pero Mortal
Algunas ranas venenosas de la región del Amazonas tienen suficiente veneno en la piel para matar a más de 1,000 personas. ¡Lamer una puede ser fatal! Sin embargo, las ranas son más pequeñas que tu pulgar.

Durante el apareamiento, una mantis religiosa hembra arranca de una mordida la cabeza de su pareja. Esto activa acciones musculares reflejas en su cuerpo que lo hacen liberar más esperma.

Desiertos • Planicies • Ríos

Es Una Vida de Leopardo

REGISTRO DE GATOS

- El leopardo tiene diseños únicos de manchas, igual que los humanos tienen huellas digitales
- Los tigres no sólo tienen pelaje con rayas, ¡también tienen piel rayada!
- Desde un inicio detenido, un chita puede alcanzar una velocidad de 100 kilómetros por hora (62 mph) en sólo tres segundos
- El tigre más pesado que se ha registrado pesó 465 kilogramos (1,025 lb)
- Un leopardo de las nieves puede saltar una distancia de 15 metros (50 ft)
- Los leones pasan descansando más de 20 horas al día.

Conocido como el Hombre Leopardo de Skye, Tom Leppard de Escocia tiene todo el cuerpo tatuado con las marcas de un gato grande. Por casi 15 años, el Hombre Leopardo ha vivido en una cabaña de varas y piedras, en una parte de la isla a la que sólo se puede llegar por bote y una caminata de dos horas.

El Hombre Leopardo se baña en el río y viaja en canoa para recoger sus abastecimientos y pensión una vez a la semana. Declara que tiene todo lo que necesita y nunca está solo.

El Hombre Leopardo tiene tatuado más de 99% del cuerpo... ¡sólo está sin tocar la piel entre los dedos de los pies y en el interior de las orejas!

El leopardo puede crecer hasta pesar 90 kilogramos (200 lb). Se piensa que son dos veces más fuertes que un humano y ¡pueden arrastrar un cuerpo de animal de 270 kilogramos (600 lb) (el peso promedio de cuatro seres humanos de peso promedio) a 6 metros (20 ft) de altura en un árbol para alimentarse!

En Una Tumba de Hielo

Simion Jarkov, de 9 años, descubrió en el verano de 1997 un bloque de hielo de 23 toneladas conteniendo los restos de un mamut lanudo de 20,380 años de edad, cerca de Khatanga, en la Península de Taimyr.

El explorador francés Bernard Buigues arribó al lugar y empezó a excavar, con el plan de sacar el mamut completo. Esto representó excavar todo el mamut, aún en el bloque de hielo y transportarlo por aire a una cueva congelada. Ahí, se hicieron planes para descongelar el hielo poco a poco con secadoras de pelo. Después de sólo tres días, ¡encontró el cráneo del mamut! Pero al excavar más profundo, descubrió que los huesos del mamut no tenían carne. Falló la idea de Buigues de clonar al mamut lanudo.

HECHOS DE CONGELACIÓN

- La temperatura en un agradable día de verano: 25°C (77° F)
- El agua se congela a 0°C (32° F)
- El agua de mar se congela a –2°C (28° F)
- El congelador de una casa típica está fijo en –20°C (-4° F)
- La sangre de los peces del hielo se congela a –33°C (-27° F)
- La zorra ártica tiembla a –40°C (-40° F)
- Los pingüinos emperador soportan –60°C (-76° F)
- La temperatura más baja registrada en la superficie de la Tierra el 21 de julio de 1983 en la Antártida: -89°C (-128° F)

Caída Libre
En 1997, un alpinista de rescate de montaña austriaco vio que una cabra montañesa alpina tropezó, rebotó y cayó en un enorme acantilado, se levantó en la base y se alejó. El alpinista después verificó la altura del acantilado con una cinta métrica láser. Tenía casi 1,000 metros (3,200 ft) de altura.

Murciélago que Se Conserva Fresco Un gran murciélago café "hibernó" en un refrigerador de laboratorio apenas por encima de la temperatura de congelación durante 344 días... más de 11 meses.

El Gato Rey El tigre siberiano es el tigre más grande y el más largo de todos los gatos, con una longitud de cabeza y cuerpo que superan los 2.6 metros (8.5 ft) y un peso de más de 300 kilogramos (660 lb). También es el tipo de tigre que se encuentra más al norte y el más raro, vive en el nevado noreste de Asia. Es probable que queden menos de 2000.

Bernard Buigues examina los colmillos del mamut lanudo en el norte de Siberia, esperando que el permafrost contuviera el cuerpo totalmente conservado de un mamut lanudo.

Montañas • Hielo

Los Cinco más Importantes
SOBREVIVIENTES DEL FRÍO
Algunas especies pueden enfrentar condiciones climáticas extremas.

1. **La zorra ártica** puede sobrevivir por días a –30°C (-22° F) si está bien alimentada
2. **El toro almizcleño de Norteamérica** tiene el pelo más largo de cualquier mamífero, hasta 1 metro (3 ft) de largo
3. **El Yak de los Himalayas, centro de Asia**, sobrevive en campos de hielo a 6,000 metros (20,000 ft)
4. **La perdiz blanca** puede sobrevivir a temperaturas por debajo de cero durante seis semanas
5. **Los pinzones de la nieve** anidan más cerca del polo norte que cualquier otra ave

Perspectivas Deslucidas Se conocen tipos albinos o blancos en la mayoría de los animales, de ranas y serpientes a bisontes, tigres, gorilas y ballenas... ¡incluso osos polares albinos! La causa de la falta de color es un cambio o mutación de los genes. En la naturaleza, aparte de los lugares con hielo y nevados, los animales albinos sobresalen con tanta claridad que rara vez sobreviven por mucho tiempo. Por ejemplo, los tigres albinos son fáciles de ver a las presas que acechan en el sotobosque. Uno de cada 10,000 tigres nace casi o totalmente blanco.

El Depredador de Mayor Altura El leopardo de la nieve se encuentra a mayor altura que cualquier otro cazador grande, a más de 5,000 metros (16,400 ft) en los Himalayas.

Grandes Dormilones Roedores como la marmota y el ratón de las hayas en Siberia hibernan en madrigueras hasta ocho meses del año.

Aislamiento de Pelo El toro almizcleño, que vive en las tierras secas y congeladas del Ártico, tiene una capa interna de pelo tan largo, grueso y lanoso que cuando la criatura se recuesta para descansar, el calor de su cuerpo no derrite la nieve bajo él.

Almacenamiento en Frío Las ranas de bosque, las de zarzal y otros anfibios más se descongelan vivas y sin daño alguno después de estar casi totalmente congeladas por más de tres meses cada año.

> **"los tigres pueden comer 50 kilos (110 lb) de carne por vez"**

- Un tigre grande y hambriento puede comer casi 50 kilogramos (110 lb) de carne en una comida... el equivalente a que una persona promedio consuma más de 50 hamburguesas de 200 gramos.

Dormir con Escorpiones

En 2002, Kanchana Ketkeaw de Tailandia se hizo una casa en una caja de vidrio, ¡donde estuvo sola por 32 días sólo con la compañía de 3,400 escorpiones! Se le permitía salir de la caja 15 minutos cada ocho horas.

Durante esta permanencia de maratón, ¡picaron a Kanchana nueve veces! Algunos escorpiones murieron durante su dura prueba, otros dieron a luz, y se añadieron algunos más para mantener el número constante. Todos los días los alimentaba con huevo crudo y carne molida de puerco. Kanchana se presenta todos los días en actos con los escorpiones en una atracción turística local, parte de su acto es poner los animales en su boca. La han picado cientos de veces... tan a menudo que según los médicos tal vez ya sea inmune al veneno de escorpión.

Impasible a sus peligrosas picaduras, Kanchana Ketkeaw vive felizmente entre escorpiones.

> "*Fue como estar en una habitación de mi casa, sólo que con miles de pequeños amigos*"

EL TAMAÑO CUENTA
Algunas especies de escorpión pueden crecer hasta 21 centímetros (8.5 in) de largo... ¡tan grandes como la mano de un hombre! Esos escorpiones tienden a ser menos venenosos que la variedad más pequeña que crece hasta 12 centímetros (4 in) de longitud. Una picadura de esos escorpiones más pequeños puede causar parálisis.

¡Termita! La hormiga blanca reina (o termita) pone 80,000 huevos al día y es la madre de toda la colonia.

Apretar el Paso Si moviéramos las piernas a la misma velocidad que una hormiga, ¡nuestra velocidad de movimiento sería de 500 kilómetros por hora (800 mph)!

El Insecto Más Grande El insecto palo gigante de Indonesia puede crecer hasta una longitud sorprendente... de 33 centímetros (13 in).

Tierra • Aire

Nuevos Bichos Casi 1,000 especies de insectos se descubren todos los años.

Abeja Letal La abeja común mata más gente en el mundo todos los años que todas las víboras venenosas del mundo juntas.

Grandes Trepadores Algunos insectos pueden trepar paredes e incluso ventanas. Se debe a que tienen pies con diminutos ganchos o almohadillas pegajosas.

Gusto al Dulce Los aborígenes de Australia excavan los nidos de las hormigas de miel y se comen a los insectos.

¡Bocadillos Crujientes!
En el mercado central de Phnom Penh, en Camboya, ¡puestos venden insectos y arañas asados! Las tarántulas peludas, que son tan grandes como una mano, son un bocadillo muy popular que se sirve durante el día. Los gusanos fritos en Bangkok, Tailandia, se ensartan en brochetas. En China, se considera una delicia a los escorpiones pequeños. Se cocinan empleando ajo, hierbas y otras especias para mejorar el sabor.

Las diminutas chinches se alimentan de sangre humana. Una vez que están bien alimentadas, pueden sobrevivir seis meses antes de que necesiten alimentarse de nuevo.

Nido de Muchos Pisos El nido de papel de la avispa brasileña parece una linterna japonesa y se mece como una, pero en realidad es como un diminuto rascacielos. Está formada por al menos 20 pisos o más.

Kilómetros por Aire ¡Una mariposa monarca puede volar 995 kilómetros (620 mi) sin detenerse ni siquiera para comer!

Insecto Narizón Una hormiga tiene cinco narices, cada una de las cuales desempeña una tarea diferente.

Bella Durmiente Los caracoles pueden dormir por largos periodos... ¡hasta tres años!

Una delicia poco común... ¡un plato de gusanos! ¡Vendedores callejeros fríen y venden estas criaturas en Tailandia, para quienes tienen gusto por un plato así!

El campeón de salto de altura del mundo de los insectos es el insecto escupidor. ¡Puede saltar con facilidad más que un campeón olímpico de salto de altura! Sólo mide 3 milímetros (0.1 in) de longitud pero puede saltar a una altura de 70 centímetros (27 in). Si los seres humanos pudieran saltar igual de alto, ¡podrían superar un edificio de 200 metros (650 ft)!

Aunque Ud. No Lo Crea de Ripley

LAS CINCO MÁS IMPORTANTES
AVES QUE MÁS SE ELEVAN

1. **Chova alpina:** 8,500 metros (28,000 ft), Himalayas
2. **Cisne whooper:** 8,200 metros (27,000 ft), norte de Inglaterra
3. **Ganso de barra en la cabeza:** 8,000 metros (26,000 ft), Himalayas
4. **Águila de las estepas:** 7,900 metros (26,000 ft), Himalayas
5. **Buitre barbado:** 7,000 metros (23,000 ft), Himalayas

El Choque más Alto
En 1962, la tripulación de un avión Electra-188 de Estados Unidos escuchó un golpe en la parte posterior del avión a una altura de 6,400 metros (21,000 ft) sobre Nevada. Al aterrizar, los restos de sangre y plumas en la cola del avión se identificaron como los de un pato común, el ánade real.

Cisne Enamorado Un cisne macho en Hamburgo, Alemania, se enamoró de un bote de pedales con forma de cisne. Cada vez que alguien se acercaba al bote, ¡el cisne se volvía loco de celos!

Las Aves Son Mejores Las aves pueden volar mucho más alto que los murciélagos ya que sus pulmones absorben tres veces más oxígeno que los pulmones de los murciélagos. En alturas que se aproximan a 10,000 metros (32,000 ft), sólo hay dos quintas partes del oxígeno que se encuentra en el aire a nivel del mar. Además, la temperatura del aire está por debajo de –40º C (-40º F).

Bichos en lo Alto Se han visto mariposas llamadas fritilarias reinas de España y pequeñas conchas de tortuga volando activamente (y no arrastradas por una tormenta) a 6,000 metros (20,000 ft).

Zambullida Mortal El más rápido de los animales es el halcón peregrino. Cuando busca su presa, alcanza velocidades de más de 240 kilómetros por hora (150 mph) en su "zambullida de poder", mientras baja en picada para atrapar un ave.

Medallas de Vuelo Alto Se ha seguido la pista con radar a murciélagos de cola libre de México a más de 3,000 metros (10,000 ft) sobre Texas. Millones dejan sus cuevas al anochecer para comer polillas migratorias, principalmente a alturas de 600 a 1,000 metros (2,000-3,200 ft).

Comer Durante el Vuelo La gran gaviota parda acosa a otras aves que vuelan de regreso de viajes de alimentación sobre el océano y los obliga a vomitar el alimento digerido en parte, que la gaviota captura y come en el aire.

VOLADORES DE ALTURA

- El *Concord* podía volar a 18,000 metros (59,000 ft)
- La mayoría de los aviones a reacción modernos vuelan de 9,000 a 10,000 metros (30,000-33,000 ft)
- Las aves de vuelo más elevado llegan a más de 8,500 metros (más de 28,000 ft)
- Los cirros (las nubes más altas) se forman a 8,000 metros (26,000 ft)

Los capullos de polilla pueden ser increíblemente enormes... a veces pueden cubrir un árbol completo.

Aire • Espacio

Zoológico Espacial
En 1998, un trasbordador espacial subió el "Neurolab", un conjunto de varios animales a los que se puso a prueba y estudió para determinar sus reacciones a las condiciones del espacio. Eran 1,500 grillos, 230 peces cola de espada, 130 caracoles de agua, 150 ratas y 18 ratonas embarazadas. Los peces cola de espada, los grillos y los caracoles de agua se disecaron al volver a la Tierra para estudiar cómo habían reaccionado sus sensores de equilibrio que detectan la gravedad a las condiciones de falta de peso. Este trabajo tiene la meta de ayudar a la gente con ciertos tipos de sordera que afecta la audición del oído interno y los sensores del equilibrio.

Telarañas Torcidas En la década de 1970, se llevaron arañas a la estación espacial Skylab donde tejieron telas muy torcidas y desaliñadas. Ocho arañas de jardín de tela redonda proporcionadas por una escuela en Melbourne, Florida, se encontraban a bordo del infortunado Columbia en febrero de 2003.

Pruebas de Crecimiento En 1990, se dio hormona del crecimiento a 16 ratas de laboratorio durante un viaje de trasbordador, para ver qué partes de su cuerpo crecían y qué tan rápido, en condiciones de ingravidez. Era parte de las pruebas para una nueva forma de la hormona del crecimiento.

Biosatélites Los animales astronautas en las décadas de los 70's y 90's, a bordo de los siete satélites biológicos Russian cosmos, incluían más de 100 ratas y moscas de la fruta que se emplean para estudios genéticos, cada uno llevaba a ocho monos rhesus. El único problema que afectó a las moscas de la fruta fueron "dificultades para aparearse con gravedad cero".

Sobrevivientes del Trasbordador Latas de diminutos gusanos redondos (nematodos) fueron los únicos sobrevivientes del desastre del trasbordador *Columbia* el 1 de febrero de 2003. Mientras la nave ardía, se soltó un armario de la cubierta media del trasbordador que albergaba la lata de los gusanos y cayó a Tierra en el este de Texas.

Ham, el primer astrochimpancé, puso a prueba las condiciones de apoyo a la vida a bordo de la misión espacial Mercurio de Estados Unidos en 1961, y volvió con seguridad.

Víctimas Espaciales A finales de la década de 1950, se calcula que 13 perros y cuatro monos murieron antes de que los científicos espaciales pudieran devolver con vida a los animales del espacio.

Pánico del Primer Viaje Espacial
Un perro ruso llamado Laika, capturado como vagabundo en Moscú, despegó en el Sputnik 2 en noviembre de 1957. Funcionarios dijeron que sobrevivió por varios días y luego lo mataron sin dolor. Sin embargo, en 2002, evidencia nueva mostró que murió después de unas cuantas horas, de sobrecalentamiento, pánico y tensión. Su "féretro" Sputnik continuó por 2,570 órbitas y ardió durante el reingreso a la atmósfera como una "estrella fugaz" mientras caía de nuevo a Tierra en abril de 1958.

Laika, el primer animal en el espacio, estuvo en órbita alrededor de la Tierra a una altura de casi 3,200 kilómetros (2,000 mi).

CUERPO Y MENTE

¡Aunque Ud. No Lo Crea de Ripley

¡El Toque Materno!

Ripley's adquirió en 1993 dos ídolos de la fertilidad africanos, que de acuerdo a la cultura popular local podían producir el embarazo en mujeres que tocaban las estatuas, y se convirtieron en las exhibiciones del museo más populares de todos los tiempos.

Cuando estuvieron en exhibición en la oficina de Ripley's de Florida, se produjeron 13 embarazos en 13 meses, la mayor parte de miembros del personal. Pronto las estatuas se convirtieron en noticia de encabezados y desde entonces han recorrido el mundo dos veces. Más de mil mujeres con muy pocas posibilidades afirmaron que concibieron después de tocarlas.

Las estatuas, que tienen 1.5 metros (5 ft) de altura y pesan más de 32 kilos (70 lb), se han exhibido en todos los museos de Ripley, en ocasiones hasta dos veces, para permitir que tantas mujeres como sea posible las toquen. En el primer mes en que se exhibieron las estatuas en el museo de Florida, se produjo mucha actividad ya que las mujeres viajaban para tocarlas.

Ripley's
ESTATUAS DE FERTILIDAD
EXHIBICIÓN NO: 8786 Y 8747
ADQUIRIDA POR RIPLEY'S EN COSTA DE MARFIL, EN EL SUR DE ÁFRICA EN 1993

No existe una regla que diga dónde se debe tocar la estatua con el fin de aumentar la posibilidad de la concepción, pero muchas mujeres tocan el bebé de la mujer.

Nacimiento • Crecimiento

Ver Doble

Los gemelos se producen alrededor de una vez cada 75 nacimientos (cada 400 para gemelos idénticos), los trillizos cada 7,500 nacimientos, y los cuatrillizos una vez cada 620,000 nacimientos. Sólo tres casos de nonillizos (nueve bebés a la vez) se han registrado: en Australia (1971), Filadelfia, Estados Unidos (1972) y Bangladesh (1977). Ninguno de los hijos sobrevivió por más de unos cuantos días. No se han confirmado del todo informes anteriores de decallizos (diez bebés) de España (1924), China (1936) y Brasil (1946).

En 2003, en Inglaterra, Nicky Owen (derecha) dio a luz a gemelos no idénticos, después de producir gemelos idénticos siete años antes... y de ser ella una gemela idéntica. Los expertos calculan que las probabilidades de esto son de 11 millones a uno.

Una de las mujeres más altas que se haya registrado fue Ella Ewing de Missouri, que aparece aquí con sus padres. Medía la inmensa altura de 2.5 metros de alto. El hombre más alto registrado fue Robert Wadlow (1918-40) de Alton, Illinois. Llegó a casi 2.7 metros de altura y aún estaba creciendo cuando murió.

Carrera por la Vida Después del nacimiento, el cuerpo aumenta de peso alrededor de 20 veces desde bebé recién nacido hasta adulto totalmente maduro. Antes del nacimiento, de huevo fertilizado a feto a punto de nacer, ¡el cuerpo aumenta de peso seis mil millones de veces!

Diminutos Sobrevivientes Niñas prematuras que nacieron en Illinois y en Inglaterra pesaron menos de 285 gramos (10 oz) al nacer, casi la doceava parte del peso normal al nacer... y sobrevivieron.

¡Qué Enorme! El bebé Fedele, nacido en Italia en 1955, pesó 10.2 kilos (22 lb), tres veces el peso promedio al nacer.

Nacimiento Prematuro El embarazo normal dura 266 días desde el momento de la fertilización del óvulo al nacimiento. En Ontario, Canadá, James Gill nació un poco después de la mitad de ese tiempo, prematuro por 128 días. Con 1,077 gramos (2.4 lb), tenía menos de la quinta parte del peso normal al nacer (3.4 kilogramos [7 lb]).

Punto de Vista de los Gemelos En África, el pueblo Yoruba respeta a los gemelos, y los visitantes les dan regalos. Sin embargo, el pueblo Tumbuka expulsa a la madre de gemelos (y también al padre) para vivir de alimentos crudos en el bosque por dos meses.

La Más Grande En 1989, Augusta Bunge, de Wisconsin, se convirtió en tataratataratataratataraabuela con el nacimiento del bebé Christopher... un lapso de siete generaciones.

Hacer a un Lado los Niños Después de 110 años de dar a luz sólo niños, nació la hija Skylar en 1992 a la familia Westerholm de North Dakota.

¡Parpadeo, Parpadeo, Parpadeo! Nacen tres bebés en el mundo cada segundo.

Un Útero Propio En 2003, nació un bebé saludable después de desarrollarse en el hígado de su madre, que tenía un abundante suministro de sangre.

Con sólo seis semanas de edad, ¡Margrette Klever tenía pelo hasta los hombros!

Hombrecito Gul Mohammed, de la India, medido en 1990, sólo tenía 57 centímetros (22 in) de alto.

MAGNIFIQUE
Incluso con los avances médicos actuales, no se espera que una mujer tenga hijos en la vejez. Sin embargo, se informó que en París, en la década de 1740, que a la gran edad de 90 años, La Belle Paule Fieschi tuvo un hijo.

Tal vez el nacimiento más extraño de todos los tiempos tuvo lugar en 1954, cuando la señora Boyd Braxton, a la edad de 28 años, ¡dio a luz a trillizos en diferentes semanas! Aquí se le ve con sus seis hijos más grandes (de edades 2, 3, 4 (gemelos), 5 y 6 años, poco antes de dar a luz al tercero de los trillizos, ¡y los otros dos nacieron 18 días antes! Este nacimiento fue resultado de que la señora Braxton tenía un útero doble, ¡lo que significaba que los dos primeros de los trillizos podían nacer en un momento diferente al del tercero!

Mujercita Madge Bester, de Sudáfrica sólo medía 65 centímetros (26 in) de altura.

Genes que Perduran Los hermanos gemelos John Phipps y Eli Shadrack, nacidos en 1803 en Virginia, vivieron más de 107 años. Un par de gemelas idénticas de St. Louis, Missouri, vivieron hasta la edad de 104 años.

Imponentes El esqueleto preservado de la inglesa Jane Bunford (1895-1922) midió poco más de 2.2 metros (7 ft). Zeng Jinlian (1964-82) de China pudo ser más alto, poco más de 2.5 metros (8 ft), pero no podía enderezar su espalda debido a una grave curvatura de la columna.

Una Madre de Edad En Glendale, California, en 1965, Ruth Kistler tuvo una hija a la edad de 57 años. En Italia, en 1994, Rosanna Dalla Corta de 63 años tuvo un bebé después de un tratamiento de fertilidad. En 2003, en Chattisgarh, India, ¡Satyabhama Mahapatra dio a luz a un bebé a la edad de 65 años!

Cuando Salvador Quini (apodado el "Niño Hércules"), de Salta, Argentina, tenía dos años de edad, ¡podía levantar pesas que eran más pesadas que él!

Nacimiento • Crecimiento • Apariencia   103

¡Semejanza a las Lagartijas!

Erik Sprague, artista del estado de New York, ¡ha gastado más de 21,500 dólares en transformar su cuerpo para que parezca una lagartija!

En 1997, Erik Sprague se sometió a un procedimiento quirúrgico para dividir su lengua en la forma de tenedor que es en la actualidad.

Como parte de su acto de escenario, Erik come larvas vivas.

Desde la edad de tres años, Erik amaba las lagartijas y siempre quiso verse como una. Las modificaciones de su cuerpo empezaron con una sencilla perforación del lóbulo de la oreja a la edad de 18 años, que se convirtió en la primera de una serie de perforaciones del cuerpo y de tatuajes. Estiramiento del lóbulo, partir en dos la lengua, limar los dientes, implantes de Teflón® en sus cejas y más perforaciones del cuerpo fueron parte del proceso de transfiguración para el Erik loco por las lagartijas. Erik empezó a hacer giras con un espectáculo de entretenimiento en 1999. Su acto incluye comer fuego, acostarse en una cama de clavos, tragar espadas y lanzar dardos con la nariz. Fue mientras viajaba con el espectáculo que conoció a su pareja Meghan, con quien ahora vive en Austin, Texas. ¡La siguiente ambición de Erik es hacerse un implante de cola!

Aunque Ud. No Lo Crea de Ripley

En Apuros

Hasta inicios del siglo XX, se practicaba el vendar los pies en China, principalmente en mujeres de clase alta, en especial de la dinastía Han. En un método común, los dedos de los pies se torcían hacia debajo de la parte carnosa del pie y se sujetaba con vendajes alrededor del tobillo, para crear un arco exagerado en la planta del pie para acercar los dedos y la parte carnosa del pie cerca del talón. El resultado, conocido como pies de "lirio" o de "loto", se consideraba atractivo y simbólico de riqueza y buena cuna. Sin embargo, la deformación causaba que fuera casi imposible caminar con normalidad, de manera que por lo general, a las mujeres ricas con pies vendados las llevaban de un lado a otro en una silla o reclinadas en una cama.

En algunas partes de África se consideraba como adorno decorativo del cuerpo a unos platos circulares, ajustados al labio inferior para obligarlo a extenderse hacia delante, alejándose de dientes y encías. Por lo general, los platos se empleaban con fines ceremoniales y se pueden retirar, aunque queda el labio inferior un poco caído. Algunos platos para labios, que se hacen de madera o arcilla y que a menudo se decoran con pigmentos de savia vegetal, miden más de 30 cm (12 in) de diámetro.

Ripley's PLATOS PARA LABIOS
EXHIBICIÓN NO: 78325
CABEZA DE CERA DE MUJER "UBANGI" EN CHAD, ÁFRICA, CON PLATO CEREMONIAL

Dieta de Grapas Para perder peso, algunas personas se han engrapado el estómago para reducir la capacidad gástrica y lograr la sensación de estar llenos con menos alimento.

Puntos de Poder Los dientes afilados pueden ser señal de habilidad para cazar, edad o nivel social dentro de un grupo en diversas partes de Asia y África. Por lo general, los dientes se astillan para formar picos empleando "cinceles" de piedra o de madera dura.

Superadelgazadora Determinada a ponerse a dieta, Dolly Wagner de Londres, Inglaterra, perdió 130 kilogramos (287 lb) en 20 meses, de 1971 a 1973.

Medidas Desesperadas La gente ha considerado casi todo procedimiento para ayudarse a perder peso, desde retirar la grasa corporal mediante liposucción hasta sujetar la boca con alambre, lo que limita la ingestión de alimento.

Señor Tatuaje Wilfred Hardy, de Inglaterra, tiene cubierto alrededor de 96% del cuerpo, incluyendo tatuajes en lengua, encías e incluso la parte interna de las mejillas.

> "25 anillos y 40 centímetros (18 in) de largo"

Arriesgan el Cuello

Por siglos, las mujeres (y en ocasiones los hombres) de varias partes de África y Asia han practicado la extensión del cuello. Los pueblos Paduang y Kareni de Myanmar (Burma) han logrado longitudes totales de cuello de 40 centímetros. A temprana edad, se ponen cinco anillos alrededor del cuello de una chica paduang. ¡Luego se añade cada año un anillo hasta que el número total de anillos llega a 25! Esos anillos de bronce, que parecen estirar el cuello, se usan de por vida y sólo se retiran si la mujer comete adulterio. Durante un periodo tan largo, se debilitan los músculos del cuello y ya no pueden sostener la cabeza de la mujer sin los anillos de bronce, lo que significa que ella se podría asfixiar ya que el cuello se colapsa si se retiran los anillos.

A pesar de las apariencias, los anillos de bronce no estiran en realidad el cuello. En lugar de eso, presionan los hombros hacia abajo por el peso y la presión.

Apariencia

PERDER EL TÍTULO
Durante un periodo de reducción de peso de 16 meses en un hospital, Jon Minnoch, entonces el hombre más pesado del mundo, perdió alrededor de 420 kilogramos (920 lb). La mayor parte fue acumulación de líquido debido a una falla cardiaca.

Dama Tatuada "Krystyne Kolorful", artista canadiense de escenario, tiene cubierto 95% del cuerpo con tatuajes coloridos.

Dieta Instantánea Un procedimiento de liposucción se lleva a cabo casi cada hora en Estados Unidos. Tal vez es el procedimiento quirúrgico cosmético más común y se trata de "disolver" el tejido graso o de lípidos y eliminarlo por succión o rascándolo, como forma "instantánea" de perder peso.

Un Plato de Parásitos Algunas personas radicales con las dietas ha probado tragar parásitos del intestino, como solitarias y lombrices intestinales, para reducir su apetito de comida.

El desempleado de Calcuta, Murari Aditya, ¡no se ha cortado las uñas desde 1962! ¡La longitud de todas sus uñas juntas es de 3.2 metros (10 ft 5 in)!

Para limarlas Las uñas de los dedos de las manos crecen casi cuatro veces más rápido que las de los pies.

Trabajo Artístico de Veinte Años Rusty Field de Inglaterra tiene alrededor de 85% del cuerpo cubierto con 2,500 diseños de tatuaje que se completaron en un periodo de 20 años.

¿Quién los Cuenta? Bernard Moeller de Estados Unidos tiene más de 14,000 tatuajes.

Tatuajes de la Antigüedad El humano más antiguo preservado (5,300 años), "Otzi", de los Alpes Europeos, tenía varios tatuajes, incluyendo bandas en un tobillo, una cruz detrás de la rodilla y líneas paralelas que cruzaban la parte baja de la espalda.

¡Plaf! Alrededor de dos terceras partes del peso corporal de una persona promedio es agua.

Se cree que Isobel Varley, de Inglaterra, es la mujer más tatuada del mundo, además de tener 49 perforaciones corporales.

Un arquitecto turco, Mohammed Rashid, ¡cobra 5 dólares a cualquiera que desee tomarle una foto a su bigote de 1.6 metros (5 ft 2 in) de largo!

¡El hindú Sardar Pishora Singh ha estado dejando crecer su ceja de 9 centímetros (4 in) desde 1995!

Este hombre santo hindú, que asistió al festival Ambubachi en Guwahati, India, ¡tiene pelo de más de 4.06 metros (15 ft) de largo!

PELO ERIZADO

- Cuando se te eriza el cabello, ¡es una reacción biológica defensiva que tiene la intención de hacerte parecer más alto!
- En promedio, ¡la barba de un hombre crecería a una longitud de 9 metros (30 ft) si nunca se la recortara o rasurara en la vida!
- El cabello transplantado necesita alrededor de tres meses para empezar a crecer de nuevo
- Una sola hebra de pelo puede ayudar a los forenses científicos para averiguar la edad, sexo y raza de una persona

Al Elderkin, de Wrights Pen, Inglaterra, ¡no se lavó, desvistió o quitó el sombrero por 40 años! El cabello creció a través del ala y la copa de su viejo sombrero.

Apariencia

Maud Williams, de Oakland, California, tenía cabello rojo de 2 metros (6 ft 6 in) de largo en 1938.

¡Ahí va el Pelo! El cuerpo se deshace de alrededor de 100 pelos del cuero cabelludo y cinco pestañas y vuelven a crecer todos los días.

Kilómetros de Pelo Si todo el pelo que crece en el cuerpo en un año se juntara, mediría más de 20 kilómetros (12 mi) de largo.

Historias Largas Muchas personas han tenido un crecimiento poco común del pelo del cuero cabelludo, con longitudes de más de 5 metros (16 ft). Los pelos de la barba pueden crecer igual de largos. La barba del noruego Hans Langseth tenía 5 metros (16 ft) cuando murió en 1927.

Grueso y delgado La gente rubia tiene alrededor de 130,000 cabellos en el cuero cabelludo. Esta cifra se reduce a 110,000 para el cabello castaño, más cerca de 100,000 para el cabello negro y 90,000 para el cabello rojo o anaranjado.

Grace Gilbert viajó con los circos Ringling Brothers y Barnum y Bailey al inicio del siglo XX.

El astrólogo Shibsankar Bharati ha dejado crecer su barba por más de 20 años, alcanzando una longitud total de 2 metros (6.5 ft).

Fotografiada en 1907, cuando Grace Gilbert tenía 32 años de edad y medía 1 metro 72 centímetros (5 ft 9 in) de alto, ¡su barba era de 25 centímetros (10 in) de largo!

Aunque Ud. No Lo Crea de Ripley

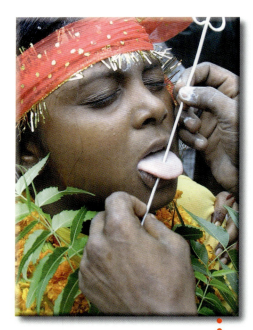

Como prueba de devoción a la religión hindú local, los tamiles devotos permiten que se atraviesen agujas en sus mejillas, lengua o en otras partes del cuerpo.

Alex Lambrecht, de Bélgica, tiene más de 140 perforaciones, ¡que se hizo él mismo! Cuando se instala todos los anillos, aretes y otros adornos, pesan más de 0.5 kilos.

Costosos Ajustes La estadounidense Cindy Jackson se sometió a 27 procedimientos cosméticos en diez años, que costaron casi 100,000 dólares. Entre sus operaciones estuvieron tres estiramientos de la cara, reducción de los senos, luego aumento, e incluso alteración de las rodillas.

Mucho Pedir El deseo de ser más altos puede rivalizar con el de ser más delgados. En muchos casos, es posible un aumento de entre 5 y 10 centímetros. El procedimiento supone operaciones para implantar huesos en la espinilla y el fémur, con cirugía en músculos, tendones y ligamentos.

Mayores Honorarios El costo de las operaciones para aumentar la altura varía de país a país, pero es de alrededor de 75,000 dólares en Estados Unidos.

"pasó 27 años de su vida en su dormitorio"

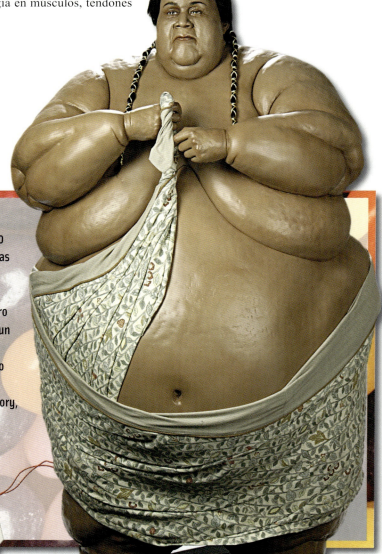

Pesada Sentencia

Walter Hudson, de New York, pesaba más de 635 kilogramos (1,400 lb) en 1987. Hudson vivía con una dieta diaria promedio de dos cajas de salchichas, medio kilo (1 lb) de tocino, 12 huevos, una barra de pan, cuatro hamburguesas, cuatro hamburguesas con queso, ocho porciones de papas fritas, tres bisteces de jamón, dos pollos, cuatro papas al horno, cuatro camotes y cuatro cabezas de brócoli. Bebía un promedio de 6 litros (12 pt) de refresco con cada comida. Hudson pasó 27 años de su vida en su alcoba y luego se hizo famoso cuando cayó en una entrada. Le tomó a ocho bomberos tres horas para rescatarlo. Con la ayuda del comediante estadounidense Dick Gregory, Hudson perdió 272 kilogramos (600 lb) y empezó un negocio de envíos por correo de ropa para mujeres extragrandes. Hudson pesaba 465 kilogramos (1,025 lb) cuando murió en 1991.

Ripley's
WALTER HUDSON
EXHIBICIÓN NO: 78325
FIGURA DE CERA QUE MUESTRA EL PESO DEL UNA VEZ HOMBRE MÁS PESADO, WALTER HUDSON

Apariencia • Partes del cuerpo • Órganos

John Kamikaze suspendido por ocho ganchos de carne, ¡recrea una escena de Los Bebés de Agua *en el evento Locura del Cuerpo!*

Locura del Cuerpo

La fuerza de tensión de la piel humana permitió una exhibición sorprendente en una serie de presentaciones en la tienda departamental Selfridges, en Londres.

Como el órgano más grande y pesado del cuerpo humano, la piel puede ser muy dura y puede manejar una tensión considerable. El artista John Kamikaze y su compañero, Helmut, lo pusieron a prueba en el Evento de Locura del Cuerpo que tuvo lugar en mayo de 2003, en la tienda departamental Selridges, en Londres. Los visitantes podían ver por portillas en las ventanas de la tienda y observarlos ejecutar hazañas como nadar por pedazos de vidrio y suspenderse del techo con ganchos para carne que perforaban su piel.

Para un episodio del programa de televisión de Ripley's, Rick Maisel metió su cuerpo completo en una lavadora ¡y luego se le hizo girar!

Aunque Ud. No Lo Crea de Ripley

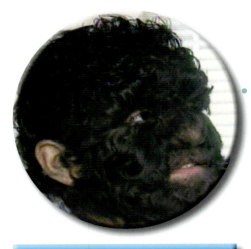

Larry Gomez nació con un problema grave que causa que crezca cabello en toda la cara y el cuerpo.

Un granjero de Manchuria, China, llamado Wang, tenía un cuerno de 33 centímetros (13 in) que crecía de la parte posterior de su cabeza.

¡De Piel Gruesa!

En la década de 1920, un miembro del pueblo kalinda, de África, sufrió de queloides, que es un crecimiento excesivo del tejido de cicatrización. Mientras trataba de cortar cada zona de piel engrosada, se formaba otra cicatriz sobre las heridas. Según informes, terminó con una piel de 2 centímetros de grueso que parecía la de un rinoceronte.

Pascal Pinon, nacido en 1887 en Lyon, Francia, fotografiado en 1927, a la edad de 40 años.

Tipo Pesado Cuando se apresuraron a llevar al estadounidense Jon Minnoch a un hospital en 1978, se calculaba su peso en 630 kilogramos (1,389 lb). En comparación, el campeón gigante de lucha sumo Emanuel Yarborough pesa 350 kilos (772 lb).

La Señora Peso Pesado Una de las mujeres más pesadas que se ha registrado fue la estadounidense Rosalie Bradford, quien en 1987, llegó a un peso máximo de alrededor de 544 kg (1,200 lb).

Peso de Vista Microscópico El cuerpo humano consta de al menos 50 billones de células. Alrededor de 3,000 millones mueren y son reemplazadas cada minuto.

Lente Viviente El cristalino del ojo es la única parte interna del cuerpo que crece continuamente durante la vida.

Sonrisa Desgarradora Como símbolo de gran belleza, se da forma triangular a los dientes de las mujeres jóvenes en la tribu de pigmeos de África Central, empleando un machete.

Somos Escamosos Las escamas de piel muerta representan hasta 75% del polvo de las casas.

Vida en una Célula La duración de vida para diferentes células en nuestro cuerpo es de 12 horas para las células que recubren la mejilla o para la célula de la médula ósea, dos días para las células del recubrimiento del estómago, dos semanas para un glóbulo blanco de la sangre, un mes para una célula de la piel, tres meses para un glóbulo rojo de la sangre, 18 meses para una célula del hígado y casi toda la vida del cuerpo para una célula nerviosa.

Jalador Dental Arpad Nick, de Hungría, ¡jaló un Boeing 737 de 36 toneladas una distancia de 10 metros (33 ft) usando los dientes!

De Buena Vista El ojo humano tiene la habilidad de ver un cerillo encendido a 80 kilómetros (50 mi) de distancia en una noche clara y sin luna, si se ve desde un nivel elevado, como la cima de una montaña. La estela que dejan los barcos es visible para los astronautas mientras vuelan en órbita alrededor de la Tierra.

Vastos Vasos El cuerpo humano consta de 96,500 kilómetros (60,000 mi) de vasos sanguíneos, lo que permite que la sangre llegue a todas partes del cuerpo.

PARTES MOVIBLES

Existen alrededor de 640 músculos esqueléticos en el cuerpo, con más de 100 en cabeza, cara y cuello. Se necesitan:

- 6 para mover un ojo
- 20 para fruncir la boca para un beso
- 25 para sonreír
- 30 para girar un pie hacia adentro
- 35 para girar un pie hacia afuera
- 45 para fruncir el ceño
- 50 para dar un paso al frente
- 75 para hablar

Partes del cuerpo • Órganos

¡La reina Margarita de Valois (1552-1615) de Navarra tenía bolsillos en el forro de su voluminosa falda para que pudiera llevar con ella los corazones de sus 34 novios sucesivos todo el tiempo! ¡Cada uno estaba embalsamado y sellado en una caja separada!

¡Un Puñado de Dientes!

La mayoría de los humanos tendrá 52 dientes en su vida: 22 en el conjunto de leche o de bebé y 30 en el conjunto de adulto. Sin embargo, se sabe de casos de tres conjuntos de dientes, incluyendo el de Antonio José Herrera, de New Mexico. A la edad de 10 años, la coz de un caballo le tiró todos los dientes, pero le creció naturalmente un conjunto nuevo. En 1896, un doctor francés informó de un paciente que tuvo un cuarto conjunto, conocido como el "caso de Lison". El doctor Slave perdió sus segundos dientes normales más o menos a los 80 años de edad, luego, después de cinco años, apareció otro conjunto, que retuvo hasta su muerte a los 100 años. En el otro extremo de la escala, Sean Keaney nació en Inglaterra en 1990 con 12 dientes.

Ojo para el Color Una persona típica parpadea más de 300 millones de veces en la vida y puede distinguir más de siete millones de colores diferentes, incluyendo más de 500 tonos de gris.

Alta Sociedad La presión del aire se reduce entre más alto se sube. Así que la gente que vive en zonas montañosa, como los Andes, se han adaptado con el paso del tiempo para sobrevivir en tales condiciones. Tienen brazos y piernas más cortos que el promedio, de manera que su sangre viaja menores distancias y tienen pulmones de mayor tamaño para hacer frente a la menor presión del aire.

En un Parpadeo En promedio, ¡parpadeas 25 veces cada minuto! Así que en un año, ¡podrías parpadear 13,140,000 veces!

Exceso Digital En 1921, la autopsia de un bebé en Londres, Inglaterra, registró que tenía 14 dedos de las manos y 15 en los pies.

¡Sorpresa Sanguínea! En cualquier momento, alrededor de tres cuartas partes de la sangre del cuerpo está en las venas y sólo una vigésima parte en los capilares, los vasos más pequeños en donde el oxígeno y los nutrientes pasan a los tejidos.

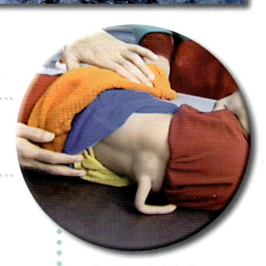

Un niño llamado Babaji es venerado por su comunidad ya que, increíblemente, nació con cola.

¡Esta familia española muestra sus manos de dos, tres y cuatro dedos!

> "parpadeas alrededor de 300,000,000 de veces en una vida"

De Dos Dedos En África, en el pueblo Kalanga del Desierto del Kalahari y en el pueblo Wadomo de Zambezi, se encuentran personas con dos dedos en cada pie.

Cerebral Un cerebro humano típico pesa 1,400 a 1,500 gramos (49-53 oz). El cerebro del eminente científico francés del siglo XVIII, el barón Georges Cuvier, pesaba 1,810 gramos (64 oz), uno de los cerebros normales más grandes que se han registrado.

Ripley's
CABEZA ENCOGIDA
EXHIBICIÓN NO: 5065
DE LOS INDIOS JÍBAROS
DE ECUADOR, SUDAMÉRICA

Hígado de Larga Vida ¡El hígado puede continuar trabajando incluso después de que se ha retirado el 80% y volverá a su tamaño inicial en un par de meses!

Sin Dolor El cerebro humano no tiene sensibilidad, sólo la membrana que lo rodea, que contiene venas, arterias y nervios. Así que una persona no sentirá dolor de una lesión que sólo sea en el cerebro.

Tragar Se produce alrededor de 1 litro (0.5 pt) de saliva al día y la mayor parte de esta agua vuelve al cuerpo en el intestino. De hecho, se producen alrededor de 4 litros (8.5 pt) de jugos salivales y digestivos todos los días, pero sólo se pierden 100 mililitros (3.3 fl oz) en el sistema digestivo.

Agua en Todas Partes El cuerpo humano es dos terceras partes agua, donde la mayor parte (alrededor de la mitad) se retiene en los 640 músculos. Incluso los huesos están formados por una quinta parte de agua.

Una Segunda Mirada Alrededor de una persona en 200 tiene ojos de diferentes colores.

Cambio de Piel Rápido ¡Las células de la piel humana se desechan y vuelven a crecer alrededor de una vez cada 27 días! En consecuencia, los humanos pueden ver crecer nueva piel alrededor de 1,000 veces durante su vida.

¡Alto... Estornudo! ¡El corazón y todas las funciones del cuerpo se detienen un momento cuando una persona estornuda!

Tres Letras En el idioma inglés existen diez partes del cuerpo humano que constan de tres letras: leg (pierna), arm (brazo), ear (oído), lip (labio), gum (encía), rib (costilla), jaw (quijada), eye (ojo), toe (dedo del pie) y hip (cadera).

Es posible hacer más de 1,000 expresiones faciales y personas que hacen gestos lo llevaron al extremo en una competencia de Ripley en Atlantic City.

Exhibición en Vivo
En 1822, el canadiense francés Alexis St. Martin recibió un balazo en el costado. Lo trató el doctor William Beaumont, pero St. Martin aún tenía un agujero en el estómago de 2.5 centímetros (1 in). Por algún tiempo después, Beaumont empleó la abertura de St. Martin para estudiar el estómago, pero St. Martin huyó y, a pesar del agujero, vivió hasta tener 82 años de edad.

Las Cinco Más Importantes
LONGITUDES EXTREMAS

Si estiras y unes estas partes de tu cuerpo serían así de largas

1 **Los nervios, incluyendo los micronervios:** 160,000 kilómetros (99,422 mi) (casi la mitad del camino a la luna)

2 **Vasos sanguíneos:** 80,000 kilómetros (49,711 mi) (dos veces la vuelta a la Tierra)

3 **Los diminutos tubos de las unidades de filtración (nefronas) de los riñones:** más de 100 kilómetros (62 mi)

4 **Los túbulos de las glándulas sudoríparas:** 50 kilómetros (31 mi)

5 **Los tubos seminales (que producen esperma) en los testículos:** 220 metros (722 ft)

Partes del cuerpo • Órganos • Poderes • Habilidades

Alfiletero Humano

Una anormalidad del desarrollo de los nervios significa que algunas personas sienten poco o ningún dolor. Unas cuantas de esas personas se ganan la vida como "Alfileteros Humanos".

Paddy Davidson puede atravesar sus mejillas, cuello, manos y pies con clavos o agujas. Lauren Oblondo puede clavar una aguja de metal en el dorso de su mano, hacia arriba por el lado interno de su antebrazo y sacarla por el codo. "Gladys la Empaladora" podía poner una aguja grande a través de sus muslos y luego balancearse entre dos sillas. Sin embargo, estos artistas por lo general tienen mucho cuidado en mantener estéril su equipo y de saber la ubicación de las arterias y venas importantes, de otra manera podrían sufrir heridas y sangrados graves.

Algunas personas nacen con articulaciones extrañamente flexibles y con la práctica las hacen más elásticas. El "búho humano", Martin Joe Laurello podía girar el cuello 180° para ver hacia atrás con el cuerpo hacia el frente.

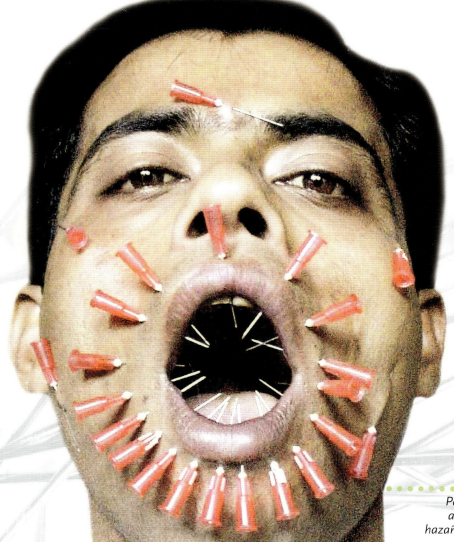

Besos sanos

Algunos científicos chinos han sugerido que besar puede prolongar la vida. Un artículo de periódico en 1992 declaró que besar es bueno para los dientes y quema hasta tres calorías por beso... ¡buena noticia para quienes quieren bajar de peso! Otros investigadores han sugerido lo opuesto... que en realidad besar acelera el pulso, y en consecuencia, aumenta la presión en el corazón.

Pakesh Talukdar, de la India, ha alcanzado la fama mundial por hazañas como clavarse 24 agujas en la cara y comer ladrillos.

Aunque Ud. No Lo Crea de Ripley

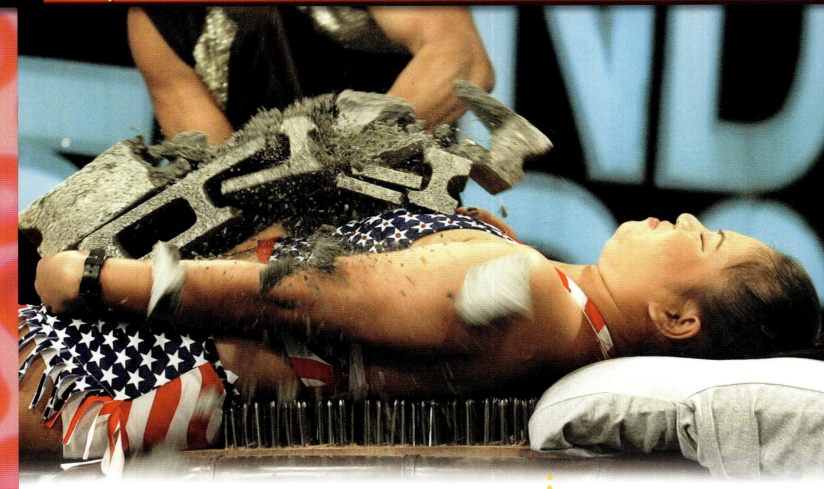

Presión en Dedo En 1992, Paul Lynch hizo 124 lagartijas apoyado al frente en un solo dedo. Paddy Doyle llevó a cabo 1.5 millones de lagartijas en un año (1988-89), un promedio de 170 por hora.

Piernas para Contender El hospital Queen Mary de Londres es famoso a nivel mundial por tratar discapacidades físicas, y en especial por ajustar prótesis de extremidades. En su equipo de futbol, todos los jugadores tienen una sola pierna, y el portero tiene un brazo.

No Mirar Hacia Abajo
En Acapulco, México, personas se lanzan en clavados de más de 25 metros (82 ft) de altura a aguas de menos de 4 metros (13 ft) de profundidad. En Francia, Olivier Favre se lanzó de una plataforma a 54 metros (177 ft) de altura, y en Suiza, Harry Froboess saltó de la sorprendente altura de 120 metros (393 ft) a un lago... desde la desventurada nave aérea *Hindenburg*.

No Estornude Quienes hacen gestos pueden mostrar caras extraordinarias. J. T. Saylors podía cubrir su nariz con el labio inferior y el mentón. Bert Swallowcot iba más allá, ¡cubría sus cejas con el labio inferior!

Sin Llanta de Repuesto Gary Windebank puso en equilibrio una pila de 96 llantas de auto que pesaban más de 600 kilogramos (1,322 lb).

Correr Hacia Atrás En 1994, Timothy Badyana corrió un maratón en 3 horas, 55 minutos... hacia atrás.

Con el Pie Incorrecto En 1995, Amresh Kumar Jha se paró en un pie (sin que se le permitiera tocar nada con el otro pie) por más de 71 horas.

Mes en una Tina En 1992, Rob Colley vivió 42 días en un barril de 700 litros (185 gal) en la parte superior de un poste de 13 metros (43 ft) de altura.

¿Qué Dijo? Stephen Woodmore, de Kent, Inglaterra, ¡puede hablar a una velocidad de más de 637 palabras por minuto!

La "mujer maravilla" Puangphaka Songskri, de veintiún años de edad, está recostada en una cama de clavos mientras una colega rompe bloques de hormigón en su pecho, en el escenario de un programa de la televisión local en Bangkok, en septiembre de 2002.

¿Quién dice que Mozart no es Especial?
Empleando pistas de la forma, construcción y longitud de las ranuras, ¡el doctor Arthur Lintgen puede reconocer cualquier disco clásico (acetato) con sólo ver las ranuras!

El reverendo Kevin Fast, de Ontario, Canadá, jaló dos camiones de bomberos con un peso combinado de 16 toneladas, una distancia de 30 metros (100 ft). La hazaña se llevó a cabo para el programa de televisión de Ripley's en noviembre de 1999 fuera del museo Ripley en St. Augustine, Florida.

Fuerza • Habilidad Sorprendente

"Mira, ¡Sin Manos!"
El constructor galés John Evans puede mantener en equilibrio objetos grandes y pesados en su cabeza. Ha aparecido en numerosos eventos, en los que balancea objetos, como un auto en su cabeza por dos minutos y 84 cajones de leche que pesaban 124 kilogramos (210 lb) por 10 segundos. Sus otros actos de equilibrio incluyeron balancear dos mujeres que pesaban 95 kilos (210 lb) cada una y una sucesión de 92 personas por al menos 10 segundos cada una.

También se ha sabido que balancee ladrillos, barriles y tarros de cerveza, ¡e incluso un mueble de madera que pesaba 109 kilogramos (240 lb)!

Cansada hasta los Huesos Moyne Mullin, de Berkeley, California, podía apoyar todo su peso en los codos.

Dando en el Clavo
La artista de un circo vietnamita Hang Thu Thi Ngyuen es tan exacta en su puntería que puede disparar con arco una flecha hasta 5 metros (16 ft 5 in) de distancia, empleando sólo los pies, mientras está parada de manos y contorsiona el cuerpo de manera que apunte hacia delante. Desde la infancia, ha practicado por tres horas todos los días.

Sujetos por la Lengua El estadounidense Dean Sheldon sostuvo un solo escorpión que medía 18 centímetros (7 in) en su boca por 18 segundos. En 2000, sostuvo un total de 20 escorpiones en su boca por 21 segundos.

Extraño Levantamiento James Garry, de Denver, Colorado, puede levantar 6 kilogramos (14 lb) empleando el vacío que se crea con la palma de su mano.

Alfred Langeven podía sacar suficiente aire por la apertura del ducto de las lágrimas para tocar una flauta dulce o incluso inflar un globo. Jim Chicon podía inhalar bebidas por la nariz y lanzar un chorro de ellas por el ojo. Estas personas lo podían hacer porque el ducto de las lágrimas, similar a un tubo y que se conecta al párpado inferior, envía las lágrimas a la nariz. Algunas personas pueden emplear este ducto al revés, para agua o aire.

La Mente Es el Objetivo

A diferencia de la mayoría de los ilusionistas, Derren Brown, de Inglaterra, no desea que su acto termine con una explosión... ¡porque juega ruleta rusa!

En 2003, ¡Brown hizo historia al jugar ruleta rusa en vivo en la televisión! En el truco, escenificado en Jersey para eludir las leyes de armas de Inglaterra, un voluntario cargó una sola bala en un revólver con seis cámaras numeradas. Brown, quien afirmaba que su única pista era escuchar el tono de voz del voluntario mientras contaba de uno a seis, después disparaba el arma contra su cabeza hasta que llegaba a la cámara en que pensaba que se encontraba la bala. ¡La disparaba al aire y se evitaba un final prematuro!

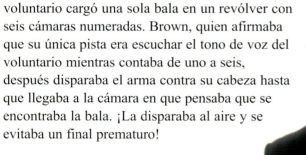

¡El ilusionista Darren Brown puede leer y controlar la mente de la gente, memorizar datos e incluso quitar y causar dolor en la gente! Lo hace todo con el "poder de la sugestión", deduciendo los detalles mediante una combinación de observaciones sobre una persona y al "leer" sus reacciones a declaraciones o preguntas.

Ling-Yong Kim, de Corea del Sur, podía resolver problemas complejos de matemáticas, como determinar integrales infinitas de la Teoría de la Relatividad de Einstein a la edad de cuatro años.

FOBIAS CURIOSAS

- Agorafobia: miedo a los espacios abiertos
- Metrofobia: miedo a la poesía
- Anemofobia: miedo al viento
- Araquibutirofobia: miedo a que la crema de cacahuate se pegue al paladar
- Genufobia: miedo a las rodillas
- Lacanofobia: miedo a las verduras
- Poloticofobia: miedo a los políticos
- Nefofobia: miedo a las nubes
- Pupafobia: miedo a los títeres
- Uranofobia: miedo al cielo o al paraíso

Mentes Misteriosas

¡George Pocheptsov, nacido en 1992, en Pennsylvania, comenzó a pintar a los 17 meses de edad! Mientras que la mayoría de los niños de su edad aún pintan con los dedos, ¡Georgie creaba obras de arte, mostrando jirafas de cuatro cabezas y ángeles, todo en colores brillantes y luminosos! Con sólo seis años de edad, Georgie comenzó a exhibir su obra en la Exposición de Arte internacional, en New York, California, y Atlanta, Georgia.

Pensamientos Fijos El cerebro es una de las pocas partes de cuerpo que no puede realizar movimiento alguno, ya que carece de tejido muscular.

Calculadora Humana
En el siglo XVIII, el alemán Johann Dase podía multiplicar dos números (cada uno de ocho dígitos) en menos de un minuto, y dos números de 20 dígitos, en seis minutos. Inténtalo: ¡multiplica 23,765,529 por 76,904,618 en menos de 60 segundos!

Claves para un Futuro El compositor clásico Federico Chopin, nacido en 1810, es uno de los relativamente raros niños genios que lograron alcanzar una fama mundial duradera. Presentó su primer gira internacional pública de recitales de piano a la edad de ocho años.

Oraciones a la Mano El rabino jefe de Lituania, Elijah el Gaon, podía citar más de 2,500 obras religiosas que había memorizado.

Stephanie Hale, de Essex, Inglaterra, se convirtió en la competidora de ajedrez nacional más joven de Inglaterra... ¡cuando sólo tenía cuatro años de edad! Incluso compitió contra el maestro internacional de ajedrez, Garry Kasparov en un juego de ajedrez de Internet en 1999.

Preocupado por las Palabras La verbofobia es el miedo a las palabras. Así que si lees hasta este punto, es poco probable que sufras de ella, y en especial de una de sus variables, la sesquipedalofobia... ¡el miedo a las palabras largas!

Fuera de Sí
Se dice que los chamanes del pueblo belaro en Papua Nueva Guinea, después de tomar varias combinaciones de jugos de plantas y animales, entran en trances que duran hasta 48 horas en que no comen, beben ni responden a estímulos como ruidos fuertes o que les pellizquen la piel.

Una respuesta para Todos El profesor Willi Melnikov, de Moscú, comentó que hablaba con relativa "soltura" más de 90 idiomas.

Algo Que Decir Martha Ann Koop, de Tennessee, comenzó a hablar a la edad de seis meses... alrededor de un año antes que la mayoría de los niños.

Mecedora de los Setentas En 1977, Maureen Weston, de Inglaterra, pasó 18 días sin dormir en forma adecuada durante un maratón de mecedoras.

Enfrentar Su Temor La primera persona en volar sola a través del Atlántico fue el aviador estadounidense Charles Lindberg, quien completó el viaje. Lo logró a pesar de una forma leve de acrofobia, que es un miedo patológico a las alturas.

Escoja una Carta, Cualquier Carta En la década de 1930, Arthur Lloyd, de Massachusetts, era conocido como el Índice de Tarjetas Humano. Su chaqueta especial de 40 bolsas contenía 15,000 tarjetas de notas y podía localizar cualquier tarjeta individual en menos de cinco segundos.

Hipnotizar al Hipnotizador Efrarl Rabovich no tenía interés en el hipnotismo o el poder de la mente hasta que lo eligieron para tomar parte en un evento local en Austria en 1921. El hipnotizador descubrió que era un sujeto difícil y pronto pidió otro voluntario. A pesar de eso, al día siguiente Rabovich de repente podía hipnotizar a la gente.

Gasto del Cerebro Para su tamaño, el cerebro consume entre cinco y diez veces más energía que otros órganos.

Mega Almacenamiento
Con un peso de 1.4 kilos (3 lb), el cerebro humano es la colección más compleja de materia conocida en el universo. La capacidad total de la memoria del cerebro se calcula en 100 billones de datos, que es igual a la información de 500,000 enciclopedias grandes de muchos volúmenes, o en términos de computación, ¡alrededor de 1,000 gigabytes!

Se Retira a la Biblioteca El eminente general y estadista sudafricano Jan Christian Smuts (1870-1950) no pudo leer hasta que tenía 11 años de edad, pero pasó la mayor parte de su vejez, cuando por lo general disminuye el poder de la memoria, memorizando más de 5,000 libros diferentes.

Estudiante Rápido William Sidis, de Massachusetts, podía escribir palabras en inglés y francés a la edad de dos años, y escribió un artículo sobre la anatomía humana a la edad de cinco años.

¡Dan Poder a la Mente!
¡Dominic O'Brien ha superado una dislexia de la infancia y el trastorno de deficiencia de atención para ganar ocho veces los Campeonatos Mundiales de Memoria! Cuando niño, sufría de dislexia, lo que condujo a dificultades para leer y para concentrarse durante todo su periodo educativo. Más de 14 años de entrenamiento disciplinado lo han ayudado a corregir el "desequilibrio" que cree que es responsable de esos trastornos. Junto con un colega, Dominic ha empleado su conocimiento de la dislexia y su amplia investigación del cerebro para desarrollar el Sistema de Acondicionamiento Brainwave, para ayudar a otros que sufren de dislexia y trastorno de deficiencia de atención.

En 2002, frente a un comité de jueces, Dominic O'Brien memorizó 54 paquetes de cartas barajeadas en 12 horas. Luego le tomó más de cuatro horas recitar todas las 2,808 cartas, ¡con sólo ocho errores!

Mentes Misteriosas • Enfermedad • Salud

¡Hoyo en la Cabeza!

Cortar o perforar agujeros en el cerebro, lo que se conoce como trepanación, se practicó en casi todos los continentes en la antigüedad. Tal vez se empleó para dejar salir "espíritus malignos" del cerebro, condiciones que ahora conocemos como epilepsia, enfermedades mentales o migrañas.

Heather Perry, de Gloucestershire, Inglaterra, viajó a Estados Unidos para someterse a una trepanación, para curar su fatiga crónica y depresión.

En la trepanación antigua se empleaban cuchillos afilados de pedernal, obsidiana (una piedra negra y vidriosa) y bronce, y un taladro giratorio de mano que parecía un berbiquí antiguo de carpintero. Algunos cráneos preservados tienen cuatro o cinco agujeros, a menudo más grandes que las cuencas de los ojos. En muchos casos, el hueso muestra señales de curación, lo que significa que el sujeto sobrevivió. La trepanación todavía se lleva a cabo en algunas partes del mundo en la actualidad. La gente lo usa para crear flujo de sangre al cerebro para estimular la conciencia mental, aliviar la tensión y como cura para males como la depresión crónica.

En 1990, Charles Osborne, de Iowa, por fin dejó de tener hipo, después de 58 años. A pesar de su hipo, se las arregló para tener una vida casi normal y ocho hijos.

En Moscú, Rusia, una clínica trata a los pacientes empleando una terapia de piquetes de abeja. El veneno de las abejas se ha usado por siglos para tratar artritis, enfermedades de la piel y dolor de espalda. En la actualidad, se utiliza como tratamiento para esclerosis múltiple.

Antiguo Trabajo en la Nariz

En la antigua India, a menudo se castigaba a los criminales menores cortando su nariz. Para reparar la herida, los médicos desarrollaron un método en que se rebanaba un trozo triangular de piel de la frente, dejar un "tallo" en el puente de la nariz, luego doblarlo hacia arriba y abajo con un giro para mantener el lado de la piel hacia fuera y cocerlo a una prótesis con forma de nariz de madera pulida. Un turbante con el frente bajo ocultaba la herida de la frente.

Mirada al Pasado Los antiguos romanos empleaban muchos instrumentos médicos que eran sorprendentemente similares a las herramientas de la actualidad, como el espejo rectal... para mantener abierto el "camino posterior" para examinar el intestino grueso.

Analgésico Orgánico Hace unos 2,350 años, Hipócrates, el médico griego y "Padre de la Medicina", aconsejaba masticar corteza de sauce para aliviar el dolor. Funcionaba. Mucho después se aisló el ingrediente activo y se lanzó como píldora para aliviar el dolor, lo que ahora llamamos aspirina.

Operación de Cuatro Días En 1951, Gertrude Levandowski se sometió a una operación de 96 horas en Chicago para eliminar un quiste ovárico.

Autoayuda Ira Kahn, de Líbano, extirpó su propio apéndice mientras estaba detenido en un embotellamiento de tráfico. Sin embargo, ¡era médico!

Perdido y Encontrado En 1997, Silvio Jiménez se sometió a una operación para retirar unas pinzas que quedaron de una cirugía previa... 47 años antes.

En el Lago Kirkpinar, en Turquía, se trata a los pacientes con serpientes de agua.

Sangrar Hasta Quedar Seco Sangrar el cuerpo para liberar la "sangre estancada" y los "humores viciados" ha sido un tratamiento común por siglos. Se creía que enfermedades como la ictericia eran resultado de tener demasiada sangre... ¡así que los médicos la dejaban salir! En el siglo XIV, se aplicaron 200 sanguijuelas a Philus de Padua y lo envolvieron en una colcha húmeda por tres días mientras se alimentaban de su sangre. No es sorprendente que muriera el día siguiente.

Boca Llena Se han encontrado dientes postizos en restos de romanos de más de 2,000 años de antigüedad. La mayoría estaban hechos de maderas duras o de metal, pero algunos eran de marfil, tallados de colmillos de elefantes. Aun antes, los etruscos hacían dentaduras removibles de oro.

Como antídoto para la tensión en el trabajo, una compañía en el Reino Unido instaló un jardín de pasto en su oficina, ¡pensando que tendría un efecto tranquilizador y que fomentaría la relajación en el trabajo!

Enfermedad • Salud

En mayo de 2003, ¡Wei Shengchu hizo que le pusieran 2,003 agujas de acupuntura en la cabeza! La acupuntura es un método alterno de tratamiento empleado para curar muchos problemas de salud, de tensión a dolores de cabeza y artritis.

Frío de Corazón En 1987, un pescador noruego cayó por la borda y su cuerpo se enfrió tanto en el agua que su corazón dejó de latir por cuatro horas. Revivió cuando lo llevaban a un hospital y se recuperó poco a poco mientras lo tenían conectado a una máquina de corazón y pulmón.

¡Baño de Sangre! En Chicago, en 1970, Warren Jyrich, quien sufría de hemofilia o "enfermedad de desangrado", recibió 1,080 litros (285 gal) de sangre en transfusiones (alrededor de la cantidad para llenar 12 tinas de baño) durante una operación del corazón.

"Smoky", de San Luis, Missouri, ¡podía respirar por un agujero en su espalda y podía exhalar el humo de un cigarrillo por él y seguir respirando!

Tumores de Tamaño Humano Se han realizado varias operaciones para retirar tumores que pesaron más de 100 kilos (220 lb), incluyendo un crecimiento de ovario de 137 kilos (302 lb) y otro quiste lleno de líquido de 148 kilos (327 lb)... es alrededor del peso de dos adultos altos.

De Cabeza Dura En 1992, en Michigan, Bruce Levon se hizo una prueba de rayos X en la cabeza que reveló una bala de una balacera que tuvo lugar nueve años antes y que estaba alojada en su cráneo. Bruce no sabía que estaba ahí.

Sonría, Por Favor Frederic Green, de California, fue declarado muerto a la edad de 82 años... pero en la morgue, ¡lo despertó el flash del fotógrafo del forense!

Gusanos al Rescate Estos gusanos son larvas de las moscas que viven en carne muerta y en descomposición. En la actualidad, se usan comúnmente en algunos países para limpiar las heridas de tejido infectado y gangrenoso. Alrededor de 100 gusanos "bebés" se ponen en la herida con un vendaje y se retiran dos o tres días después, tiempo en que han crecido de tamaño cinco veces y han dejado la herida limpia de gérmenes y descomposición.

No Gracias, Doctor
En la Inglaterra del siglo XVIII, un remedio para la disentería era beber huesos humanos mezclados con vino tinto. Una cura que se intentó para la calvicie fue dormir aplicando una pasta de sangre y semen de toro al cuero cabelludo y cubierta con una toalla. El tratamiento para el dolor de oído incluía meter en éste las cenizas de un ratón mezclado con miel. Se daba vino fermentado con piojos molidos para ictericia y se recetaba té hervido con caracoles para infecciones del pecho.

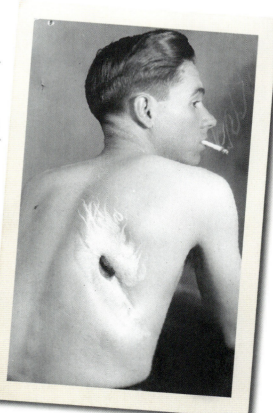

Aunque Ud. No Lo Crea de Ripley

En junio de 2003, ¡miles de personas se dirigieron a la ciudad hindú de Hyderabad, en un intento de curarse del asma! Se creía que al tragar entero un pequeño pez murrel (*Ophicephalus marulius*), cubierto con una pasta herbal especial, se podría curar la enfermedad.

Nuevas Partes A Norma Wickwire, de Estados Unidos, se le reemplazaron ocho articulaciones diferentes entre 1976 y 1989 por artritis reumatoide.

Memoria en Suspenso En 1984, Terry Wallis, de 20 años de edad, tuvo un accidente automovilístico en Arkansas. Era viernes 13 y estuvo en coma por 19 años. El viernes 13 de junio de 2003, Terry recuperó la conciencia y pronunció sus primeras palabras. Tenía una parálisis grave, y sin embargo, partes de su memoria había permanecido intactas por casi dos décadas. Podía recordar sucesos, nombres y números telefónicos del tiempo del accidente, pero aún creía que Ronald Reagan era el presidente de Estados Unidos.

Invasores del Cuero Cabelludo En 1998, una mujer que volvía de las Indias Occidentales a Inglaterra se quejó de fuerte dolor de cabeza. Los médicos descubrieron y extrajeron 91 gusanos tornillo en lo profundo de su cuero cabelludo. Los gusanos tornillo son larvas de mosca con forma de tornillo de un tipo de moscardón que se entierra en las heridas de la carne de los animales y de la gente para alimentarse. Nacen de huevos diminutos y crecen a alrededor de 25 milímetros de largo.

Billy Cómodo El Síndrome de Munchausen se caracteriza por un deseo de atención y tratamientos médicos. En Inglaterra, ente 1930 y 1979, William McIlroy se hizo más de 400 operaciones en 22 hospitales, empleando más de 20 nombres ficticios. Por último dejó sus visitas diciendo: "Estoy harto de hospitales".

Planes que Se Derriten

Cuando Monique Martinot murió en 1984, su marido, el doctor Raymond Martinot, congeló mediante criogenia su cuerpo con la esperanza de poder revivirla en el futuro. En febrero de 2002, el doctor Martinot también murió y se llevó a cabo su deseo de ser congelado junto a ella, con la esperanza de que ambos pudieran volver a vivir un día. Sin embargo, más adelante ese año, el tribunal francés decidió que se les tenía que enterrar.

Remy Martinot solía conservar los cuerpos de su madre y padre en el sótano de los vinos de su casa en el oeste de Francia.

LOS CINCO MÁS IMPORTANTES

APUESTAS SOBRE EL FUTURO

Algunas organizaciones ofrecen instalaciones criogénicas o criónicas a largo plazo: preservación y almacenamiento de cuerpos a muy baja temperatura. Los precios varían, pero como regla general:

1. **El cuerpo completo: 100,000 a 150,000 dólares**
2. **Sólo la cabeza: 50,000 a 100,000 dólares**
3. **Sólo el cerebro: 20,000 a 40,000 dólares**
4. **Muestra de tejido (para ADN, incluyendo esperma u óvulos): 100 a 200 dólares**
5. **Conservación química de muestra de tejido a temperatura ambiente (para ADN): 30 a 100 dólares**

Enfermedad • Salud • Muerte • Sepultura

Ofrendas para Tumbas

Todos los años, el 2 de noviembre, Día de los Muertos, las familias de México van en grandes cantidades a los cementerios para visitar a parientes muertos, llevando no sólo flores sino comida para fiesta, como panes, pasteles, dulces, cigarrillos y alcohol.

En México se hacen "esqueletos felices" de papel maché para celebrar el festival del Día de los Muertos, que honra a los difuntos.

Los parientes se sientan alrededor de la tumba y tienen un día de campo, con alimentos como carrozas fúnebres y féretros de chocolate, panes decorados con cráneos y esqueletos de azúcar. Se considera buena suerte ser quien encuentre el esqueleto oculto dentro de cada pan horneado. Los amigos se dan entre sí regalos de esqueletos de azúcar grabados con un motivo de muerte con su nombre.

LÁPIDAS DE FANTASÍA

- **Piano de cola de granito de 25 toneladas** Madge Ward, pianista de concierto, Texas, Estados Unidos
- **Lápida de teléfono móvil gigante** Guy Akrish, Israel
- **Concorde a escala** L. Spurlington, entusiasta de los modelos de aviones, Sudáfrica
- **Foco gigante** Sal Giardino, electricista, New Jersey, Estados Unidos

¡Muerte por Minuto! Alrededor de 100 personas de todo el mundo mueren cada minuto.

Es el Momento El momento más "popular" para morir es en las primeras horas de la mañana, de alrededor de las 2 a.m., a 5 a.m., que es también el momento más común para que nazcan los bebés.

Aunque Ud. No Lo Crea de Ripley

Enterrado, ¡Pero No Muerto!

Después de un choque con moto en 1937, declararon muerto a Angel Hayes. Dos horas antes de su entierro, despertó de su coma para susto de su familia y amigos que habían llorado por tres días. Muy asustado por su casi entierro en vida, el mecánico Hayes se propuso inventar y crear un féretro para impedir que volviera a suceder algo tan horrible de nuevo. El féretro que creo contaba con timbres de alarma y luces centelleantes. En caso de que el ocupante tuviera que esperar por mucho tiempo antes de que lo rescataran, se incluyeron suministros como papel de baño. Se conectaron electrodos al féretro, que a su vez se conectaban a un monitor externo para alertar al mundo externo de la presencia de una persona viva dentro del ataúd. Para demostrar lo eficiente que era la invención, ¡Hayes estuvo de hecho bajo tierra dos días y dos noches!

El féretro de Hayes era casi como su casa... incluso tenía alimento y bebida en el interior.

Homenaje Elevado En el Día de Todos los Santos, en Sacatepequez, Guatemala, los residentes honran a los muertos reuniéndose en el cementerio local para hacer volar papalotes grandes y decorativos.

Aún No Estaba Muerto El soldado francés Nicola Baillot fue capturado en la Batalla de Waterloo, pero lo liberaron en 1815, a la edad de 24 años, cuando un médico consideró que estaba cerca de la muerte por tuberculosis. De hecho, sobrevivió a la magnífica edad de 105 años.

Ya No Hace Tic-Tac Hannah Beswick, de Lancashire, Inglaterra, fue una de las muchas personas preocupadas de que equivocadamente las declararan muertas. Su voluntad contenía instrucciones de que su cuerpo se debía inspeccionar a menudo para buscar señales de vida, así que su médico hizo que se pusiera el cuerpo dentro de un reloj de pie para permitir exámenes regulares y por tiempo.

Escrito en el Muro El Monumento Conmemorativo de los Veteranos de Vietnam, en Washington, D. C., tiene los nombres de 38 personas que en realidad sobrevivieron a la guerra.

13 Desafortunado El autor Sholom Aleichem evitaba el número 13 a toda costa. Todas sus obras escritas pasaban de la página 12 a la 14. Por desgracia, murió el 13 de mayo de 1916. Sin embargo, su familia respetó sus deseos y cambió su epitafio para que dijera 12 de mayo.

8 Desafortunado El estadounidense George E. Spillman, de Texas, era el hombre del "número 8": murió a las 8 p.m., del 8 de agosto de 1988, a la edad de 88 años.

¡Los Muertos Vivientes!

En 1960, el escritor Ernest Hemingway, leyó su obituario en muchos periódicos después de que su avión se estrellara en África. Vivió un año más. Otros escritores también han tenido roces prematuros con la Parca. Rudyard Kipling declaró: "Los informes de mi muerte son muy exagerados". Mark Twain hizo una declaración similar: "El informe de mi muerte fue una exageración". Al director retirado de una funeraria, Charles Tomlinson, de Florida, le sucedió dos veces y leyó sus propios obituarios publicados en 1995 y 1996.

Ripley's FÉRETRO DE FANTASÍA CHINO EXHIBICIÓN NO: 21554 CONSTRUÍDO POR PAA JOE PARA UN PESCADOR DE LANGOSTAS

Muerte • Sepultura

Enterraron a un jugador llamado Louis Vieira y a su esposa en el Cementerio Pine Grove, Connecticut. El as representa a Vieira, la reina es su esposa, y los dados sólo son para decoración. La lápida está tallada en granito rosa, de manera que los corazones de las cartas en la piedra parecen reales.

Recuerdo Horripilante
En 1618, decapitaron y enterraron al famoso explorador inglés, Sir Walter Raleigh... bueno, la mayor parte. ¡Su esposa Elizabeth conservó la cabeza preservada en una bolsa por 30 años!

El Tío Ha Estado Muy Quieto...
Una tradición local en partes de Borneo era introducir el cuerpo de los muertos en una jarra y mantenerla en la casa de parientes por un año antes del funeral "oficial".

La Última de las Grandes Comidas
En la antigua Roma, Apicius, el gastrónomo, tenía tanto miedo de tener hambre que cuando se quedó sin dinero, por los gastos en sus fabulosos banquetes, se envenenó solo.

Las Cinco Más Importantes
MUERTES IRÓNICAS

1 **Francis Bacon,** científico y filósofo inglés, llevó a cabo experimentos para conservar la carne con nieve, pero pescó una gripe y murió

2 **Molière,** dramaturgo francés, enfermó y murió mientras actuaba el papel de un hipocondriaco en su obra, *El Inválido Imaginario*

3 **Bobby Leech,** temerario de Estados Unidos, sobrevivió a lanzarse por las Cataratas de Niágara en un barril de madera, luego murió unos meses después al resbalar en una cáscara de plátano

4 **Bat Masterson,** agente del orden de Dodge City, Kansas, que sobrevivió a innumerables contiendas y batallas con pistola para morir tranquilamente en su escritorio

5 **Will Rogers,** humorista de Estados Unidos, murió en un accidente de aviación en 1935, la columna del periódico que acababa de completar terminaba con la palabra "muerte".

- El monumento conmemorativo "La Lápida de la Sala" de la Familia Davis está ubicado en Kansas, en la mitad de la nada. Fue construido por John Milbert Davis, un rico granjero dueño de tierras, como monumento conmemorativo a su esposa, Sara. Estuvieron casados por 50 años, pero él le sobrevivió otros 15 años. La mayoría de las estatuas son de John y Sara en diferentes etapas de su vida, incluyendo a John con y sin barba, y una sin una mano (que él perdió en un accidente). Esta fotografía se tomó en 1933. La tumba no se completó hasta que John murió en 1947.

Alma Sensible
En 1835, Baron Gros, artista francés, estaba tan trastornado por las críticas a una de sus pinturas, que se ahogó él mismo en 1 metro (3 ft) de agua.

Abotonada
En África, una viuda de la tribu Tikarland debe usar dos botones de la ropa de su marido... una en cada agujero de la nariz.

Un Paso Final con Estilo

Los funerales pueden ser un periodo triste cuando se pone a descansar a los seres queridos, pero algunas personas han encontrado la forma de irse sonriendo... en féretros hechos a la medida.

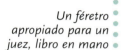

Un féretro apropiado para un juez, libro en mano

Un féretro con forma de gallina, ¡completo con todo y pollitos!

¡Los fabricantes de féretros en Ghana preparan a mano modelos de estilo individualizado! Se producen en todo tipo de formas y tamaños, ¡desde animales como águilas, vacas, pollos o cangrejos, y objetos como aviones, botes y autos de lujo, a zapatos, azadones, palas e incluso botellas! ¡Se pueden enterrar pescadores en un pez, un atleta en un tenis gigante, un vendedor de frutas en una papaya!

¡El ocupante de este féretro volará a la otra vida en este aeroplano!

Muerte • Sepultura

Mick Fowell, de Norfolk, Inglaterra, tenía una mesa para café poco común en su sala... un féretro. Por suerte, ¡está vacío!

Mickey tenía almohadas, cobijas y el calor de un solo foco para mantenerlo caliente durante su sepultura.

Enterrado Vivo
Enterraron a Mickey Bidwell, de Binghamton, New York, Estados Unidos, a 2 metros (6 ft) bajo la tierra congelada por 53 días en 1932. La caja en que lo enterraron medía 2 metros (7 ft) de largo, 53 centímetros (21 in) de ancho y 61 centímetros (24 in) de alto. Sólo había 10 centímetros (4 in) de espacio entre la tapa de la caja y su pecho. Se bajaba alimento por una abertura en la caja, y cada uno de los visitantes pagaban 10 centavos de dólar para ver por el agujero que también le proporcionaba el suministro de aire. Aumentó alrededor de 4.5 kilogramos (10 lb) mientras estuvo bajo tierra y pasó el tiempo contestando cartas de admiradores. Entre 1930 y 1936, ¡Mickey pasó un total de 365 días bajo tierra!

Una Gran Salida Tal vez el funeral más costoso y elaborado de todos los tiempos fue el de Alejandro Magno en 323 a.C. Su coche fúnebre tachonado de joyas y tirado por 64 caballos viajó más de 1,600 kilómetros (994 mi) en caminos hechos especialmente desde Babilonia para ponerlo a reposar en la ciudad que había creado: Alejandría, Egipto.

Funeral de Todo un Año El cortejo fúnebre del general chino Yi Chun viajó de Pekín a Kashgar Sinklang, una distancia de 3,700 kilómetros (2,299 mi). El funeral duró exactamente un año, de 1 de junio de 1912 a su reposo el 1 de junio de 1913.

Bien Diseñada El elaborado traje de funeral de la princesa china Tou Wan, quien murió hace más de 2,000 años, estaba hecho de 2,000 piezas de jade tejidas con alambre de oro cubierto de seda.

Volverse Humo El estadounidense Bill Johnson, de California, pidió que dispararan sus cenizas como cohetes de fuegos artificiales.

Descanse en Pedazos Los emperadores de Hapsburgo tenían sus cuerpos preservados en criptas de monasterio en Viena, Austria, sus entrañas momificadas en la catedral de San Estefan, y sus corazones en la Iglesia Augustiner.

Reír al Último
El antiguo adivinador griego Calchas previó grandes sucesos, incluso la Guerra de Troya. Estaba tan divertido de averiguar que había sobrevivido a la hora de su muerte, según predijeron los espíritus, que rió hasta la muerte... literalmente.

Quedarse Cerca Gene Roddenbury, el creador de Viaje a las Estrellas, hizo arreglos para que enviaran sus cenizas al espacio en un cohete Pegasus, que viajará alrededor de la Tierra por años.

Duro Recordatorio En Nueva Guinea, cuando muere un guerrero asmat, su hijo hereda el cráneo de su padre y lo utiliza como almohada en la noche

Duelo Silencioso En Australia, una viuda del pueblo aborigen warramunga no habla por un año después de la muerte de su pareja y se comunica con gestos y expresiones.

MARAVILLAS DE LA CIENCIA

La Libra de Un Millón de Libras

Cuando Simon Whitaker, de Oxfordshire, Inglaterra, puso a la venta en el sitio de subastas de eBay una moneda de una libra, ¡no esperaba que enfrentaría una sorprendente ganancia potencial de 1 millón de libras!

Lo que empezó como una broma creció después de que un amigo de Whitaker sugiriera que se pusiera en contacto con el periódico nacional británico *The Sun* para registrar el evento. Poco después, comenzaron a llegar ofertas al sitio de subastas por 20, 90, 120, 200 libras, ¡hasta la cantidad fenomenal de 19,500 libras! Sin embargo, cuando no podía volverse más ridículo, el octavo día de pujas, ¡llegó una oferta de más de 1 millón de libras! Al darse cuenta los honorarios potenciales que tendría que pagar a eBay en la poco probable posibilidad de que se realizara la venta, Whitaker canceló la subasta.

Antes de que la historia de la subasta de Simon Whitaker apareciera en las noticias, la moneda de libra había recibido sólo ofertas sensatas en la región de 10 a 15 peniques.

Tasan Nuestro Valor

Para poner a prueba el valor de su vida, el estudiante John D. Freyer, de Iowa, se sometió a un proyecto en 2001 para vender todas sus posesiones, ¡e incluso sus amigos! Su sitio de Internet (allmylifeforsale.com) presentaba todos los artículos que tenía para vender, desde ropa y rollos de papel de baño, hasta su contestadora telefónica que incluía un mensaje de su madre. ¡Otros artículos de la lista eran un teléfono al estilo de la década de 1970, una fotocopiadora e incluso sus dientes de la infancia! Sin embargo, los artículos más populares en venta eran experiencias como una sesión en una tina caliente o una cita para cenar con una de sus amigas. El objetivo del proyecto era determinar cuánto vale la vida de un estudiante.

El sitio de Internet de John Freyer estaba conectado con eBay, de manera que los postores potenciales pudieran registrarse al sitio de subasta y empezar a pujar por cualquiera de los artículos de la lista de su sitio de Internet. En su sitio, cada artículo se clasificaba con una breve descripción de cómo lo había adquirido y cualquier historia relacionada con él.

Internet • Comunicación

Mensajeros Muertos
El artista estadounidense de historietas Paul Kinsella ha establecido un sitio de Internet donde los vivos pueden mandar telegramas a los muertos. Cuesta alrededor de 5 dólares por palabra enviar un mensaje, que entonces se da a una persona con una enfermedad terminal que lo memoriza para llevarlo al más allá. Todos los que reciban el mensaje deben haber muerto al menos 30 días antes.

Boda Textual :>) Una pareja noruega que se conoció mediante mensajes de texto, se casó en una cabina telefónica de Oslo en 2003. Los enamorados a larga distancia Grete Myrslett y Frode Stroemsoe tuvieron su romance por teléfono y escogieron sus anillos de boda antes de siquiera conocerse en persona. Las 100 invitaciones a la boda se enviaron en mensajes de texto.

¡Ve a Tu Habitación! En 2002, Chris Phillips de Hampshire, Inglaterra, trabajó desde su recámara para establecer su propio negocio de Internet mientras aún estaba en la escuela. Un año después, a los 18 años de edad, vendió el 90% de su compañía, que ahora tiene más de 100 empleados y tiene siete oficinas con sede en Estados Unidos y Canadá, ¡por la sorprendente cantidad de 3.5 millones de dólares!

No Es Broma Científicos en Australia han elaborado un programa de computadora que permite que la gente se registre en las computadoras mediante reírse.

"analiza la voz de los perros"

Los surfistas del cielo Tim Porter y Chris Gauge llevaron el concepto de "surfear en la red" a un nuevo nivel cuando unieron una computadora portátil a una de sus tablas y trataron de enviar un mensaje de Internet mientras estaban en caída libre.

Rente una Vaca El granjero suizo Paul Wyler subió fotografías de sus vacas a Internet con la idea de rentar los animales a amantes de quesos.

El fabricante de juguetes japonés Takara desarrolló un aparato que permite a los dueños comprender a sus perros. El aparato, llamado "Bowlingual", analiza el ladrido de un perro y otros ruidos más empleando un micrófono inalámbrico en el collar del perro.

Aunque Ud. No Lo Crea de Ripley

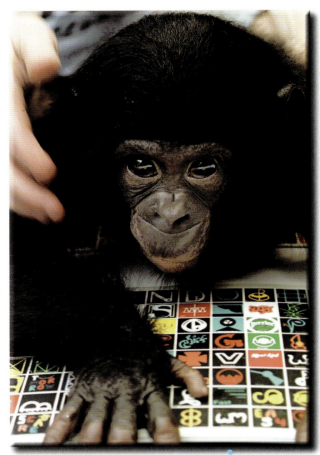

La doctora en zoología Susan Savage-Rumbaugh ha diseñado un método de comunicación para el mundo de los simios. Su investigación ha demostrado que es posible enseñar a los chimpancés cómo comunicarse empleando símbolos como parte del lenguaje de señas.

Suerte de Olla Una olla de café que compraron hace diez años en 43 dólares estudiantes de computación de la Universidad de Cambridge, Inglaterra, se convirtió en tal imagen de culto en la Internet, ¡que hace poco se vendió en 5,750 dólares! Cansados de recorrer su edificio de siete pisos sólo para encontrar la olla de café vacía, los estudiantes prepararon una de las primeras cámaras de Internet de manera que pudieran verla sin dejar sus escritorios. La olla se convirtió en un gran éxito cuando cientos de miles de cibernautas de todo el mundo entraban al sito para ver la imagen.

Venganza Telefónica En 2003, el columnista de Estados Unidos Dave Barry se vengó de compañías de ventas por teléfono al publicar el número telefónico de la Asociación Estadounidense de Ventas por Teléfono en el periódico *The Miami Herald*, y pedir que los lectores llamaran. Miles siguieron el consejo y ¡obligaron a la Asociación a dejar de responder el teléfono!

Llévense a Mi Padre Nina Gronland, de Trondheim, Noruega, estaba tan irritada de que su padre viviera con ella, ¡que decidió ponerlo en subasta en un sitio de Internet! El anuncio para el taxista Odd Kristiansen, de 52 años de edad, decía: "Regalo a mi padre a una mujer agradable de Trondheim. Mi papá es alto, moreno, delgado y está en su mejor edad. Estoy cansada de que viva conmigo. Los muebles se dan con él. ¡En serio!"

Salvado en Segundos Una iglesia en Hokksund, Noruega, ofrece la salvación en 12 segundos a cualquiera que lea una oración en su sitio de Internet.

Compra un Pueblo Usado
El pueblo del norte de California, Bridgeville, se convirtió en el primer pueblo en venderse en Internet, cuando lo compró un postor misterioso en el sitio de subastas de Internet de eBay por casi 1.8 millones de dólares en diciembre de 2002. Con 33 hectáreas (82 acres), Bridgeville está completo con una oficina postal, un cementerio y más de una docena de cabañas y casas. Lo pusieron en venta cuando los dueños anteriores no pudieron permitirse los 200,000 dólares necesarios para renovar el pueblo. La puja empezó con 5,000 dólares y se hicieron casi 250 ofertas, excediendo con facilidad el precio pedido de 775,000 dólares.

Siesta Segura ¡Hay más teléfonos en la ciudad de New York que en toda España!

Cuenta Inflada Un hombre de Yorkshire, Inglaterra, recibió una cuenta de gas por la sorprendente cantidad de 3.9 millones de dólares en 2003, luego de una confusión. Cuando la compañía de gas se enteró de la queja del hombre, revisaron el error y corrigieron la cuenta a la suma principesca de 101 dólares.

Cambio de Sexo
Usuarios de Internet en China pueden comprar máquinas para alterar la voz que hace que un hombre suene como mujer y viceversa. Los aparatos, que se pueden conectar a un teléfono, cuestan 12 dólares cada uno y se han vendido bien, principalmente a personas que tratan de averiguar si su pareja está teniendo una aventura.

> "Pueblo del norte de California vendido en Internet por 1.8 millones de dólares"

Ciberviajeros Campeones Estados Unidos tiene el récord de viajar en Internet, con un poco más de 24 por ciento del uso total del mundo.

Correo Caliente La cantidad de correo chatarra que reciben los estadounidenses en un día podría producir suficiente energía para calentar 250,000 casas.

Internet • Comunicación 133

Cansado de que se le preguntara cuándo iba a sentar cabeza y a casarse, David Weinlick escogió una fecha al azar... 13 de junio de 1998. A los 28 años de edad, con la fecha límite acercándose y sin novia a la vista, ¡decidió solicitarla por Internet! Sus amigos y familia escogieron a la novia de una lista audaz de candidatas después de una sesión de entrevistas. Elizabeth Runze fue la afortunada que recorrió el pasillo en el centro comercial de Minneapolis, ¡sólo unas horas después de conocer a David por primera vez!

Dicha en Internet Desde el inicio de 2004, parejas en Rusia se han podido casar mediante Internet.

Beneficio de la Red para la Novia Una mujer de Florida se sorprendió al descubrir en Internet que su novio había puesto un mensaje en Internet en que le proponía matrimonio. Natalie Thilem, de Fort Lauderdale, estaba buscando joyería en el sitio de eBay, cuando encontró unido a un anillo de compromiso de forma de corazón una propuesta de Shane Bushman. ¡Dijo que sí!

Una decisión de un tribunal islámico decretó que es aceptable que para que un hombre se divorciara de su esposa le enviara un mensaje de texto al celular, que dijera "Me divorcio de ti" tres veces.

Aunque Ud. No Lo Crea de Ripley

Doctor Vuela al Rescate

Cuando el cirujano escocés Angus Wallace abordó su vuelo de Hong Kong a Londres en 1995, no sabía que estaba a unas horas de tener que realizar una cirugía importante en otro pasajero... empleando sólo un gancho para ropa y diversas herramientas rudimentarias.

CURAS DE LA ANTIGÜEDAD

- **Tos ferina:** Pasar tres veces a un niño bajo el vientre de un burro
- **Meningitis:** Partir una paloma por la mitad y poner ambas partes, con el corte hacia abajo, encima de la cabeza del paciente
- **Dolor de dientes:** Los romanos solían atar sapos a su mandíbula
- **Diarrea:** Una forma antigua de salsa catsup era una cura popular a finales del siglo XIX
- **Problemas respiratorios:** Llevar a un niño por en medio de un rebaño de ovejas
- **Reumatismo:** Una cura medieval común era llevar una musaraña muerta en la bolsa

El profesor Angus Wallace llevó a cabo la operación empleando un catéter, una botella de brandy, los instrumentos de un equipo médico y un gancho para ropa de alambre, todo encontrado a bordo del avión.

Un pasajero saludable no siente efecto alguno de la reducción de la presión aérea, pero Paula Dixon había sufrido antes de colapso del pulmón como resultado de un choque de moto y, en consecuencia, era susceptible a los problemas respiratorios. Wallace tenía que aliviar un neumotórax de tensión (aire atrapado como resultado de una disfunción en el interior del pulmón) empleando sólo los instrumentos disponibles a bordo del avión. La operación fue un éxito total y Wallace más adelante recibió un premio profesional por el hecho.

Madres de Medio Tiempo En 1936, a la edad de 17 años, Louise Madeline Pittman, de Atlanta, Georgia, decidió dividir su tiempo entre dos grupos de padres ya que por una confusión del hospital cuando ella nació, fue imposible determinar su madre real.

Boleto a la Audición En 1995, ¡médicos de Suecia restauraron la audición de un sordo al retirar un boleto de autobús que había estado alojado en su oído por 47 años!

Armas Peligrosas Todos los años, alrededor de 8,800 personas se lesionan empleando palillos.

¡Grrr! La actriz Sarah Bernhardt una vez consultó a un médico respecto a que se le injertara la cola de un tigre a la base de su columna vertebral.

Medicina

Dimbeswar Basumatary, de la India, ¡ha sorprendido a los médicos porque puede ver fijamente el sol por horas interminables sin siquiera parpadear! Por supuesto, ¡esto nunca lo debe intentar hacer nadie!

Apuestas Enfermizas En 1980, un hospital de Las Vegas suspendió a trabajadores por apostar sobre cuándo morirían los pacientes.

Disminuir el Dolor ¡Se negó tratamiento para dolor de muelas a un argentino en 2002 porque sus registros médicos mostraban que había muerto en 1980! Rafael Lanizante pensó que era una broma hasta que vio su propio certificado de defunción. Mientras se investigaba el lío, al menos hubo una buena noticia para Lanizante... con toda la confusión, ¡desapareció su dolor de muelas!

DARLO TODO

El general Francis T. Nicholls perdió el brazo izquierdo en la Batalla de Winchester, en 1862, y su pie izquierdo en Chancellorsville en 1863, sin embargo continuó sirviendo como oficial confederado hasta el final de la Guerra Civil de Estados Unidos. En 1876, lo eligieron como gobernador de Louisiana, después de ofrecer a los electores "lo que queda del general Nicholls".

Mordida Profunda Cuando a Kevin Morrison, de Rockford, Illinois, lo mordió un tiburón nodriza de 1 metro (3 ft) de longitud en 1998, los médicos tuvieron que retirar quirúrgicamente al tiburón de su pecho.

Bala Lenta Bruce Levon, de Grosse Pointe, Michigan, recibió accidentalmente un balazo en la cabeza en 1983... ¡pero no lo supo hasta que los médicos descubrieron la bala en unos rayos X nueve años después!

¿Te Han Examinado la Cabeza?

Aunque no lo creas, ¡esta máquina extraña se empleaba para determinar la salud de una persona y su felicidad! La caja de alambre que se ajustaba sobre la cabeza y la máquina "leían" las protuberancias de la cabeza de la persona sentada. Una impresión mostraba el desarrollo de cada una de las 32 facultades que los creyentes creían que determinaban el bienestar de una persona. Esta pseudociencia, conocida como frenología, se empleó para determinar el mejor candidato presidencial en la elección de 1848. Zachary Taylor ganó, pero murió poco después.

Fabricada en alrededor de 1908, se suponía que esta máquina podría determinar el bienestar de la persona sentada.

Un puesto armado a principios del siglo XX albergaba a frenólogos que se ganaban la vida haciendo lecturas.

Aunque Ud. No Lo Crea de Ripley

Amamantado por Papá

En 2002, se informó que un habitante de Sri Lanka, cuya esposa murió mientras daba a luz, a su segundo hijo, pudo amamantar a su hija mayor. El señor B. Wijeratne, de Walapanee, cerca de Colombo, descubrió su talento después de que su hija de dieciocho meses se negó a tomar leche de fórmula. Dijo: "Estaba acostumbrada a la leche de su madre y rechazó la leche en polvo de manera que traté de alimentarla con una botella. Como no podía verla llorar, le ofrecí mi seno. Es cuando descubrí que podía amamantarla". Los médicos dicen que hombres con una hormona prolactina hiperactiva podían producir leche de seno.

Hablar Hasta Morir Edward Dilly (1732-79), de Londres, Inglaterra, nunca dejó de hablar... incluso al dormir. Los médicos certificaron que ésta fue la causa real de la muerte.

- ¡Se requirieron 600 horas para crear este esqueleto dentro de una botella! Los huesos se tallaron con madera dura de arce y después se introdujo por el estrecho cuello y se ensambló en el interior de la botella.

Fecha Caducada Se descubrió que un frasco de metal romano desenterrado en una excavación arqueológica en Londres, en 2003, contenía un ungüento de 2,000 años.

Izquierdo Derecho, Derecho Izquierdo Una francesa nació en 1869 con dos pelvis y cuatro piernas. Se casó y dio a luz a dos hijos normales.

- Este marcapasos que usa Scott McIver, es del tamaño de una moneda de 50 peniques. ¡El primer marcapasos que había existido era demasiado grande para acomodarse en el cuerpo humano!

Insomne en Rumania En diciembre de 2003, médicos en Budeasa, Rumanía, estaban perplejos por una mujer que afirmaba no haber dormido por ocho años. Maria Stelica, de 58 años de edad, empezó a tener insomnio cuando murió su madre en 1995 y ha estado despierta desde entonces.

Autoexamen Dale Eller, de 22 años de edad, entró a una estación de policía en Columbus, Ohio, en 1990 y solicitó una prueba de rayos X para localizar su cerebro. Mostró a los desconcertados policías un agujero en su cráneo, que dijo que había hecho con un taladro de poder y por el que había insertado un pedazo de alambre de 8 centímetros (3 in) en un intento fallido por encontrar su cerebro. Posteriormente, cirujanos extrajeron parte de un gancho de ropa de alambre de su cabeza.

Paciencia Persistente Entre 1929 y 1979, el hipocondríaco británico William McIlroy se sometió a 400 operaciones y permaneció en más de 100 hospitales diferentes empleando 22 nombres falsos.

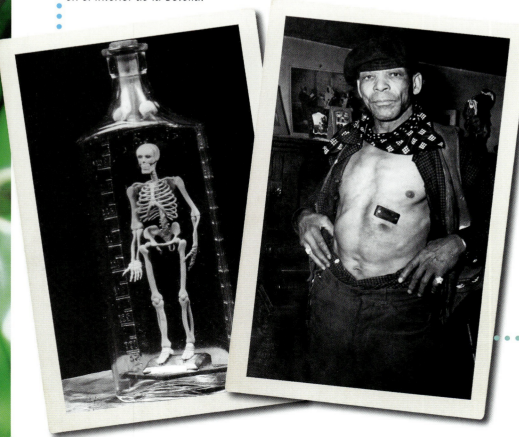

El "jefe" sioux Couzzingo, de Oxford, Ohio, se pegó una costilla rota al esternón empleando un destornillador... ¡sin anestésico!

Hiro Takeuchi trabaja para el Instituto Hola al Mañana y al Nuevo Cuerpo, en Japón, donde crea partes del cuerpo humano artificiales de silicón y cloruro de vinilo. Estas partes, entre las que están oídos, senos, piernas y brazos, las compran en 245 dólares o más personas que han perdido partes corporales por enfermedad o accidente.

Cambiar de Canal Hospitalizaron a Bryan Allison, de 24 años de edad, en Buffalo, New York, en 2001, después de caer 6 metros (20 ft) mientras arrojaba la televisión desde el balcón del segundo piso de su casa. Estaba viendo la repetición en cinta de video de un juego de postemporada de la Liga Nacional de Hockey de Estados Unidos de 1989 y se molestó de nuevo de que su equipo hubiera perdido. Enojado, tomó la televisión y la lanzó por el balcón... ¡pero se olvidó de soltarla!

Hart es el Problema Dianne Neale, estadounidense de 49 años de edad, sufrió ataques epilépticos en 1991, siempre que escuchaba la voz de la anfitriona del programa *Entretenimiento Esta Noche*, Mary Hart. ¡La presentadora de televisión incluso se disculpó al aire por la angustia que le causaba!

Chocolates por los cuales vivir

El confitero alemán Adolf Andersen cree que ha creado los primeros chocolates antienvejecimiento. Afirma que los ingredientes que componen los dulces Felice (chocolate oscuro, mango y leche de soya) no sólo harán que estés feliz, sino que de inmediato te harán sentir 15 años más joven.

John Evans sufrió lesiones graves después de que lo golpeara un tren. ¡Se despertó para descubrir que le habían unido la mano izquierda al brazo derecho!

Ataque Epiléptico Televisivo A las 6:50 p.m. del 16 de diciembre de 1997, 685 personas en Japón, la mayor parte niños, sufrieron al mismo tiempo ataques epilépticos. Después de una investigación, se descubrió que todos habían estado viendo la caricatura de televisión *Monstruos de Bolsillo* y que los ataques epilépticos fueron causados por el centelleo en el programa de luces rojas y azules.

Se Siente el Calor La temperatura más elevada que se ha producido la crearon científicos de la Universidad de Princeton en 1978. ¡Se las arreglaron para generar una temperatura de 70 millones de grados celsio!

Palabra Hablada Científicos han creado una máquina que escanea las palabras en un libro, sin importar el tipo de letra y alimenta la información a una computadora, que las traduce al inglés escrito para quienes tienen deficiencias visuales.

Malavaristas de los Genes

Mientras que los dueños de mascotas estadounidenses claman por perros de diseñador como el Labrapoodle (una cruza entre Labrador y Poodle), científicos de todo el mundo experimentan con la naturaleza para crear nuevas cruzas.

La nueva raza de pollos sin plumas, desarrollada en Israel, está diseñada para no sufrir con el calor como sucede con muchas aves con plumas.

Científicos israelitas hace poco presentaron un pollo rosa brillante sin plumas, su fealdad es compensada por el hecho de que no necesita desplumarse. Y en agosto de 2003, un parque de safari japonés reveló al mundo el único "zenkey"... un animal que parece un burro en pijama, como debería ser ya que es una cruza entre un burro y una cebra.

Desarrollado en Dubai, ¡el "cama" (mitad camello, mitad llama) es el primero en su tipo!

HECHOS DE LA INVESTIGACIÓN

- Los cacahuates son un ingrediente que se emplea para hacer explosivos
- La atmósfera recibe la lluvia de 750,000,000,000,000,000 meteoros cada 24 horas
- Los fragmentos de vidrio que se rompe pueden moverse a velocidades de hasta 4,800 kilómetros por hora (3,000 mph)
- Todo el oro que se ha extraído en el mundo hasta la fecha sólo haría un bloque del tamaño de una cancha de tenis y tan alto como una barra de oro de 11,340 gramos (400 onzas)
- Una bola de golf que golpean gira alrededor de 8,000 revoluciones por minuto

El "zenkey", desarrollado en Japón, tiene madre burro y padre cebra.

Experimentos Científicos

¡Científicos de Inglaterra y Holanda han desarrollado una forma para levitar ranas con magnetismo! Al poner a la rana en un tubo magnético y crear un débil campo magnético en sus átomos, se genera una fuerza opuesta. Esto supera la fuerza de la gravedad... igual que dos polos opuestos que se separan. ¡Podría ser sólo asunto de tiempo antes de que se pueda levitar a los humanos de esta forma!

Una Gota en el Océano Científicos calculan que existe el mismo número de moléculas en una cucharada de agua que de cucharadas de agua en el Océano Atlántico.

CARDUMEN DE PECES
Científicos de la Universidad de Plymouth, Inglaterra, afirman que los peces pueden calcular la hora. Entrenaron peces que mantenían en un tanque a alimentarse presionando una palanca para liberar el alimento. Aunque el alimento sólo se podía obtener por una hora, los peces rápidamente averiguaron cuándo llegaría. Expertos demostraron hace poco que los peces tienen al menos memoria de tres meses.

Aromas Médicos Científicos de Brasil han presentado un perfume en forma de píldora que se toma tres veces al día.

Robot Agitado En 1992, ¡científicos de San Francisco inventaron un robot que podía mezclar 150 bebidas diferentes y añadir el agitador del bar!

Campaña de Ombligos Karl Kruszelnicki, científico de la Universidad de Sydney, Australia, escribió un estudio de pelusa en el ombligo después de examinar muestras de 5,000 personas.

Eludir Gotas de Lluvia Los científicos Trevor Wallis y Thomas Peterson, del Centro Nacional de Datos Climáticos, en Asheville, Carolina del Norte, han descubierto que una persona que camina en la lluvia queda 40% más mojado que una persona que corre en ella.

Desaparecido, Pero No Olvidado
Se declaró extinto al tigre de Tasmania en 1936, pero un cachorro conservado en etanol por 130 años podría ser la clave para revivir la especie. ¡Científicos australianos han replicado con éxito el DNA del espécimen y planean recuperar la especie de la extinción!

- No se ha visto al tigre de Tasmania por más de 70 años, pero los científicos ahora esperan recrear al animal en los próximos diez años.

El cachorro de tigre de Tasmania preservado es la clave para revivir la especie.

ROBOBAILARÍN

Científicos japoneses han creado un robot bailarín que es capaz de dejar que lo conduzca un bailarín humano. El Robot de Baile Móvil e Inteligente predice el siguiente movimiento del bailarín mediante una presión de la mano que se aplica a su espalda. Equipado con una computadora, sensor, baterías y cuatro ruedas, puede moverse en cualquier dirección y tiene suficiente memoria para los pasos necesarios para bailar un vals.

Páginas Con Vida Media Los cuadernos de notas en que Marie y Pierre Curie registraron detalles de sus experimentos con radio hace casi 100 años aún son peligrosamente radiactivos.

Dos alpinistas en los Alpes Oetztaler descubrieron una momia de glaciar... un hombre deshidratado en frío. "Otzi", como se le llamó, se preservó en el hielo por alrededor de 5,000 años a una altura de alrededor de 3,000 metros (10,000 ft). Científicos en Italia lo descongelaron con la esperanza de aprender más sobre su estilo de vida.

No Pegajoso En su forma líquida, el mercurio se puede vaciar de un frasco y, sin embargo, el interior del frasco queda totalmente seco.

Abejas para Oler Investigadores de la Universidad de Montana han entrenado abejas para oler minas terrestres. Al parecer, las abejas no sólo tienen un mejor sentido del olor que los perros, sino que también aprenden más rápido.

Fría Lógica Albert Einstein no sólo elaboró la Teoría de la Relatividad... ¡también diseñó refrigeradores!

Del Tamaño de un Bocado Para satisfacer a la creciente población en Japón de personas solas, los científicos han creado diversas verduras enanas, lo que incluye minicoliflores y rábanos de la mitad del tamaño.

Renacimiento de Bacterias Científicos en Chicago revivieron bacterias y algas congeladas de 2,800 años de antigüedad, que se encontraron latentes en un lago de la Antártida.

La científica alemana Ursula Plate, de la Universidad Médica de Lübeck, ¡ha desarrollado una cura para los que temen volar! Los lentes de tercera dimensión simulan un vuelo turbulento, pero seguro, de Hamburgo a Munich.

Carpa Capta el Ritmo Científicos del Instituto Rowland para la Ciencia, en Massachusetts, ¡han enseñado a carpas Koi a detectar la diferencia entre música clásica y blues!

Pavos Tranquilos En el periodo previo a la Navidad, los granjeros de pavos en Inglaterra tocan discos compactos de "relajación" a sus aves. Los granjeros sugieren que tocar música a sus pavos tiene un efecto tranquilizador en ellos y, como consecuencia, mantiene suave su carne.

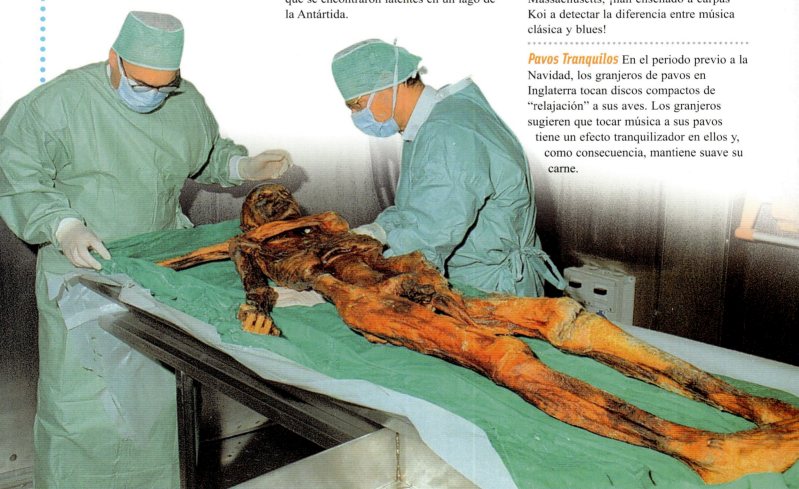

Lucha por la Libertad
Gaak, un "robot viviente" programado para pensar por sí mismo, llevó a cabo un atrevido escape de su complejo en Rotherham, Inglaterra, en 2002. Se escapó de su cercado, viajó por una rampa de acceso, cruzó la puerta del frente del Centro Magna Science y al final lo descubrieron en la entrada principal al estacionamiento, ¡después de que casi lo atropellara un visitante! El profesor Noel Sharkey comentó: "No hay necesidad de preocuparse, ya que a pesar de que pueden escapar, son totalmente inofensivos y no van a tomar el poder todavía".

Terror en las Perchas Dos inventores escoceses han diseñado un ave de presa robótica para espantar a las palomas al acechar en su territorio. El halcón peregrino volador de fibra de vidrio puede mover la cabeza y lanzar las llamadas de un ave real. El creador, Bob McIntyre, dice: "El ave es de tecnología muy moderna. Incluso puede mandar una llamada telefónica para dejarle saber que la batería se está agotando".

Mosca de Sol Científicos del gobierno de Estados Unidos han preparado una diminuta mosca robótica con alas impulsadas por energía solar que pesa sólo 0.1 gramos (0.004 oz)... ¡menos que un clip de pequeño tamaño!

Tatuaje por Confianza El electricista australiano Niki Passath ha creado a Freddy, el primer robot para hacer tatuajes del mundo. Pero no puede escoger el diseño que quiere... el cerebro computarizado de Freddy, que está programado con diseños artísticos, se encarga de eso.

Píldora de Bárbara El doctor Adolph Von Baeyer (1835-1917), químico de Berlín, Alemania, quien descubrió el ácido barbitúrico (que nos dio los barbitúricos) no nombró a su descubrimiento por un ingrediente, ¡sino en honor a una novia llamada Bárbara!

Juego de Números Benjamín Franklin, el estadista, científico e inventor, nació el 17 de enero de 1706, fue uno de 17 hijos, comenzó su carrera en Filadelfia a los 17 años y murió el 17 de abril de 1790.

¡Se encontró intacto el cuerpo casi perfectamente preservado de este dinosaurio scipionix bebé, comedor de carne! ¡Incluso se pueden ver restos de hígado, intestino grueso, tráquea y músculos! Los científicos piensan que vivió hace alrededor de 110 millones de años.

No Necesita Dejar Propina Un hotel en Atlantic City, New Jersey, exhibió a Rich, un robot de 1.5 metros (5 ft) de altura cuyos deberes incluían mezclarse con los invitados y llevar comidas de servicio a la habitación. La administración se negó a dejarlo apostar en el casino por miedo a que estuviera equipado para hacer trampa con cámaras ocultas.

El Premio Innoble Has escuchado del Premio Nobel... bueno, ¡éste es el Premio Innoble! Los ganadores deben lograr dos metas: tienen que hacer reír a la gente y deben hacer que piensen. Los participantes en 2003 de las categorías de física y medicina por los premios han presentado informes sobre "Un Análisis de las Fuerzas Requeridas para Arrastrar Ovejas Sobre Diversas Superficies" y "Cambio Estructural Relacionado con la Navegación en el Hipocampo de Taxistas".

Fe en el Aire

Es posible que se hayan escuchado las oraciones de los practicantes de religiones que por años han soportado bancas duras de madera de la iglesia gracias a una iglesia inflable que se desarrolló cerca de Londres, Inglaterra.

Además de bancas inflables, el edificio de 14 metros (46 ft) de alto contiene órgano, altar, púlpito y velas… ¡incluso ventanas inflables de vidrio entintado! Hasta 60 fieles pueden entrar a esta invención.

¡Visitantes prueban los asientos de la iglesia inflable a la vista del público en la Exhibición Nacional de Recursos Cristianos en 2003!

¡Se necesita menos de una hora para inflar la iglesia rebotadora de plástico!

Cierra la Tapa El diseñador holandés Hans Rademaker ha creado un librero que se puede convertir en féretro después de la muerte del dueño.

Llámenlo Vodka En 1997, investigadores de la Universidad de Idaho, desarrollaron una papa para clima frío que produce su propio anticongelante.

¿Quién Necesita una Esposa? Una compañía alemana ha construido la primera máquina lavadora parlante. Habla con una amistosa voz femenina, "Hermine" da consejos de cómo cargar la máquina y lograr los mejores resultados de la lavada. También puede comprender complejas órdenes habladas.

Nieve en el Patio ¡Una compañía estadounidense vende una máquina que hará nieve real en su patio durante la noche!

PROBLEMA RESUELTO
Rick Hartman, fabricante de juguetes de Issaquah, Washington, ha inventado un barquillo motorizado para helado con el fin de eliminar la tensión a la lengua causado por lamer el helado. "La tecnología del helado se ha estancado los últimos 200 años", comentó Hartman. Un motor dentro de un barquillo de acrílico está conectado a un botón activador, que, cuando se presiona, hace que el cono gire sin mover la lengua.

Inventos

Charlie Miller, un famoso guía de Boston, exhibió la invención de las raquetas para nieve, ¡quien caminó 360 kilómetros (223 in) en ellas!

Come Todo Investigadores de la Universidad Estatal de Campinas, en Brasil, han creado una película transparente para envolver alimentos comestibles, hecha de harina de amaranto.

Rociador de Miedo Mary Elizabeth Feldman, de Charleston, Carolina del Sur, inventó el Alejafantasmas, ¡un rociador de camomila (manzanilla) que se usa contra fantasmas y monstruos!

Eau de lo que Sea ¡Christopher Brosius de la ciudad de New York crea fragancias para personas que desean oler como langostas, dientes de león, galletas o incluso tierra!

Reloj de Oído Reginald M. Grooms, de Conway, Carolina del Sur, inventó un reloj de alarma que se usa dentro del oído.

Zapatos Despertadores Científicos de la Universidad de Boston, Massachusetts, han desarrollado plantillas vibradoras que se emplean dentro de los zapatos. Las vibraciones al azar amplifican las señales relacionadas con el equilibrio entre los pies y el cerebro, que se adormecen con la edad. Se espera que los nuevos zapatos impidan que las personas de edad avanzada pierdan el equilibrio y sufran caídas.

LAS CINCO MÁS IMPORTANTES
INVENCIONES ANTIGUAS

Algunas invenciones que se emplean todos los días han estado entre nosotros por un tiempo sorprendentemente largo.

1. **Peine:** aproximadamente 8,000 a.C.
2. **Cirugía plástica:** siglo III a.C.
3. **Paraguas:** siglo II a.C.
4. **Píldoras para dormir:** siglo I a.C.
5. **Libro de Cocina:** 62 d.C.

Este vehículo de 4.5 metros (14.8 ft) tiene la forma de un submarino, ¡pero el periscopio está formado por una cámara de video y la torreta de una lavadora! Inventado por Jo L'Tessier ¡el vehículo se mueve con electricidad y puede alcanzar velocidades de 20 kilómetros por hora (12 mph)!

El Festival Internacional Hombre Pájaro, en Bognor Regis, Inglaterra, todos los años atrae a las mentes más inventivas, incluyendo a Sir Richard Branson. Los participantes crean máquinas voladoras personales y las ponen a prueba al límite al saltar desde el extremo de un muelle.

No Son Bienvenidas las Ideas Nuevas En 1875, el director de la Oficina de Patentes de Estados Unidos sugirió que se cerrara ese departamento ya que, en su opinión, no quedaba nada por inventar. ¡Qué equivocado estaba!

Sin Graznidos Inventores argentinos han presentado un pato de hule con correa, que afirman combatirá el cansancio en los conductores. El Duckmaster se sujeta alrededor del cuello y comienza a graznar si la cabeza del usuario se desploma hacia el frente.

Ratón de Estado de Ánimo Una compañía en California ha desarrollado un ratón para computadora que puede sentir las emociones de la persona que lo emplea. El Ratón de las Emociones puede medir el pulso, la temperatura y la resistencia de la piel para identificar estados de tristeza, felicidad o ira.

Inflación Repentina El inventor japonés Katsu Katugoru, cuyo mayor temor es morir ahogado, ¡ha creado ropa interior inflable! Algo inconveniente es que la prenda accidentalmente se infló a 30 veces su tamaño original en un metro lleno.

¡Para Él! Para evocar los recuerdos del célebre Oktoberfest, el homenaje anual a la cerveza en Munich, el dueño de un bar alemán, Peter Inselkammer, ¡ha creado un nuevo perfume que huele a cerveza rancia y colillas de cigarrillos! Cuesta alrededor de 160 dólares la botella.

A Girar Cuando Joseph Gayetty inventó el papel de baño en 1857, hizo que se imprimiera su nombre en cada hoja.

Temor Desterrado El inventor del foco de luz, Thomas Edison, temía a la oscuridad.

Mesa Caliente Richard E. Mahan, de Houston, Texas, ¡inventó un mantel electrificado para impedir que los insectos aterricen cerca del alimento!

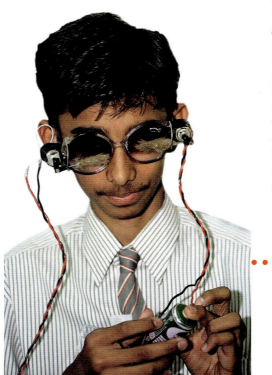

Estos limpiadores automáticos para anteojos fueron presentados por un estudiante hindú aspirante al Premio de Joven Inventor, en Bangalore.

¡Hacer una Nota! Laszlo Biro, inventor del bolígrafo, perdió una fortuna al olvidar patentarla en Estados Unidos.

BURBUJAS DE PIZZA
Ducio Cresci, fabricante de cosméticos de Florencia, Italia, ha diseñado una nueva gama de productos para baño que huelen a pizza. Emplea extracto de jitomate además de aceites esenciales de albahaca y orégano, ha creado burbujas para baño, jabón y loción para el cuerpo de lujo... todas con el gran aroma de pizza. Dice: "El baño de burbujas tiene un aroma especialmente fuerte al bañarse en él, pero una vez fuera del agua, deja un rastro irresistible de aroma en la piel". Cresci, expresentador de televisión, no se detuvo ahí. Su variedad de Experimenta también incluye jabón capuchino, loción para el cuerpo de pan de toscano y aceites que huelen a chocolate, pastel y goma de mascar.

Gran Cantidad de Dinero en el Seguro En 1849, el mecánico Walter Hunt, de New York, creó el seguro... por accidente. Estaba retorciendo un alambre ociosamente mientras trataba de pensar en algo que le permitiera pagar su deuda de 15 dólares.

Para los que Sopean Dominic Skinner, de Inglaterra, inventó una taza de café con un cajón incorporado para guardar tres galletas... sin que se remojen.

Inventos 145

Primeros Zapatos de Árbol Los zapatos de caucho se hicieron por primera vez en Brasil, alrededor del año 1820, ¡al sangrar a un árbol de hule y dejar la gota de látex líquido en los pies desnudos de trabajadores locales! Después de que el hule se secaba, se retiraban los zapatos y se exportaban a Estados Unidos para la venta.

Los "pyon-pyon" o zapatos para saltar son una creación reciente del doctor japonés Joshino Nakamatsu, quien ya tiene la sorprendente cantidad de 2,300 patentes a su nombre. Hechos de plástico con un resorte para dispersar el peso de quien los usa, le devuelven brío a tu paso.

Papeles Voladores En 1972, Robert Lamar, de Houston, Texas, patentó un diseño para un camión que automáticamente lanzaría periódicos a los jardines de los suscriptores.

Ideas en Movimiento Basándose en la teoría de que la estimulación física de las caderas ayuda a aliviar el estreñimiento, en 1966 el inventor estadounidense Thomas J. Bayard inventó un asiento de baño vibrador.

CIRCULACIÓN CREATIVA

- Las primeras teteras eléctricas necesitaban 12 minutos para hervir
- Se produce suficiente Velcro® cada año para estirarse y cubrir el mundo dos veces
- La primera ayuda para la audición pesaba 7 kilos (16 lb) y se debía poner sobre una mesa
- En su primer año a la venta, sólo se vendieron 51 máquinas para afeitar en Estados Unidos
- Las primeras grabadoras de video eran del tamaño de un piano
- No se hacían zapatos para pie derecho e izquierdo hasta 1785

Puntiagudo En 1914, Natalie Stolp, de Filadelfia, diseñó un implemento para desalentar a los hombres de frotar la pierna contra el muslo de una dama en un tren o carruaje atestado. Un resorte sujeto a la enagua de la dama respondía a la presión liberando un pico corto y filoso en la carne del ofensor.

Un capitán de barco inventó la dona para ajustarla al asa de un timón. Durante una tormenta en 1850, el capitán Hanson Gregory, capitán del navío Donat, presionó un "pan entero" sobre un asa del timón con el fin de tener ambas manos libres para dirigir el barco, ¡y así nació la dona!

Aunque Ud. No Lo Crea de Ripley

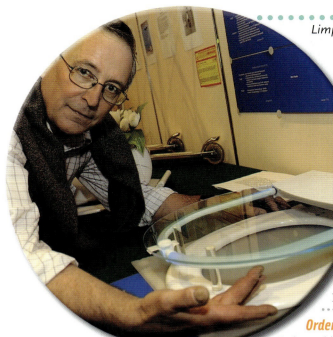

Limpiar el asiento del baño nunca ha sido más fácil que con el "elemento desinfectante" del inventor suizo Juerg Lumpert. La creación demente por la locura emplea una longitud de onda de luz ultravioleta, que está suspendida sobre el asiento, lo que hace innecesaria la utilización de desinfectante.

"limpia el baño empleando ondas de luz suspendidas"

Bote de Estaño El inventor del hovercraft, Christopher Cockerell, construyó su modelo de prototipo con una lata vacía de alimento para gato, una lata de café y una aspiradora.

Para Salir Un inventor australiano elaboró una pantimedia que tiene tres piernas... en caso de una de las otras dos tenga una corrida.

Cabeza para Cerveza Randy Flann, de Milwaukee, Wisconsin, ¡ha inventado gorras que tienen forma de balón de futbol americano, de beisbol o de básquetbol y que también es un barril que contiene cerveza!

No Más Perros Mojados Celes Antoine, de Forestville, Maryland, ¡inventó una sombrilla para perros que se sostiene sola!

Orden de Picoteo En 1902, Andrew Jackson, hijo, de Tennessee, patentó un protector de ojos con forma de un par de lentes en miniatura para pollos, con el fin de prevenir que las gallinas los piquen.

¡Fuera Sombreros! En 1920, Alan Dawson, de Jacksonville, Florida, inventó un sombrero con peine incorporado.

Darse Palmadas En 1986, el estadounidense Ralph R. Pire, de Lindenhurst, New York, diseñó un aparato con un brazo mecánico sujeto al hombro que permitía a quien lo usaba darse una palmada en la espalda siempre que sentía la necesidad de un apoyo psicológico.

Esta novedosa invención naval simula el balanceo y cabezada de un barco en una tormenta y se empleaba para medir el nivel de mareo en los marineros.

ESPEJO PARA LA CERA DEL OÍDO

Justin Letlow, de Bend, Oregon, inventó un espejo de oído para ayudar a que la gente se limpie los oídos y evite la "vergüenza de la cera en los oídos". Presenta dos espejos pequeños ajustables conectados por un asa de plástico flexible. Los usuarios mantienen un espejo cerca de su oreja y el otro frente a sus ojos. Al explicar la necesidad de esta invención, dice: "No puedo pensar en cuántas veces he visto un juego en la televisión y cuando hacen un acercamiento del entrenador, ahí está un pedazo grande y viejo de cera".

Inventos 147

Es posible viajar a 20 kilómetros por hora (12 mph) con el Transportador Humano Segway™, inventado por Dean Kamen. Es un vehículo de dos ruedas con poderosos motores, sensores de inclinación y giroscopios para detectar tu centro de gravedad.

Muebles Flotantes En 1989, William A. Calderwood, de Arizona, inventó una gama de muebles llenos de helio, sujetos al piso ya que cuando no se usan, ¡podrían flotar al techo!

El Nuevo Negro Un grupo de científicos ha desarrollado un nuevo color para pintura... supernegro. Es más negro en tono que todos los demás negros y absorbe 99.7% de la luz, así que casi nada de luz se refleja de su superficie.

Escudo para Besar Para quienes disfrutan de besar pero temen el pensamiento de contraer una enfermedad, Deloris Gray Wood, de Missouri, inventó el escudo para besar. Una membrana delgada de látex que se estira sobre una estructura atractiva con forma de corazón, el escudo se usa sobre la boca y su inventor lo describió como ideal para políticos hambrientos de votos que deben besar gran cantidad de bebés.

"Qrio", un robot humanoide, ¡muestra su sorprendente flexibilidad y habilidad humana para bailar! ¡Pesa sólo 7 kilos (15 lb), tiene 58 centímetros (23 in) de alto y se presentó en la exhibición de Robodex en 2003!

Detector de Santa El inventor estadounidense Thomas Cane ha presentado un aparato para asegurar que los niños no pierdan la llegada de Santa Claus. Se cuelga un calcetín con sensores sobre la chimenea y en cuanto Santa Claus surge de la chimenea, luces en el calcetín empiezan a centellear para despertar a los niños de la casa.

Aficionado a los Animales En 1999, el inventor estadounidense Stephen B. Hoy inventó una tarjeta de felicitaciones comestible para mascotas.

Primero la Seguridad En 1960, para reducir las fatalidades de peatones, David Gutman, de Filadelfia, inventó un parachoques especial que se fijaba enfrente de los autos. El parachoques no sólo amortiguaba cualquier impacto sino que también tenía un enorme par de garras que sujetaban al peatón por la cintura para evitar que cayera al suelo.

El médico francés Theophile de Laennec (1781-1826) inventó el estetoscopio en 1814, para evitar la vergüenza de una paciente modesta mientras escuchaba su latido cardiaco. Enrolló una hoja de papel como un cono.

Entrega Especial

En septiembre de 2003, Charles McKinley se mandó a sí mismo desde New Jersey a Dallas en una caja de carga aérea ya que pensaba que era la forma más barata de volar.

El empleado de envíos de 25 años hizo el viaje no programado porque extrañaba su casa y un amigo le dijo que podía ahorrar dinero al volar como carga, aunque en realidad podía haber volado en primera clase por el mismo costo, ¡si se hubiera dado cuenta de cuánto tendría que pagar en multas! Antes de entrar a la caja, McKinley llenó formas que decían que contenía una computadora y ropa. Cargaron la caja en un avión de transporte presurizado y voló de Newark, New Jersey, a Niagara Falls, New York, luego a Fort Wayne, Indiana, antes de continuar a Dallas. El mensajero que entregó la caja a la casa de los padres de McKinley entró en sospechas al principio porque pensó ver un par de ojos mirando hacia fuera. Temió que contuviera un cadáver hasta que, frente a sus padres, McKinley salió de la caja en la entrada de la casa. Después de que el mensajero avisara a la policía, el fiscal de distrito Bill Hill comentó sobre McKinley: "Violó la ley de la estupidez, si no algo más".

El polizón Charles McKinley estuvo sin alimento o agua en el viaje de 15 horas a su casa en Dallas, Texas. La caja en que se escondió sólo tenía 1.7 metros (5 ft 8 in) de altura.

CARGA EXTRAÑA
- A Eileen Cresswell, una abuela de 63 años de edad, la arrestaron por ser el cerebro de una conspiración internacional de contrabando de drogas
- Un estudiante metió una tortuga de contrabando a Inglaterra... ¡dentro de su calcetín!
- Un turista sueco trató de meter de contrabando ocho serpientes bebé, incluyendo cuatro venenosas cobras reales a Australia
- Arrestaron a un estadounidense después de tratar de meter de contrabando cuatro palomas a Canadá bajo su camisa

El Reto Solar atrae a cientos de autos impulsados por energía solar de todo el mundo para competir en la carrera de 3,700 kilómetros (2,300 mi).

Transporte

Carga Descompuesta En 2003, funcionarios de aduanas en el aeropuerto Schiphol, de Ámsterdam, en Holanda, abrieron una maleta olorosa... ¡y encontraron que estaba llena de olorosas narices de babuino!

Cuenta del Combustible del Jumbo Un tanque lleno de avión a reacción jumbo contiene suficiente combustible para llevar a un auto promedio alrededor del mundo cuatro veces.

Cementerio Lleno de Agua Más de 1,500 naufragios se encuentran en las aguas que rodean el Puerto de New York.

Oleada de Multas
Arrestaron a Walter H. Burtin, de Washington, D. C., y lo acusaron de cometer 34 infracciones de tráfico en diez minutos... se pasó 15 luces rojas y nueve señales de detenerse, no hizo caso a cuatro señales oficiales, dos veces condujo en el lado incorrecto de la calle, condujo por una zona de seguridad, no bajó la velocidad en una intersección, condujo sin licencia y lo sorprendieron conduciendo a alta velocidad.

Corto Salto El vuelo programado más corto del mundo es el vuelo dos veces al día de British Airways entre las Islas Westray y Papa Westray, en la costa norte de Escocia. ¡Sólo le toma dos minutos llegar a su destino!

Babuino en el Interruptor En la estación Uitenhage, Sudáfrica, un babuino una vez tomó el lugar de un encargado de señales lisiado. El inteligente simio infaliblemente operaba seis palancas como se le dirigía.

Sobre el Límite En 1903, Inglaterra se convirtió en el primer país en imponer un límite de velocidad en los caminos. Limitaron la velocidad de los vehículos a 32 kilómetros por hora (20 mph).

Vuelo Sin Volantes En mayo de 2003, el primer vuelo desnudo del mundo llevó a 87 pasajeros desnudos de Miami, Florida, a Cancún, México. Arreglado por una agencia de viajes que se especializa en naturismo, todos los pasajeros, excepto el capitán y la tripulación, se quitaron la ropa cuando el avión alcanzó su altura de crucero.

La sorprendente cantidad de 500,000 estampillas se pegaron minuciosamente a este Volkswagen, que se exhibió en una feria de estampillas en Alemania.

Caballos de Poder En la actualidad, un cohete puede volar a la luna más rápido de lo que una diligencia podría viajar de un extremo de Inglaterra al otro.

¡Recién casados israelíes desechan los modos tradicionales de transporte para viajar a la recepción de la boda en una pala mecánica!

150 Aunque Ud. No Lo Crea de Ripley

Sin Mirar Hacia Arriba El 27 de agosto de 1933, el teniente Tito Falconi, de la Fuerza Aérea Italiana, voló un avión de San Luis, Missouri, a Joilet, Illinois (una distancia de 402 kilómetros [250 mi]) en 3 horas, 6 minutos y 30 segundos, volando todo el viaje de cabeza.

Quemar el Camino Un largo camino de 5 kilómetros (3 mi) en Orchard, Texas estaba construido de escoria sulfúrica, y cuando llovía, el escape caliente de los autos le prendía fuego.

Un tranvía inventado por I. Mathewson, de Gilroy, California, en 1876, ¡tenía un motor de gasolina disfrazado de cabeza de caballo para que no asustara a los caballos reales!

Quesos Crujientes Durante un enfrentamiento vital de la guerra entre las flotas de Uruguay y Argentina en 1841, el barco insignia uruguayo, *Santa María*, se quedó sin balas para cañón. Así que el comandante estadounidense del barco, John Coe, ordenó que en vez de balas se cargaran las armas con quesos holandeses, ¡y derrotaron a la flota argentina!

Costoso Número Las Líneas Aéreas Sichuan, de China, pagaron 190,000 dólares por el número telefónico 8888-8888 con la esperanza de que hiciera felices a sus clientes. Se considera de suerte al número ocho porque suena como la palabra china para "enriquecerse".

Restringir las Aceitunas American Airlines ahorró alrededor de 40,000 dólares en 1987 al reducir una aceituna de cada ensalada que se sirvió en las comidas de primera clase.

Comida Ligera Charles Lindbergh sólo llevó consigo cuatro emparedados para sostenerse durante su famoso vuelo trasatlántico.

"Mejor Auto Lowrider", "Mejor Hopping" y "Mejor Car Dancing" son sólo algunas de las competencias en que pueden participar los exhibidores de la Experiencia Lowrider. También pueden presumir sus lujosos interiores.

Construyeron este sofá de 35 metros (115 ft) de largo para el Día Europeo Libre de Autos, en Italia, en 2001, durante la cual miembros del público protestaron contra el exceso de autos en las carreteras. En el sofá se sentaron más de 100 personas.

Transporte 151

Héroe Contra los Bloqueadores

En 2003, un hombre que emplea un traje al estilo de Superman vagaba por las calles de Londres, Inglaterra, liberando ilegalmente autos con bloqueadores en las llantas empleando una esmeriladora.

Empleando el disfraz del Hombre Esmeriladora, ilegalmente liberó al menos 12 autos en la capital. Incluso creó su sitio de Internet del Hombre Esmeriladora con un número al que pueden llamar los automovilistas con bloqueador. "Estoy desempeñando un servicio público. Y me gusta usar el traje", comentó el héroe anónimo.

El Río sin Retorno
En septiembre de 2003, una mujer canadiense de 81 años de edad, falló en la prueba de manejo por sexta vez, al meterse en reversa a un río. Estaba tratando de retorcer a un espacio de estacionamiento en Thunder Bay, Ontario, pero avanzó 23 metros (25 yds) de más y se hundió pasando sobre un muro de contención.

Embotellamiento Monstruoso Un embotellamiento de tráfico de 1980 se extendía 175 kilómetros (109 mi) hacia el norte en Lyon, en Francia.

Cadillac para Bebidas Bill Francis, de Lakewood, Colorado, convirtió un auto Cadillac en un bar de tamaño real en su cuarto de recreo.

Bendición de Autos Los sacerdotes rumanos bendicen autos con la creencia de que hará que los vehículos sean más seguros en los caminos. La ceremonia implica rociar agua santa en el motor y los asientos del auto.

REGISTRO DE VIAJE
- Uno en 300 de todos los accidentes en carretera de Canadá se relaciona con un alce
- Son aproximadamente 800,000 personas las que vuelan en aviones de todo el mundo en cualquier momento dado
- La longitud de alas de un Boeing 747 es mayor que la longitud del vuelo inicial de los hermanos Wright
- En Etiopía, sólo existe un auto por cada 1,468 personas
- Las bolsas de protección de los autos se inflan a 322 kilómetros por hora (200 mph)

El Hombre Esmeriladora, el héroe automovilístico que liberó ilegalmente autos con bloqueador empleando una esmeriladora.

152 Aunque Ud. No Lo Crea de Ripley

¡El deporte en conjunto adquiere un nuevo significado cuando paracaidistas se lanzan al aire mientras conducen una bicicleta!

Sin Vuelta a la Oveja Como parte de una iniciativa de seguridad de 1996, ¡las autoridades en el pueblo holandés de Culemburg liberaron a seis ovejas en sus calles con mucho tráfico para controlar la velocidad del tráfico de las horas pico!

Toque Femenino En 1955, Chrysler desarrolló un auto llamado el Dodge La Femme que se vendería exclusivamente a mujeres. ¡El auto se vendía con bolsa, sombrilla e impermeable que hacían juego!

Peligroso Asiento Delantero En 2003, arrestaron a una mujer por conducción peligrosa después de que condujo 3 kilómetros (2 mi) a una comisaría en Dubrovnik, Croacia, ¡con el marido borracho en el capote!

Última Risa Un hombre rumano estaba tan molesto por haber fallado su prueba de manejo que le prendió fuego a su auto. Dijo: "Cuando regresé a casa, pensé haber visto al auto burlándose de mí, así que eché gasolina sobre él y le prendí fuego".

Café Potente En Brasil, cuando hay exceso de cosecha, los granos de café eran usados para dar potencia a las máquinas de vapor.

Caminos Sinuosos Si todas las carreteras de Estados Unidos se unieran, cubrirían 150 veces la circunferencia de la Tierra

Sucedió Despidieron a un conductor holandés de carro fúnebre en 2003 por perder un féretro en camino a un funeral.

Enterrado con Estilo Enterraron a Betty Young en el cementerio Phillips Memorial en Foster, Rhode Island, ¡dentro de su Cadillac Coupe de Ville 1989!

Hola, Muñeca Arlene Lambert, de Toronto, Ontario, conduce un auto que está cubierto con cientos de muñecas de plástico.

Ripley's LLANTA GIGANTE DE HULE
EXHIBICIÓN NO: 15280
MIDE 4 METROS (12 FT 10 IN) DE DIÁMETRO, TIENE 3.4 METROS (137 IN) DE ANCHO Y PESA 5,400 KILOS (12,000 LB)

Ésta es la llanta más grande del mundo y cuesta 30,000 dólares producirla. ¡Hay suficiente hule en una de esas llantas para hacer 5,276 llantas para auto de tamaño estándar! Se necesitan tres días para hacer una llanta y puede soportar 113,400 kilos (250,000 lb). Se emplean en excavadoras de carga delantera que se emplean en minería a cielo abierto.

Transporte • Construcciones

Dirigirse a las Alturas

Para Alain Robert, francés de 41 años de edad, los edificios elevados son retos personales. Trepa por las superficies externas hasta alturas que marean, sujetándose a vidrio, ladrillo, concreto y acero como una mosca humana... sin cuerdas de seguridad para evitar que vuele a la muerte.

Reservación Anticipada El arquitecto holandés Hans-Jurgen Rombaut ha diseñado el primer hotel de la luna, completo con un área para juegos en baja gravedad donde los huéspedes podrían volar y descender en rappel usando trajes especiales. Como no hay viento en la luna, la construcción es de un diseño frágil pero tiene un casco de medio metro de grueso para proteger a los visitantes de temperaturas extremas y rayos cósmicos. Los huéspedes se quedarían en cápsulas de habitación con forma de gotas que colgarían de dos enormes pilares para crear la impresión de viaje continuo. Rombaut espera que el hotel empezará a trabajar para 2050.

Empezó a trepar a la edad de 11 años y ha escalado más de 60 edificios, empleando sólo zapatos de alpinismo especialmente adaptados. Lo que lo hace destacar es que conquistó la Torre Eiffel de 300 metros (984 ft), en París, el Empire State Building de 381 metros (1,250 ft), en New York, y las Torres Gemelas Petronas de 452 metros (1,482 ft), en Kuala Lumpur, Malasia.

Alain Robert a menudo se viste como el Hombre Araña para sus escaladas que desafían la muerte.

Nada Se Desperdicia En 2002, investigadores taiwaneses presentaron un ladrillo nuevo para casas hecho con sedimentos de plantas de tratamiento de aguas. Comentaron que era una buena forma de emplear los desperdicios e insistieron en que los ladrillos no olían.

Casa de Dios de Vidrio Construida en 1980 a instancia del evangelista de la televisión Robert Schuller, la Catedral de Cristal de 20 millones de dólares, cerca de Los Ángeles, está hecha de 10,000 hojas de vidrio. De hecho, los únicos componentes que no son vidrio fueron la armazón de acero blanco y los accesorios de madera.

A Prueba de Bombas La antigua torre de Grevenmacher, en Luxemburgo, parte del muro del pueblo erigido en 882, fue la única estructura que no demolieron en un ataque aéreo contra el pueblo en 1944. Sin embargo, 34 años antes se había declarado que la torre no era segura.

Faro de Jardín Denver y Clover Randles, de Ohio, pasaron 18 años construyendo un faro de 14 metros (45 ft) de alto en su jardín, ¡a pesar de que viven a 645 kilómetros (400 mi) del océano!

Embotellado

En 1956, Tressa "Grandma" Prisbey notó que su colección de lápices, que alcanzaba los 17,000, había crecido más que su casa rodante en Santa Susana, California. Así que empezó a construir un edificio para exhibirla, empleando un material que era barato y abundante: botellas desechadas. En los siguientes 25 años, creó el Pueblo Botella, la máxima empresa de reciclaje. Además de coleccionar botellas, visitaba el basurero local para encontrar tejas viejas y faros de auto. Cuando lo terminó, el pueblo constaba de 22 edificios, hechos con alrededor de un millón de botellas fijas en concreto.

Cubierta de Fruta Un edificio en Dunmore Park, Escocia, tiene una piña de piedra en la punta de 16 metros (54 ft).

A las tarjetas postales a prueba de agua se les ponen estampillas a prueba de agua cuando los clientes las envían por correo en la oficina postal acuática en la costa de la isla Hideaway, en Vanuatu. Se necesita una zambullida de 3 metros (9 ft) para llegar primero a la oficina postal.

Perro Cansado Un hotel en Vancouver, proporciona un perro residente que los huéspedes pueden reservar para un paseo que alivie la tensión.

Baraja Completa El bar Pack o' Cards, en Combe Martín, Devon, Inglaterra, tiene 52 ventanas (el número de las cartas de juego en una baraja), cuatro pisos principales (el número de palos) y 13 puertas en la planta baja (el número de cartas por palo).

Hogar para Posarse El techo de una casa en Santiago, Chile, se colapsó en septiembre de 2003, bajo el peso de las deyecciones acumuladas de palomas. Ana María Bustos comentó que terminó con el equivalente de un año guano de paloma en el piso de su sala.

Entorno de Establo Se han prohibido los animales de granja en los edificios de departamentos económicos en la ciudad rusa de Kiev después de que una encuesta revelara que los residentes mantenían más de 3,000 puercos, 500 vacas y 1,000 cabras. Las autoridades de la ciudad comentaron que las vacas se mantenían en balcones e incluso en dormitorios y baños. Los dueños de los apartamentos, que no se arrepienten, alegaron que los animales ayudaban a mantener calientes los apartamentos en invierno.

Ambición Imponente

En el distrito de Watts, en Los Ángeles, se encuentra un curioso monumento al ingenio y la determinación de Simon Rodia, un trabajador inmigrante italiano. Durante un periodo de 33 años, Rodia, trabajando solo, construyó alrededor de su casa las Torres Watts. La torre más alta es de casi 30 metros (100 ft) de alto y contiene la columna delgada de concreto reforzado más larga del mundo. Rodia por fin dejó sus herramientas en 1954, a la edad de 79 años, ¡donó la propiedad a su vecino por nada y desapareció!

Las Torres Watts son nueve estructuras hechas de acero y cemento.

Una de las torres de Rodia está incrustada con pedazos de teja de cerámica, pedazos de vasijas de barro, conchas marinas y vidrio en pedazos.

Construcciones

En Pedazos Raymond Isidore, de Chartres, Francia, pasó un total de 23,000 horas para hacer su casa y todos sus muebles con un millón de platos rotos.

Para No Ser Olvidado Construida en Margate, New Jersey, en 1881, por James V. Lafferty, como promoción de bienes raíces, Lucy la elefanta, es un edificio de 20 metros (65 ft) de alto hecho de madera y estaño. En su tiempo, sirvió como taberna y hotel; en la actualidad es una atracción turística.

Explosión Fallida Un equipo de demoliciones rumano no pudo demoler un edificio de departamentos en la ciudad de Flaminzi, en 2001, pero su explosión "controlada" dejó a 24 casas de la zona inhabitables después de romper todos los vidrios de las casas en un radio de 183 metros (200 yd).

Zoológico Elevado Después de que vecinos informaran escuchar rugidos en su torre de apartamentos de Manhattan, en 2003, ¡la policía encontró un tigre macho de 180 kilos (400 lb) que conservaban como mascota en un diminuto apartamento de quinto piso! Su compañero de cuarto era un caimán de 1.5 metros (5 ft) de largo. El dueño, Antoine Yates, dijo que trataba de crear un Jardín del Edén.

Las Cinco Más Importantes
CONSTRUCCIONES EXTRAÑAS

1. Palacio Estrella Flotante: cine construido en 1907, Estados Unidos
2. Estación de bombeo Fortress: construida en 1856, Inglaterra
3. Centro Pompidou: galería de arte invertida, Francia
4. Ingalls Hockey Rink: forma de ballena, Estados Unidos
5. Castillo falso: con fachadas falsas, Inglaterra

EMPAPELADOS
Se están protegiendo de daños edificios viejos en Virginia con papel de baño. Los expertos afirman que una cataplasma de papel de baño y agua absorbe la sal que destruye los ladrillos. Conservadores del parque histórico de Williamsburgo emplearon 700 rollos de papel de baño para probar la idea en un ahumadero.

Venta con Mascotas Un agente de bienes raíces japonés trató de vender los pocos departamentos que quedaban en un complejo de Kawasaki en 2002 ofreciendo cachorros y gatitos gratis a compradores potenciales.

Con Sudor Un dueño de telar financió la Capilla Panchaiti, en Jalalpur, India, quien cada día contribuyó con monedas que equivalían al peso de la transpiración de la frente de sus tejedoras. En 25 años, las tejedoras de trabajo pesado donaron 4,000 rupias (alrededor de 90 dólares).

Las luces de colores están empotradas dentro de 30,000 metros (1 millón ft) cúbicos de hielo en la Exhibición del Festival de la Linterna de Hielo, en China. Se talla el hielo como animales e incluso edificios, como esta mezquita.

Fría Comodidad

La atracción más moderna de Quebec es un lujoso hotel de hielo situado en las playas del Lago San José. Construido con 4,500 toneladas de nieve y 250 toneladas de hielo, se reconstruye el hotel cada año y está abierto desde enero hasta que empieza a deshelarse a finales de marzo.

Las camas son bloques sólidos de hielo con una plataforma de madera para un colchón de espuma y tiene dos galerías de tallas en nieve como bajorrelieves que se proyectan de la pared como si fueran grecas. La Gran Sala exhibe un espectacular candelabro de hielo y en el bar todo los muebles y vasos están hechos de hielo. "¡Nosotros no servimos nuestras bebidas 'en las rocas', las servimos 'sobre las rocas'!", dice el hotel. La disco N'Ice tiene espacio para 400 personas bailando e incluso tiene una capilla de hielo, ¡en donde las "bodas de blanco" adquieren un nuevo significado!

Las habitaciones del Hotel del Hielo, Quebec, tienen un promedio de alrededor de −3°C (27°F). Los huéspedes mantienen el calor al dormir usando ropa de algodón polar y pieles de venado.

Oficinas Destruídas
Demolieron un conjunto de oficinas en Liverpool, Inglaterra, porque literalmente enfermaban a las personas. Se diagnosticó que las oficinas de Hacienda, en St. John's House, tenían Síndrome de Edificio Enfermo, después de que trabajadores se quejaron de una sucesión de enfermedades, incluyendo garganta irritada, gripe, tos y diversos síntomas relacionados con la tensión.

Suecia también tiene un hotel de hielo que emplea 30,000 toneladas de nieve y 10,000 toneladas de hielo.

Construcciones

Idilio de Cocodrilo En el centro de Australia se encuentra un hotel con la forma de un cocodrilo de 250 metros (820 ft) de largo. El Gagudju Crocodile Holiday Inn, cerca de la Roca Ayers, tiene habitaciones a lo largo del cuerpo hasta la cola. La alberca está situada en el canal alimentario de la criatura.

Servicio a Caninos En 2000, el hotel Regency, en Manhattan, ¡preparó desayunos especiales para perros! Meseros con guantes blancos y esmoquin sirvieron las mesas del festín matutino.

Castillo de Conveniencia El palacio del Sultán de Brunei tiene 1,788 habitaciones, 257 baños y un estacionamiento subterráneo para sus 153 autos. Le tomaría a un visitante más de 24 horas ver el palacio completo, si pasara 30 segundos en cada habitación.

Superando las Dificultades El gran puente de Cret, Francia, se construyó con multas cobradas a parejas casadas cada que vez que discutían. Por cada pleito, se cobraba una multa de un céntimo.

El "Puente Tibetano" de 362 metros (1,188 ft) de largo, en Italia, está hecho de sólo tres cuerdas que unen la isla de Procida, cerca de Nápoles, con la Roca Vivara.

Detrás de Barras de Bocadillos En Pekín, China, hay un restaurante llamado Cadena En Onda que tiene decoración de prisión. Los clientes comen en celdas detrás de barras de hierro de un menú que ofrece platos como "crueldad" y "rehabilitación".

Dormidos en las Profundidades

Situado a 9 metros (30 ft) de profundidad en la Laguna Bora, en los Cayos de Florida, el Pabellón Submarino Jules es el primer hotel bajo el mar del mundo. Una estación de investigación submarina convertida, se inauguró en 1986 y se sostiene en patas de 1.5 metros (5 ft) sobre el fondo de la laguna. Para entrar, los huéspedes, entre los que han estado el exprimer ministro canadiense, Pierre Trudeau, y Steve Tyler, de la banda de rock Aerosmith, deben nadar con tanque de buzo 6.5 metros (21 ft) bajo la superficie del mar. El hotel alardea de un restaurante y dos habitaciones, ambos con baños privados, y puede dar servicio a seis clientes por vez.

Los servicios en el Pabellón Submarino Jules, Florida, incluye un refrigerador, horno de microondas, libros y grabadora de video, además de una ojo de buey gigante para permitir a los invitados ver los peces que pasan.

ARTES Y ENTRETENIMIENTO

Esculturas de Mantequilla

La *Última Cena*, tallada totalmente en mantequilla, fue esculpida por Norma Lyon, de Des Moines, Iowa, en 1999, trabajó en su refrigerador a 5º C.

Por más de 40 años, Norma ha esculpido una vaca de tamaño real para la Feria Estatal de Iowa empleando mantequilla. Utilizando una estructura de malla de madera, alambre, metal y acero, suaviza las cubetas de mantequilla de cinco años fuera del refrigerador antes de pasar al frío y aplicar capas hasta que surge una vaca, que mide 2 metros (5.5 ft) de alto y 2.5 metros (8 ft) de largo. Después de dejar que la vaca endurezca por 20 a 30 minutos, esculpe con precisión la cabeza y el cuerpo y trabaja hacia las patas y las pezuñas... ¡24 horas de escultura de mantequilla! La obra de Norma incluye una motocicleta Harley-Davidson y una escultura de tamaño real de John Wayne.

HECHOS DE ARTE

- Van Gogh sólo vendió una pintura en toda su vida: *Viñedo Rojo en Arles*
- Jean Dakessian, artista de California, pintó 50 bombas de gasolina para que parecieran insectos y animales
- Salvador Dalí una vez hizo una fiesta en la que todos los invitados fueron vestidos de un mal sueño
- Paul Gauguin trabajó en el edificio del Canal de Panamá

El mayor proyecto de Norma Lyon a la fecha, La Última Cena, esculpida con la sorprendente cantidad de 815 kilos de mantequilla en 1999.

Arte • Pintura • Escultura

Golpe de Escoba

Al llegar a trabajar en octubre de 2001, Emmanuel Asare, limpiador en una galería de arte de moda en Londres, Eyestorm, encontró que la sala había quedado convertida en un total revoltijo después de una fiesta de exhibición. Botellas vacías de cerveza, periódicos cubiertos de pintura, y envolturas de dulce estaban regados por todo el lugar. Así que con diligencia se puso a trabajar, barriendo los restos y tirándolos en bolsas de basura. El siguiente día se presentó a trabajar sólo para que los jefes de la galería le dijeran: "No era basura lo que tiraste, ¡era una obra de arte de 5,000 dólares del gran Damien Hirst!"

Trabajo Diurno El maestro holandés Vincent van Gogh (1853-90) pintó un cuadro todos los días durante los últimos 70 días de su vida.

Turno Nocturno El artista francés Anne-Louis Girodet (1767-1824) descubrió que trabajaba mejor en la noche. Para poder ver en la oscuridad, podía encender hasta 40 velas en el ala de su sombrero y más tarde calculaba sus honorarios de acuerdo al número de velas quemadas mientras pintaba el cuadro.

DIFERENTES ASAS
Cuando el artista francés Louis François Roubillac (1705-62) comenzó su trabajo en la escultura del compositor George Friedrich Handel, decidió que no le gustaban las orejas de Handel. Así que en su lugar modeló las orejas de una dama de Londres.

Hecha desde Cero Al artista californiano Tim Hawkinson le gusta modelar esculturas con partes de su cuerpo. Su obra de arte favorita es una pieza de 5 centímetros de alto llamada Ave, ¡que estaba hecha por completo a partir de sus uñas!

Impresiones de los Pies El artista que trabajaba de cabeza, Jimmie McPherson, era capaz de dibujar imágenes con ambos pies al mismo tiempo.

Eliminación de Desechos Los conductores que recorrieron la carretera Eastshore, en Emeryville, California, en 1987, se sorprendieron al ver más de 100 esculturas en madera arrastrada por el mar, extendidas por más de kilómetro y medio de la carretera. Las llamativas esculturas, entre las que estaba un tren, fueron creadas con material de desecho traídas por la marea.

Dibujante de Comida Miguel Ángel (1475-1564) creó un dibujo de naturaleza muerta de vino, fruta, pan y espagueti como lista de compras que dejaba a su cocinero que no podía leer.

Sonrisa en el Espejo El rey Francisco I de Francia compró originalmente la famosa pintura de Leonardo da Vinci, La Mona Lisa, para colgarla en su baño.

La Copa del Ganador El escultor estadounidense Tom Friedman pegó una taza de espuma de poliestireno con manchas de café a un pedazo de madera, añadió una mariquita y la llamó Sin Título. En 2001 se vendió en una subasta por 30,000 dólares.

En 2003, estudiantes del Colegio de Artes de Camberwell, Londres, pasaron 630 horas creando la escultura de palomitas de maíz más grande del mundo, una estatua de 4 metros de King Kong, que pesó 800 kilos... ¡tanto como cuatro gorilas!

162 Aunque Ud. No Lo Crea de Ripley

Cosecha de parachoques Jon Bedford, artista de Santa Fe, Nuevo México, ¡ha creado esculturas sorprendentes de parachoques cromados de auto! Transforma el metal de desperdicio en aves y animales, ¡incluyendo un rinoceronte de tamaño natural!

BOLSAS DE TALENTO
Utilizando bolsas ordinarias de papel de estraza, Anton Schiavone, artista de Bangor, Pennsylvania, creó magníficas réplicas de tamaño real de los maestros, incluyendo *La Última Cena* de da Vinci y *La Piedad* de Miguel Ángel.

Trabajo de Escritorio La artista de actuación yugoslava, Marina Abramovic, pasó 12 días en tres escritorios elevados en una galería de la ciudad de Nueva York en noviembre de 2002. Manteniéndose sólo con agua, vivió a plena vista del público todo el tiempo. Dijo que la idea de la actuación era aumentar sus sentidos y transmitir energía a su público.

Delineador de Ojo El artista visual Jochem Hendricks, de Frankfurt, Alemania, crea obras de arte trazándolas con el ojo en lugar de las manos. Emplea un escáner de ojo que convierte los datos en rayas reales.

Montaña con Motor Ubicada en Jouy-en-Josas, Francia, la escultura de 20 metros de alto, *Estacionamiento a Largo Plazo*, de Arman, contiene 60 autos empotrados en 1,600 toneladas de concreto.

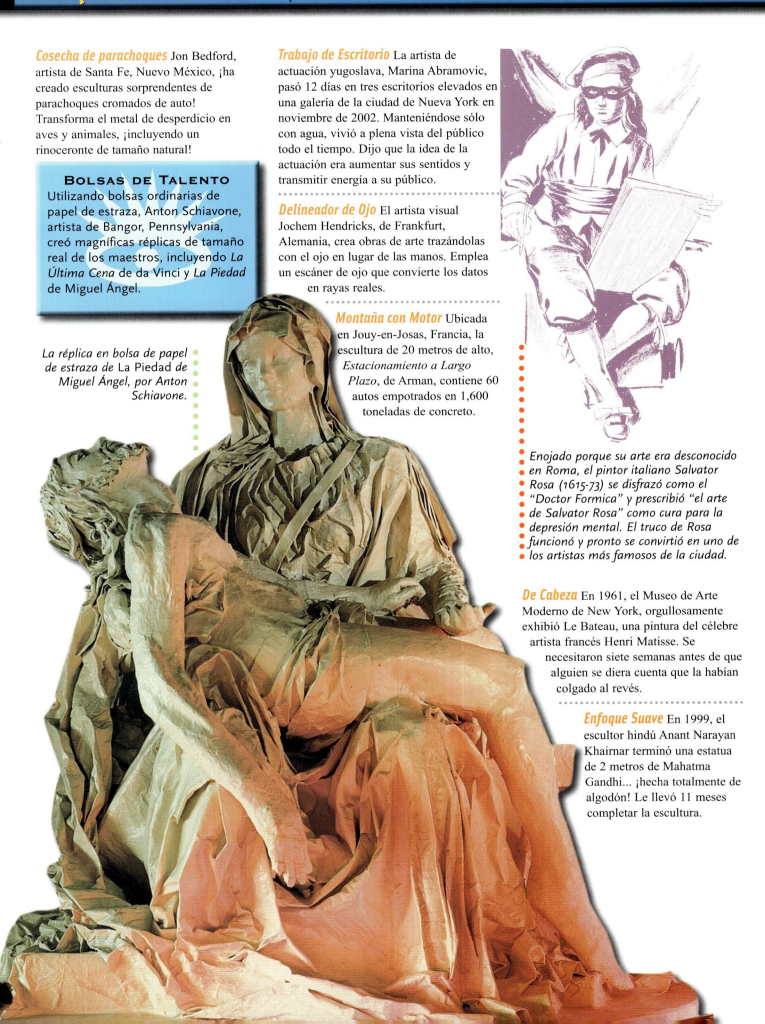

La réplica en bolsa de papel de estraza de La Piedad de Miguel Ángel, por Anton Schiavone.

Enojado porque su arte era desconocido en Roma, el pintor italiano Salvator Rosa (1615-73) se disfrazó como el "Doctor Formica" y prescribió "el arte de Salvator Rosa" como cura para la depresión mental. El truco de Rosa funcionó y pronto se convirtió en uno de los artistas más famosos de la ciudad.

De Cabeza En 1961, el Museo de Arte Moderno de New York, orgullosamente exhibió Le Bateau, una pintura del célebre artista francés Henri Matisse. Se necesitaron siete semanas antes de que alguien se diera cuenta que la habían colgado al revés.

Enfoque Suave En 1999, el escultor hindú Anant Narayan Khairnar terminó una estatua de 2 metros de Mahatma Gandhi... ¡hecha totalmente de algodón! Le llevó 11 meses completar la escultura.

Arte • Pintura • Escultura

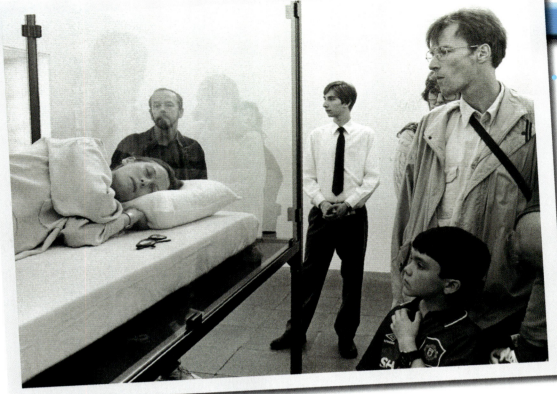

En 1995, la Galería Serpentine, de Londres, mostró El Tal Vez, exhibición de Tilda Swinton, que consistía exclusivamente de ella durmiendo en un colchón, en una repisa en el centro de una habitación por ocho horas al día.

Bloqueado Cuando el artista francés Cézanne hizo solicitud para entrar a la École des Beaux-Arts, ¡lo rechazaron!

Verdaderas Agallas La pintora francesa Sarah Biffin nació sin extremidades. Era capaz de pintar sujetando el pincel o el lápiz fuertemente entre los dientes.

Único Sobreviviente Los murales de la corte del Palacio de Algeria de Hadj-Ahmed Constantine los pintó un zapatero en el siglo XIX. Hadj-Ahmed pensaba que todos los franceses eran artistas así que le ordenó a un zapatero francés cautivo que decorara la pared del palacio o que moriría.

Lengüetazo de Pintura Huang Erh-nan, artista chino de la década de 1920, no pintaba con pincel. En lugar de eso usaba la lengua.

Regalo Mordelón El artista estadounidense Charles Willson Peale, no sólo pintó a George Washington, ¡sino que le regaló una dentadura hecha de dientes de uapiti!

Fondos de Fregadero *Desagües*, una escultura de un tapón de lavabo del artista estadounidense Robert Gober, se vendió por más de 55,000 dólares en 1995. Gober comentó que la obra representaba "una mirada a otro mundo".

Colores Aguados
Un accidente en 1983 dejó lisiado al buzo de tanque Jamy Verheylewegen, de Bélgica, por 18 meses. Durante este tiempo, produjo más de 400 pinturas bajo el agua, empleando pinturas de aceite sobre fibra sintética. Sus tableros se montaban en un caballete lastrado con plomo.

Exhibiciones en Movimiento El Museo Andy Warhol, ubicado en Pittsburg, exhibe arte y esculturas poco comunes, además de ser anfitriones de rutinas de danza de monjes tibetanos.

Aficionado a los Simios Congo, un chimpancé del Zoológico de Londres en la década de 1950, era un artista tan talentoso que el gran Pablo Picasso compró una de sus pinturas.

Lo Dio Todo
Al pensar que estaba muriendo de tuberculosis, el escultor japonés Hananuma Masakichi deseaba dejar un regalo a la mujer que amaba. Así que trabajando con espejos ajustables, empleó alrededor de 2,000 piezas de madera para tallar una imagen de tamaño natural de sí mismo. Se arrancó uñas, dientes y cabello para completar la obra. Más tarde se recuperó y, como había perdido esas partes vitales, ¡también perdió a su novia!

Ripley's
MODELO EN MADERA DE MASAKICHI
EXHIBICIÓN NO: 12983
TALLADO EN LA DÉCADA DE 1890 COMO AUTORRETRATO PARA LA NOVIA QUE MASAKICHI PENSABA QUE DEJARÍA ATRÁS

Pan Tostado de Japón

El artista japonés Tadahiko Ogawa ha empleado rebanadas de pan tostado para recrear famosas obras de arte como la a *Mona Lisa* de Da Vinci y *La Creación* de Miguel Ángel.

Ogawa dibuja sus imágenes, las traza en papel aluminio y luego corta el papel aluminio en pedazos del tamaño del pan tostado. Envuelve el pan con el papel aluminio y corta el papel aluminio en las partes que quiere color café (tostado). Cada pedazo de pan se tuesta hasta el color deseado... ¡de poco tostado a quemado! Entonces se unen los panes como un mosaico para crear la obra final. Ogawa ha completado alrededor de 50 obras de maestros, lo que incluye *La Última Cena* de Da Vinci y el *Nacimiento de Venus* de Botticelli.

Mona Lisa *hecha de 63 rebanadas de pan tostado... ¡de poco tostado a quemado!*

Ripley's
LA CREACIÓN
EXHIBICIÓN NO: 13843
"LA CREACIÓN" DE OGAWA HECHA POR COMPLETO CON PEDAZOS DE PAN TOSTADO

Artes • Pintura • Escultura **165**

Esta obra de arte de Haris y Aimal Jahed está dibujada en 13 pisos de un rascacielos en Hamburgo, Alemania, y mide 43 metros (141 ft) de alto.

Nudo Solitario En 1989, las artistas de actuación Linda Montano y Tehching Hsieh crearon una obra de arte al pasar un año atadas una a otra por la cintura mediante una cuerda de 2 metros (8 ft).

Figura Paterna Francesco da Ponte (1470-1541), célebre pintor italiano, ¡fue padre de un artista famoso, abuelo de cuatro artistas famosos y bisabuelo de seis artistas famosos!

Desaire Final Sir Godfrey Kneller (1646-1723), el afamado pintor inglés, era tan presuntuoso que se negó a que lo enterraran en la abadía de Westminster... porque era el lugar del último reposo de demasiados artistas mediocres.

Arte de las Calles Los artistas Steven Lowy y Pascal Giraudon, de New York, venden impresiones de bocas de alcantarilla, ¡empleando una aplanadora para imprimir los diseños en papel!

- Retrato de Barry Humphries como Dame Edna Everage hecho de pan tostado, en el costado de un edificio en Melbourne, Australia, en 2002.

La gente en Haines Point, Washington, D. C., se ven empequeñecidas por la escultura de aluminio de un gigante enterrado en parte. Llamada El Despertar, la escultura fue creada por J. Seward Johnson, hijo, en 1980.

Las Cinco Más Importantes
PINTURAS MÁS COSTOSAS

1. **82.5 millones de dólares: Retrato del Doctor Gachet,** Vincent van Gogh (1990)
2. **78.1 millones de dólares: Au Molin de la Galette,** Auguste Renoir (1990)
3. **76.73 millones de dólares: La Masacre de los Inocentes,** Peter Paul Rubens (2002)
4. **71.5 millones de dólares: Portrait de l'artiste Sans Barbe,** Vincent van Gogh (1998)
5. **60.5 millones de dólares: Naturaleza Muerta con Cortina, Jarro y Tazón de Frutas,** Paul Cézanne (1999)

Centavos de Historia Art Grant, de San Francisco, California, creó una escultura bidimensional de una diligencia empleando un millón de monedas de 1 centavo de dólar.

¡Pinturas que en verdad viven! Una exhibición en el Nuevo Museo de Arte Contemporáneo de SOHO, en la ciudad de New York, en 1988, ¡ofrecía a los visitantes la experiencia única de saludar de mano "pinturas", que presentaban a artistas que en realidad estaban parados dentro de grandes marcos en las paredes hasta por 7 horas!

Veloz Trabajador ¡Denny Dent, artista estadounidense, rinde homenaje a artistas musicales al pintar un retrato de ellos más rápido que el tiempo que se necesita para tocar una de sus melodías!

- El "Rancho Cadillac" anima la histórica Ruta 66, en Texas. Un grupo de artistas conocido como "Granja de Hormigas" creó la extravagante escultura como tributo al modo de transporte favorito de Estados Unidos.

Casa de Arte Una pintura de Albert Bierstadt, paisajista del siglo XIX, midió más de 14 metros (150 ft) cuadrados y era tan grande, ¡que se tuvo que construir una casa a su alrededor!

No Se Levante La artista británica Tracey Emin creó una obra de arte que consistía en su propia cama sin tender... completa con sábanas sucias, una botella vacía de vodka y pañuelos usados. ¡Se vendió en 225,000 dólares!

Conductor Puntilloso El artista Tyree Guyton ha decorado su auto en Detroit, Michigan, con miles de lunares.

Ripley's RUEDA DE LA FORTUNA DE CARAMELO
EXHIBICIÓN NO: 13154
ESTA RUEDA DE LA FORTUNA ESTÁ HECHA CON 14,000 CARAMELOS, EN 25 COLORES DIFERENTES, PESA 36 KILOGRAMOS (80 LB).

- El artista Peter Rocha también ha hecho retratos en caramelo, incluyendo uno del expresidente, Ronald Reagan.

Arte • Pinturas • Escultura

¡Autopsia Pública!

Casi 50 personas pagaron alrededor de 20 dólares cada una por asientos de primera fila para observar la disección pública de un empresario alemán muerto de 72 años de edad, en Inglaterra en 2002. Esta exhibición artística del profesor Gunther von Hagens fue la primera autopsia pública en Inglaterra en más de un siglo.

El patólogo alemán Gunther von Hagens ha elaborado una técnica de plastificación: la impregnación de órganos humanos y cuerpos enteros con plástico líquido para impedir que el cuerpo se descomponga. Su espectáculo de 2002, "Mundos del Cuerpo", presentaba 25 cuerpos humanos despellejados. También ha trabajado con caballos, incluyendo una exhibición que mostraba a un jinete montado cuyo brazo extendido sostiene su propio cerebro.

Von Hagens se caracterizó como el doctor de la pintura de Rembrandt, La Lección de Anatomía del Doctor Nicolaes Tulp, al ponerse un sombrero de fieltro con ala curva y bata quirúrgica. La autopsia de este hombre de 72 años se transmitió en la televisión británica.

El Jugador de Básquetbol, creado por Gunther von Hagens, empleando un cuerpo real.

En 1991, el artista británico Marc Quinn produjo *Uno Mismo*, un autorretrato escultórico de su cabeza, hecho con nueve pintas de su propia sangre, donada durante un periodo de cinco meses.

Parecidos Patience Lovell Wright (1725-86) creó modelos en cera de tamaño natural de miembros famosos de la realeza inglesa y de políticos. Fue la primera escultora que se registra en las colonias estadounidenses.

"Campo Asiático", exhibición del artista inglés Antony Gormley, en Beijing, en 2003, está formada por 192,000 figuras de arcilla... ¡cada una no más grande que tu mano!

Artista ciego pinta con los Sentimientos

El artista británico Gary Sargeant perdió la vista... pero aún se las arregla para pintar. Visita la escena de la pintura y con la ayuda de su esposa, mide las dimensiones, ya sea con su bastón de ciego que está marcado con hendiduras a un dedo de distancia y al caminar las distancias entre los objetos, o sentir las texturas tocándolas. Al medir y usar cinta adhesiva, prepara el lienzo y entonces empieza a trabajar. Al avanzar la pintura, la "lee", y por sus muchos años de experiencia en la pintura como persona con vista, interpreta cómo debe verse el cuadro.

Movimiento Final Aunque el cubista francés Marcel Duchamp adoptó la escultura gracias a la pintura, ¡más adelante adoptó el ajedrez gracias a la escultura!

Inicio Lento Cuando Pablo Picasso nació, lo dio por muerto una partera que creyó que había nacido así. Sin embargo, ¡un pariente cercano rápidamente se dio cuenta que el bebé estaba vivo y lo rescató al revivirlo!

Enorme Colección El Hermitage y el Palacio de Invierno en San Petersburgo, Rusia, son hogar de casi tres millones de obras de arte. ¡El palacio mismo tiene la sorprendente cantidad de 1,786 puertas, 1,945 ventanas y más de 1,000 habitaciones!

Largo Pasillo El Museo de Louvre, en París, hogar de la *Mona Lisa* de Leonardo da Vinci, ¡tiene un exterior que mide 4 kilómetros (2.5 mi) de longitud!

Arte • Pinturas • Escultura • Literatura

Cabeza para Escribir

¡Tapan Dey puede escribir con una pluma sujeta a su cabello o con una que sale de su boca, nariz o incluso un oído!

El artista callejero hindú Dey, de Basirhat, Bengala del Oeste, debe ser el escritor menos convencional del mundo. A pesar de que tiene el uso de sus manos, de todos modos insiste en hacer todo de manera diferente... ¡y escribe con las cuatro extremidades al mismo tiempo al insertar plumas entre los dedos de manos y pies! Con 27 años de edad, también puede escribir sorprendentemente bien en cuatro idiomas diferentes: hindú, asamés, inglés y bangla. Dey, quien desea redefinir el arte de la caligrafía, afirmó: "Me inspiré cuando vi a un niño chico en Calcuta que escribía con ambas manos. Pensé que podía hacerlo mejor".

¡Tapan Dey se prepara a escribir empleando una pluma sujeta a su cabello!

De Rusia Con... Sospecha Karl Marx una vez escribió a su amigo Friedrich Engels, ¡expresando su desconfianza de toda la población rusa!

PROHIBICIÓN DE LIBROS

- *Caperucita Roja*, cuento popular: Estados Unidos, alcoholismo
- *Huckleberry Finn*, Mark Twain: Estados Unidos, racismo
- *Las Aventuras de Sherlock Holmes*, Sir Arthur Conan Doyle: URSS, ocultismo
- *Frankenstein*, Mary Shelley: Sudáfrica, indecencia
- *El Mercader de Venecia*, William Shakespeare: Estados Unidos, ofensivo para los judíos

De Principio a Final La escritora inglesa Mary Shelley (1797-1851) escribió *Frankenstein* cuando sólo tenía 19 años. En contraste, se publicó el primer libro de Alice Pollock, *Retrato de Mi Juventud Victoriana*, de Haslemere, Inglaterra, cuando tenía 102 años de edad.

El Verdadero Norte ¡El escritor inglés Charles Dickens (1812-70) pensaba que sus escritos mejorarían si dormía mirando al norte! Siempre llevaba una brújula para verificar su dirección.

Panoramas No Vistos A pesar de que estaba totalmente ciego y viajaba sin compañero, el escritor británico James Holman (1786-1857) escribió varios excelentes libros de viajes que describen gráficamente sus aventuras en muchas tierras.

¡La biblioteca más extraña de toda la historia! Sabe Ibn Abad (938-995), el Gran Visir de Persia, siempre viajaba con 117,000 libros... incluso cuando iba a la guerra. Su biblioteca móvil se transportaba en 400 camellos, que estaban entrenados para caminar en orden alfabético de manera que se pudiera localizar de inmediato cualquier libro.

Un Grano de Verdad

Las 65 palabras, 254 letras, del Padrenuestro, ¡inscritas en un solo grano de arroz! Se empleaban escritorios de arroz en los museos de lo extraordinario de Ripley en la década de 1930 para producir granos que se vendían como recuerdos. Se piensa que este grano fue hecho por E. L. ("El Sorprendente") Blystone, de Ardara, Pennsylvania, ¡no usó ninguna forma de ampliación para trabajar y su registro personal fue la sorprendente cantidad de 1615 letras en un solo grano!

El Padrenuestro escrito en un solo grano de arroz.

Multitareas ¡El pintor francés Claude Monet (1840-1926) a menudo trabajaba en hasta seis pinturas al mismo tiempo!

Alimentado con Café El escritor francés Voltaire (1694-1778), ¡bebía un promedio de 70 tazas de café al día!

Encuadernado con Piel Humana

Después de que colgaran a John Horwood, cuando se le encontró culpable de asesinato, su cuerpo fue entregado al Hospital Real de Bristol, en Inglaterra, para su disección. El anatomista, Richard Smith, publicó sus hallazgos en un libro y pagó a un curtidor local para que convirtiera la piel desollada del asesino en cuerpo con el cual encuadernar el libro. El libro se puso en exhibición pública por primera vez en 2003.

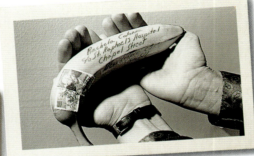

Lector Lento En 1650, el obispo de Winchester, Inglaterra, pidió prestado un libro a la Oficina de Registros del Condado de Somerset. Al final fue devuelto a la Biblioteca del Condado de Somerset en 1985, después de que creciera la multa de 5,000 dólares. ¿El título? *El Libro de las Multas*.

Un plátano enviado por correo a un hospital de Connecticut con dos estampillas postales en 1988, ¡llegó sin daños! La dirección para Rachela Colonna y el mensaje "Te amo", en italiano, estaban escritos en la cáscara y las estampillas estaban cubiertas con cinta transparente.

Una mujer que compró una versión en pasta dura del entonces desconocido *Harry Potter y la Piedra Filosofal* en 18 dólares en 1997, lo vendió en 21,600 dólares en una subasta de 2002. Sorprendentemente exitoso, se ve aquí a Harry Potter (Daniel Radcliffe) en *Harry Potter y la Cámara Secreta* (Estados Unidos, 2002) con Ron Weasley (Rupert Grint).

Literatura

Pottermanía Una "tarjeta de rompecabezas" de 93 palabras, escrita por J. K. Rowling y que contenía pistas de la trama de *Harry Potter y la Orden del Fénix* se vendió a un coleccionista privado de Estados Unidos seis meses antes de la publicación de la novela... ¡por 46,600 dólares!

Tinta para Pensar Al negársele el uso de pluma o papel, René Auguste de Renneville (1650-1723), prisionero en la Bastilla por 11 años, escribió 6,000 líneas de poesía romántica y un libro de historia de diez volúmenes empleando huesos partidos de pollo remojados en una mezcla de ceniza y vino.

Letras Flexibles Las 26 letras del alfabeto inglés se pueden poner en 403,290,000,000,000,000,000,000,000 combinaciones diferentes.

PEDAZOS DE ALFA
- El alfabeto camboyano tiene 74 letras, mientras que los rotokas de Papua Nueva Guinea tiene sólo 11 letras: a, b, e, g, i, k, o, p, r, t, u.
- La única palabra en inglés de 15 letras que se puede decir sin repetir una letra es "uncopyrightable".
- En inglés, si contara números, tendría que llegar hasta mil, "one thousand", antes de encontrar la letra "a".
- No existe una palabra individual para decir "sí" o "no" en japonés.
- La única palabra en inglés de diez letras que puede escribir empleando la hilera superior de un teclado es "typewriter".

Dorothy Nusbaum, de Washington, D. C., era ambidiestra y podía escribir dos oraciones diferentes al mismo tiempo. ¡También podía escribir hacia atrás con la mano izquierda!

Letra de Estaño Laurent de la Baumille, poeta y dramaturgo del siglo XVIII, mientras estaba prisionero en la Bastilla en 1752, ¡escribió una tragedia rascando las palabras en dos placas de estaño con una aguja! Aunque confiscaron las placas, había memorizado las palabras y la obra se presentó posteriormente en teatros franceses.

El poeta italiano Dante Alighieri (1265-1321) tenía fobia respecto a las velas. Así que entrenó a un gato para que sujetara una vela encendida en sus garras mientras él escribía.

Biblioteca de la Frontera La puerta delantera de la Biblioteca Haskell Free y Teatro de Ópera en Derby Line, Vermont, está en Estados Unidos. Pero la puerta trasera está en la provincia de Quebec, Canadá. Durante la Segunda Guerra Mundial, los visitantes canadienses en la puerta de enfrente tenían que mostrar sus pasaportes.

Narración Favorita La condesa Yekaterina Skavronskaya (1761-1829), de Rusia, ¡disfrutó la misma narración 24,090 veces! El mismo sirviente la arrullaba para dormir con la misma historia de hadas todas las noches por 66 años... hasta el día en que murió.

Libro Detrás de los Barrotes ¡El último prisionero en la Bastilla fue un libro! Por orden del rey Luis XVI, el *Dictionnaire Encyclopédique* fue sentenciado a prisión de por vida por los crímenes de liberalismo y deslealtad al estado.

MIGAJAS DE POETA
En 1857, Alfred, Lord Tennyson, el Poeta Laureado de la Reina Victoria, ¡ganaba menos que su cazador de ratas oficial!

Carrera Despedazada Después de trabajar 13 años en escribir un libro sobre soluciones económicas de Suecia, el consultor de empleos, Ulf af Trolle por fin tomó su manuscrito de 250 páginas para que lo copiaran. Sin embargo, ¡sólo se necesitaron segundos para que el trabajo de su vida se redujera a 50,000 tiras de papel cuando un trabajador confundió la copiadora con la trituradora!

EN RELACIÓN CON LAS PALABRAS
- Lo Que el Viento Se Llevó fue el único libro de Margaret Mitchell
- La Biblia es el libro que más robado en Estados Unidos
- El primer libro sobre cirugía plástica se escribió en 1597

Rebaño de Poemas

La escritora inglesa Valerie Laws pintó con rociador palabras de un poema en un rebaño de ovejas en 2002, para ver si los animales se podían ordenar por sí mismos para formar un poema nuevo mientras vagaban en el campo. Artes del Norte le otorgó una beca de 3,400 dólares para el proyecto, que, dijo, sería un ejercicio en literatura "al azar" y mecánica cuántica.

Uno de los poemas creados por los experimentos de Valerie Laws decía: "Cálido, a la deriva, Pastar, Gentil, Blanco bajo el cielo. Suave, Oveja, Espejos, Nieve, Nubes".

Difícil El nombre maorí para una colina particular en la Isla Norte de Nueva Zelanda tiene la sorprendente cantidad de 85 letras: taumatawhakatangihangakoauauotamateaturipukakapikimaugahoronukupokaiwhenuakitanatahu. Traducido, este nombre significa: "El lugar donde Tamatea, el hombre con grandes rodillas, quien resbaló en montañas, las trepó y las devoró, conocido como cometierra, tocaba la flauta a su amada".

Tiempos de Plenitud Un número del *New York Times* contiene más información que la persona promedio en el siglo XVI pudo haber leído durante toda su vida.

Autor Impertérrito John Creasy, autor británico, recibió un total de 774 notas de rechazo antes de que por fin se publicaran sus 564 libros.

TÍTULOS TENTADORES

- Libro Pictórico de Recubrimiento de Lengua
- Muñones de Amputación: Su Cuidado y Tratamiento Posterior
- Retiros de Vacaciones para Gatos y Perros en Inglaterra
- Todo Acerca del Lodo
- Competencias Nacionales Canadienses de Meter la Pata

Hazlo Tú Mismo George Bernard Shaw creó una forma nueva para escribir pez: "Ghoti" en lugar de "fish", para enfatizar las inconsistencias en la pronunciación de ciertas letras. "Gh" como en "enough", "o" como en "women", y "ti" como en "nation".

Influencia Árabe Muchas palabras que usamos todos los días proceden de palabras árabes como "álgebra", que significa una reunión de partes rotas.

Tarea Pesada ¡La Enciclopedia de Legislaciones árabe es tan grande que pesa la sorprendente cantidad de 420 kilos (925 lb) y tiene un índice que requiere seis volúmenes!

Un Cambio Clave El primer manuscrito mecanografiado lo presentó a un editor el autor Mark Twain.

Copias en miniatura del Corán (arriba), el libro sagrado hindú, el Bhagavad Gita (en medio) y la Santa Biblia (abajo).

¡AUNUQE USETD NO LO CERA!

Al paerecr no imptora cauels son las ortas lertas en una plabara, lo úicno ipmoratnte es que la piremra y la útmila lreta etesn en el lguar croretco. El rsteo pedue ser un dseredon y aún lo peudes leer sin porlbeams. Esto se dbee a que la mnete hamuna no lee tdoas las lrtaes, snio la plabara cmoo un tdoo.

Literatura • Música

Espectáculo de Abejas

El doctor Norman Gary, profesor de entomología en la Universidad de California, recorre el mundo con su Emocionante Espectáculo de Abejas, toca jazz de dixieland en el clarinete, ¡mientras hasta 100,000 abejas se aglomeran sobre él e incluso a menudo entran a su boca!

Aparte de una pasión por las abejas, el doctor Norman Gary, de 60 años de edad, toca el clarinete en una banda llamada The Beez Kneez.

Durante cada presentación, que tiene lugar dentro de una caja de acrílico para impedir que las abejas escapen, decenas de abejas entrarán a su boca y zumbarán en el interior. Unas cuantas lo pican cada vez, pero su picadura no lo molesta. El doctor Gary, que se autonombra psicólogo de abejas y que ha estudiado las abejas mieleras por más de 30 años, ha escrito alrededor de 100 artículos científicos sobre la conducta de los insectos.

LAS CINCO CANCIONES QUE MÁS SE TOCAN

Las favoritas del siglo XX en radio y televisión de Estados Unidos

1. **"You've lost that loving feeling"**: The Righteous Brothers
2. **"Never my love"**: The Association
3. **"Yesterday"**: Los Beatles
4. **"Stand By Me"**: Ben E. King
5. **"Can't take my eyes out of you"**: Andy Williams

Soplar Burbujas

El campo musical más extraño del mundo está situado a 9 metros (30 ft) bajo la superficie del mar en la costa de Florida. En julio de 2003, casi 400 personas se sumergieron bajo las olas para escuchar el Decimonoveno Festival Bajo el Agua de Lower Keys.

Música, entre la que estaba "Submarino Amarillo" de los Beatles y extractos de "La Sirenita", se transmitieron desde bocinas suspendidas en botes en la superficie. ¡Algunos participantes del festival musical declaran que han visto peces y otras criaturas marinas disfrutando del concierto!

LAS CINCO MÁS IMPORTANTES
MUERTES MUSICALES

Cinco músicos famosos que experimentaron una muerte prematura en circunstancias extrañas.

1. "Mama Cass" Elliot de Las Mamás y los Papás se ahogó hasta morir con un emparedado en 1974
2. Brian Jones de los Rolling Stones se ahogó en su propia piscina, 1969
3. Terry Kath de Chicago murió jugando a la Ruleta Rusa en 1978. Sus últimas palabras fueron: "No te preocupes, no está cargada".
4. Keith Relf, cantante de los Yardbirds, se electrocutó mientras afinaba su guitarra, 1976
5. Graham Bond, músico de blues, misteriosamente cayó a su muerte bajo un metro en la Estación Finsbury Park en Londres, 1974

NOTAS EXTRAVAGANTES
- Beethoven vertía jarras de agua helada sobre su cabeza para ayudar a la creatividad
- Un violín contiene alrededor de 70 pedazos de madera separados
- En un tiempo se emplearon copias de timbales como moneda en Indonesia
- Existen más de 50,000 imitadores de Elvis en todo el mundo
- Siete por ciento de los estadounidenses piensa que Elvis todavía está vivo
- La sinfonía de 1952, "Victoria en el Mar", escrita por Richard Rodgers, duró 13 horas

- Los instrumentos en el Decimonoveno Festival Bajo el Agua de Lower Keys incluyen trompetas, arpas, guitarras e incluso trombones.

Música 175

El participante del festival de Bill Becker hondea una bandera estadounidense mientras Mel Herlehy toca una guitarra acuática.

Cerdos Musicales El granjero Raymond Collier, de Hampshire, Inglaterra, toca música clásica a sus puercos para aumentar la productividad. Insiste en que los cerdos duermen mejor después de escuchar una sinfonía... a diferencia de sus vecinos que se han quejado de que los mantienen despiertos en la noche.

Vuelo de Capricho En 2003, Bono, solista del grupo irlandés de rock U2, pagó 1,670 dólares para hacer que le enviaran su sombrero favorito, de fieltro, en primera clase a Italia. Había olvidado guardarlo para un concierto de caridad con Luciano Pavarotti.

Observación de la Muerte Elvis Presley solía disfrutar de visitar la morgue local para observar los cadáveres. También tenía fijación con las armas y usaba su televisor como blanco de prácticas.

Primeras Obras Elvis Presley tenía 21 años cuando tuvo su primer éxito. Para esa edad, Mozart ya había escrito 250 composiciones.

Nota Triste
Cuando el baterista de la banda británica The Who, Keith Moon, murió de una sobredosis accidental de drogas en 1978, fue en el mismo apartamento de Londres donde "Mama Cass" Elliot murió cuatro años antes.

Verdadera Emoción En 1971, mientras la estación de radio KFSM, de Calgary, tocaba "I feel the earth move", de Carole King, el estudio se colapsó.

Estrella Distante A Pyotr Ilych Tchaikovsky (1840-93) le otorgó una generosa asignación anual la viuda acomodada Nadezhda von Meck, siempre y cuando nunca se conocieran. Ella estaba convencida que se desilusionaría si alguna vez conocía a su ídolo en persona.

El Enigma de Rossini El compositor italiano Gioacchino Rossini (1792-1868) escribió 53 óperas grandes antes de su cumpleaños 11. ¿Cómo es posible? Nació el 29 de febrero y, ¡sus cumpleaños sólo sucedían una vez cada cuatro años!

Ritmo de Moto Una "orquesta" de 100 motociclistas aceleraban sus motocicletas a diferentes intensidades en una exhibición en Estocolmo en 2000 para presentar "Vrooom", una pieza de cinco minutos del compositor sueco Staffan Mossenmark, quien ondeó banderas de carreras en lugar de una batuta.

Nada de Cantar Juntos En 2002, el primer ministro de Camboya, Hun Sen anunció que prohibía todos los clubes de karaoke del país. Dijo que cualquier club que todavía estuviera abierto sería destruido con tanques militares.

El Blues de la Casa Blanca El presidente William Howard Taft (1857-1930) no tenía nada de oído musical, así que no podía reconocer el himno nacional. Se le tenía que decir cuándo ponerse de pie.

Buzos y personas con esnórquel "tocan" instrumentos bajo el agua mientras otros buzos y personas con esnórquel "escuchan".

Tocar en Frío

La Exhibición de Arte en Hielo tiene lugar en el Nocka Strand, en Estocolmo. Las exhibiciones, que incluyen instrumentos musicales además de los famosos suecos, se hacen con agua del río Tome de Suecia.

Visitantes a la Exhibición de Arte en Hielo se protegen con abrigos y zapatos cálidos antes de ver los instrumentos que están hechos con 120 toneladas de hielo cristalino.

Nueva Arruga ¡Nunca se puede ser demasiado viejo para rockear! Las hermanas gemelas Kin Narita y Gin Kanie tuvieron una canción de éxito en Japón a la edad de 99 años.

Se tocan cientos de cuernos alpinos de 4 metros (12 ft) en el Festival de Cuerno Alpino en Suiza. Los músicos emplean una pieza bucal de madera con forma de taza para ajustar el sonido que emite el instrumento.

Reacción Encendida Elizabeth Billington, la mayor cantante de Inglaterra de su época, tenía una voz tan poderosa que cuando cantó en Nápoles en 1794, los italianos la acusaron de causar la erupción del Monte Vesubio. Después la echaron del pueblo los iracundos residentes.

COINCIDENCIA TRÁGICA

La estrella de rock, Duane Allman murió en un accidente de moto en Macon, Georgia, en 1971. Por una macabra coincidencia, su compañero de Allman Brothers, Berry Oakley, murió en otro choque de moto a sólo tres cuadras de distancia un año después.

Música

Don Tranger, de Meadville, Pennsylvania, podía tocar tres trompetas al mismo tiempo, en 1937.

En la década de 1930, Chas Cheer era conocido como el hombre con la cabeza de xilófono. Se podían tocar melodías en su cráneo mientras él formaba las notas abriendo y cerrando la boca.

Visión Desde Lejos "When Irish eyes are smiling" fue escrita por un alemán, George Graff, quien nunca había puesto un pie en Irlanda en su vida.

Acorde Memorable El músico francés Yves Klein compuso una "Sinfonía Monótona", que consiste en un acorde único que se mantiene por 20 minutos.

Error de Gaita En la década de 1960, una compañía discográfica escocesa sacó un disco de gaita en que la música estaba al revés. El error surgió después de que la cinta maestra se procesó de una cinta que por accidente se tocó en reversa. Se vendieron cientos de ejemplares antes de que se notara el error.

Palabras Proféticas Lena Gilbert Ford, la autora de la letra de "Keep the home fires burning", murió en un incendio en su casa.

Simón Dice Sólo un hombre sabe a quién le cantaba Carly Simon en su éxito de 1972, "You're Vain". Dick Ebersol, presidente de NBC Deportes, ofreció 50,000 dólares en una subasta de caridad de 2003 por el derecho a escuchar la información de la misma Simon. La única condición fue que tenía que jurar no decírselo a nadie más.

Tambor del Clima El célebre baterista Gene Krupa podía predecir el clima según el sonido de sus tambores. Un sonido sordo indicaba lluvia, mientras que un tono vibrante significaba buen clima. En 1944, afirmó que no había hecho una predicción incorrecta en 15 años.

Maddona Temperamental Cuando adolescente, corrieron a Maddona de una tienda Dunkin' Donuts, de New York, por rociar mermelada a un cliente.

Inversión Fatal Conocido por tocar la armónica más pequeña del mundo, el maestro musical de México Ramón Barrero inhaló en mal momento durante una presentación en Iguala, en 1994, y se ahogó hasta morir con su instrumento.

Diez mil músicos jóvenes chinos se reunieron el 2 de julio de 2002 para tocar seis tipos de instrumentos de percusión para celebrar el quinto aniversario de la entrega de Hong Kong por parte de Inglaterra a China.

La bicicleta musical se inventó antes que la radio. Samuel Goss, de Chicago, ajustó los alambres y macillos de piano al cuadro de una bicicleta en tal forma que se podían tocar diferentes melodías de acuerdo a la velocidad de la máquina.

Aunque Ud. No Lo Crea de Ripley

Estrategia Clásica
En 2003, el Consejo de Stoke-on-Trent, en Stafforshire, Inglaterra, anunció que la Sinfonía en Re Menor No. 9 de Beethoven se tocaría continuamente en un estacionamiento de muchos pisos en un intento por alejar a vagabundos sin hogar. Se esperaba que los cambios frecuentes de tono y tiempo de la sinfonía serían tan irritantes que impediría que la gente sin casa durmiera ahí.

Debut Fatal Mientras se presentaba en la Ópera Metropolitana de New York en 1995, el tenor Richard Versalle, de 63 años de edad, sufrió un infarto fatal y cayó de una escalera de 3 metros (10 ft) después de cantar la línea "Es muy malo que sólo puedas vivir cierto tiempo" de la escena inicial de *El Caso Makropulos*, una ópera checa sobre un elíxir que asegura la juventud eterna. Como era el estreno del espectáculo en New York, el público pensó que era parte de la trama.

Rock del Espacio El astronauta estadounidense Charles Conrad amaba tanto la música de Jerry Lee Lewis que llevó un casete al espacio a bordo del *Apollo XI*.

De Bach a Bach Johann Sebastián Bach procedía de una familia de 62 músicos profesionales.

Los Juguetes del Rey ¡Elvis Presley era dueño de 18 televisores, 100 pares de pantalones, 21 capas, 8 autos, 7 motocicletas, 3 tractores, 7 autos para golf, 3 casas móviles y 6 caballos!

Diva Determinada La cantante folclórica rumana Joan Melu tuvo una presentación de dos horas, con un intervalo, en el Teatro Capitol de Melbourne, en 1980, a pesar del hecho de que nadie volteaba a verla. ¡Incluso cantó una repetición!

Corto pero Dulce Un álbum instrumental grabado por el artista Gadfly dura sólo 32 segundos.

Nacidos para Ser Famosos
No todos los músicos nacieron para la grandeza: Shirley Bassey solía cambiar orinales, Joe Cocker era fontanero, Bette Midler trabajaba cortando piñas, Sting tenía trabajo de conductor de camión, Cyndi Lauper empezó limpiando criaderos de perros.

Ozzy Osbourne trabajó una vez en un matadero de reses.

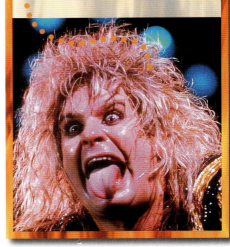

Rubini, el rey de los tenores italianos del siglo XIX y héroe de la Casa de la Ópera de La Scala en Milán, ¡una vez cantó una nota alta con tal fuerza que se rompió el esternón!

Ripley's — RETRATO DE LOUIS ARMSTRONG EXHIBICIÓN NO: 22073 CREADA CON CASI 30,000 IMITACIONES DE PIEDRAS POR KENT BURKITT DE CANADÁ

Música • Actuaciones

Monsieur Mangetout

Cuando **Michel Lotito**, francés de Grenoble, se sienta a cenar, el menú podría empezar con un par de esquís de aluminio, seguido por un carrito de supermercado (con un platillo extra de hojas de afeitar) y terminar con un televisor, todo con unos cuantos vidrios para pasarlo.

Lotito, quien actúa con el nombre escénico de Monsieur Mangetout (Señor Come Todo), ha hecho una carrera de devorar metal, vajillas y vidrio sin sufrir efectos negativos. Desde la edad de nueve años, ha estado masticando monedas, cubiertos, platos, bicicletas (dice que las cadenas es la parte más sabrosa) e incluso un féretro... vacío, por supuesto. Su mejor momento fue en Caracas, Venezuela, en 1978, cuando empezó a comer un avión ligero Cessna 150. Comiendo unos cuantos bocados todos los días, le tomó dos años terminarlo. Lotito atribuye su habilidad para comer y pasar esos artículos naturalmente al hecho de que nació el 15 de junio de 1950, a la mitad del día intermedio del mes intermedio del año intermedio del siglo XX. Sin embargo, los expertos médicos tienen una explicación más lógica: descubrieron que el recubrimiento de su estómago e intestino es del doble de grueso del de un humano promedio.

Michel Lotito mastica un apetitoso plato de partes de auto.

Hasta la Piel
En el Festival Marginal Internacional de New York, la bailarina rusa Ksenia Vidyaykina no se detuvo al despojarse de la ropa... ¡entonces pareció que también se despojaba de la piel! En una presentación llamada "Atrapada", se quitó una toga chiffón y luego procedió a retirar piel falsa de hule de sus muslos, completando el acto con gotas de sangre falsa. Dijo que la idea era mostrar la belleza y valor de despojarse de sus diversas capas.

Bukur, un gitano de Flesendorf, Transilvania, estaba tan rebosante de alegría por el nacimiento de sus gemelos que puso a los bebés recién nacidos en una olla enorme y bailó una hora completa con la olla y los bebés en equilibrio sobre su cabeza.

Aunque Ud. No Lo Crea de Ripley

Dos jóvenes hermanas de Mongolia, Anu y Nandukhai, muestran sus trucos de contorsionismo de escenario en dos casillas de la estación de Hamburgo, en Alemania.

Pleito en Monty Una versión de escenario de *The Full Monty* se canceló poco después de un pleito a puñetazos entre dos actores, a mitad de la representación. Pierre Cosso, a quien llevaron al hospital con la nariz rota, se peleó con Christian Mulot en una discusión sobre el nivel de ruido tras bastidores durante su parte de solo.

Perfecto Movimiento de Pies El Zamalzain, líder de una compañía de baile vasco, debe saltar a gran altura y aterrizar en un vaso de vino con tal suavidad que no lo rompa ni derrame una gota de vino.

Perros Cha Cha Cha Clansko, en la República Checa, es escenario de un campeonato anual de baile, con una diferencia. ¡Es para perros, que pueden competir en enfrentamientos de solo o con sus dueños en una competencia de parejas!

Resumen Originaria de California, en 1981 la Compañía de Shakespeare Reducido presentó todas las 37 obras de teatro y 154 sonetos del Bardo... en sólo 90 minutos.

Un Choque de Auto en el Mar Una producción del Palladium de Londres del musical Chitty Chitty Bang Bang, que se realizó con la presencia del príncipe de Gales, se abandonó antes del intermedio, cuando el personaje principal, el auto, chocó en el escenario con un barco.

DANÉS CONGELADO
Se escenificó una producción de Hamlet en un teatro helado de 8 metros (27 ft) de alto en 2003. El teatro, en Jukkasjaervi, al norte de Suecia, está hecho a semejanza del Teatro Globe de Londres y, en consecuencia, no tiene techo. Las temperaturas bajaron hasta –31°C (-24°F) durante los ensayos.

Paga que Se Fija Los gitanos bailarines de Tirana, Albania, actúan con tal vitalidad que los espectadores tradicionalmente les pagan poniendo monedas en sus frentes. Los bailarines sudan tanto que las monedas se pegan a su piel.

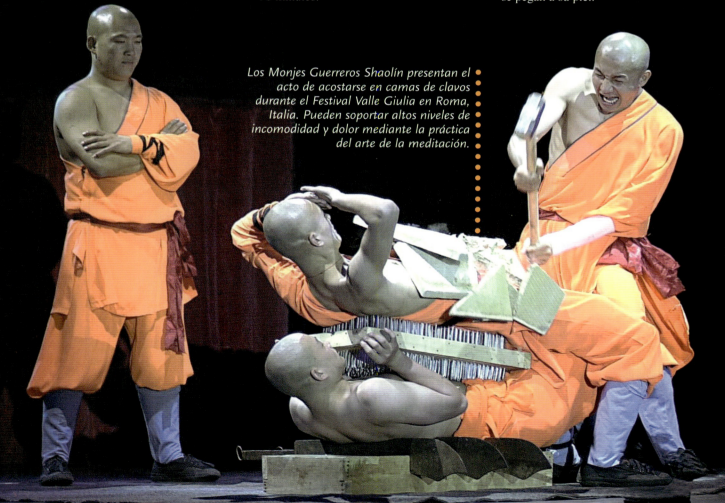

Los Monjes Guerreros Shaolín presentan el acto de acostarse en camas de clavos durante el Festival Valle Giulia en Roma, Italia. Pueden soportar altos niveles de incomodidad y dolor mediante la práctica del arte de la meditación.

Actuaciones

Jim Tarven era un gigante de 2.40 metros (7 ft 11 in) de alto. Pesaba 176 kilos (390 lb). En contraste, la otra mitad del doble acto era Mary Schmidt (en el sombrero) que sólo medía 1 metro (3 ft 5 in) de alto y pesaba sólo 38 kilos (84 lb). Esta foto se tomó en 1930, cuando ambos eran parte del circo Sells-Floto-To-Mix.

Marx en la Cúspide Una producción del Manifiesto Comunista se convirtió en el éxito sorpresa del circuito de teatros de Buenos Aires en 2003. La adaptación de la obra de 1848 (que presentaba a Karl Marx) atrajo grandes multitudes cuando la representó la compañía de teatro Lucharte en una compañía panadera local.

Cierre Rápido La obra de Lord Lytton, *La Dama de Lyons,* se inauguró y terminó en el teatro Shaftesbury de Londres el 26 de diciembre de 1888. Después de esperar pacientemente una hora, enviaron a casa al público ya que nadie pudo levantar la cortina de seguridad.

Un Buen Giro... Madame Favart, estrella de la Opera Comique, París, fue la primera actriz en divertir a los soldados durante la guerra. En 1746, en lo más duro del conflicto entre Francia y Austria, llevó una compañía completa al frente para divertir a las tropas francesas. De hecho, resultó ser tan popular que los austriacos enemigos le pidieron hacer un espectáculo para su ejército. ¡Así que terminó divirtiendo a ambos lados!

Desnudos de Cine Un teatro en Berlín contrató acomodadores desnudos para llevar a los espectadores a sus asientos en el estreno de *El Arte Se Libera,* de Christoph Schlingensief.

Mirar Hacia Atrás ¡Una sociedad secreta de acróbatas africanos, conocidos como los hombres pájaro de Guinea, sólo aceptan miembros nuevos si pueden girar la cabeza 180 grados!

Éxito Rugiente El actor francés Charles Dullin (1885-1949) tuvo el público más peligroso imaginable... cuando recitó poesía en una jaula de leones.

Sin Cuerdas Un contorsionista de vodevil de la década de 1930, llamado Brawerman (o "rey Brawn") podía pasar todo su cuerpo por una raqueta de tenis sin cuerdas.

Un esqueleto gigante que representa a la Muerte está de pie en un lago sosteniendo abierto con los dedos huesudos el Libro de la Vida. El escenario suspendido sobre el agua era la escena para la ópera de Verdi, Un Baile en Maschera, durante el Festival Bregenz, en julio de 2000. Los actores parecen empequeñecidos por este enorme escenario.

Aunque Ud. No Lo Crea de Ripley

Descanse en Paz
La legendaria actriz francesa Sarah Bernhardt (1844-1923) solía aprender sus líneas mientras se recostaba en un féretro. El féretro forrado de seda viajaba con ella en sus giras. También dormía en él y lo usaba como escenario para entretener a una serie de amantes, entre ellos Napoleón III, el novelista Víctor Hugo y el príncipe de Gales... el futuro rey Eduardo VII de Inglaterra.

Venta Total del Asiento Posterior
En el Festival Alternativo de Edimburgo en 1981, el Club Bogdan presentó la obra *2001* en el asiento posterior de un auto Hillman Avenger. El máximo público para cada representación era de cuatro, pero los oficiales de seguridad se quejaban porque el teatro en ruedas no tenía luces de salida ni espacio entre los pasillos.

Sólo para Tus Ojos
Charles Monselet (1825-88), el más importante crítico teatral de Francia por 42 años, ¡nunca vio una obra en toda su vida! En lugar de eso, siempre esperaba en un bar cercano durante el estreno, donde amigos más tarde le informaban sus impresiones de la obra.

Erigido en Etapas
Un teatro al aire libre se creaba todos los años cerca de Puchheim, Austria, poniendo planchas en las ramas horizontales de un alto árbol de tilo. Se erigían cuatro escenarios para crear un teatro de cuatro pisos, con la capacidad de contener 140 actores.

Travesuras de Animales
Al público en la antigua Grecia lo sorprendían ejecutantes que presionaban parte del cuello de una cabra, obstruyendo la arteria que va al cerebro, ¡lo que causaba que el animal se durmiera! Luego, la cabra despertaba cuando se quitaba la presión.

Las bailarinas del antiguo Cnosos en la isla de Creta, solían terminar su baile saltando sobre un toro de carga a punto de embestir... ¡siempre saltando entre los cuernos del animal!

Estrella Que Desaparece
En una representación de 1787 de *Hamlet,* ¡el artista principal tenía tal miedo a salir al escenario en la segunda noche que la obra continuó sin él! ¡Muchos espectadores afirmaron que preferían la obra sin el personaje central!

Marcel Steiner representa Macbeth en su propio teatro... ¡construido en una motocicleta de 650 cc! En otra ocasión, representó *La Tempestad* en el estacionamiento de la Compañía Real de Shakespeare, en Stratford, Inglaterra, ¡mientras la compañía llevaba a cabo una versión más grandiosa de alguna obra en el interior!

Maquillaje de Monstruos

Las técnicas de maquillaje de películas han cambiado drásticamente. Para la película de culto, *Un Hombre Lobo Americano en Londres* (Estados Unidos, 1981), el maquillaje predigital y las prótesis del cuerpo se consideraron innovadoras en la industria cinematográfica en ese tiempo.

VOZ HUMANA
El director Peter Jackson dijo: "El personaje de Gollum es una criatura totalmente digital, pero estaba decidido que quería un actor que en verdad creara el personaje". Sin embargo, algo que pertenece por completo a Andy Serkis fue su voz distintiva.

Rick Baker también aplicó maquillaje tradicional en películas como la nueva versión de *El Planeta de los Simios* (Estados Unidos, 2001) y *Thriller* de Michael Jackson. Pero el maquillaje tradicional de las películas podría ser pronto algo del pasado. Hollywood se ha vuelto digital. El sistema empleado en *El Señor de los Anillos: Las Dos Torres* (Estados Unidos y Nueva Zelanda, 2002) se llama fotografía de captura de movimiento. El actor Andy Serkis entraba al estudio usando un traje que tenía puntos reflejantes por todas partes, cada punto en relación con una articulación de su cuerpo, y actuaba la escena. Luego, veinticinco cámaras que proporcionan la información a una computadora, que captura sus movimientos y los convierte en la versión digital de Gollum. Era este Gollum animado el que se vio en la pantalla.

Completar la transición de hombre a bestia en Un Hombre Lobo Americano en Londres, *le tomó diez horas al día a Rick Baker, artista de maquillaje ganador del Oscar.*

Gracias a avances en la tecnología digital, se pueden lograr fantásticos efectos visuales sin maquillaje. En la película El Señor de los Anillos: Las Dos Torres, *el personaje de Gollum se produjo digitalmente para que tuviera 300 músculos que en realidad se movían además de 250 diferentes expresiones faciales. Fue parte actuación, parte animación.*

184 Aunque Ud. No Lo Crea de Ripley

Tom Hanks es pariente de Abraham Lincoln. Es descendiente directo de Nancy Hanks, la madre de Lincoln.

Gemelo Siamés Al nacer, el actor estadounidense Andy García, tenía un gemelo de un tamaño de alrededor de una pelota unido a su hombro izquierdo. Retiraron quirúrgicamente al gemelo pero murió poco después.

¿Cuál Agente? Cuando tenía diez años de edad, a Leonardo DiCaprio le aconsejó su agente que cambiara su nombre a Lenny Williams, más aceptable para los estadounidenses.

Mal Aliento Vivien Leigh odiaba besar a Clark Gable en *Lo Que el Viento se Llevó* (Estados Unidos, 1939) porque decía que tenía un aliento terrible.

Perro Mimado Es una vida de perros. Cuando Ava Gardner murió en 1990, le dejó a su perro corgi, Morgan, un ingreso mensual además de su propia limosina y sirvienta.

Drenaje Pegajoso La sangre empleada para la escena de la bañera en la película de horror *Psycho*, de Alfred Hitchcock (Estados Unidos, 1960), en realidad era jarabe de chocolate. Se necesitaron siete días para tomar la escena.

Como Si No Tuviera Ubres En las primeras caricaturas de Clarabella, las ubres de la vaca siempre estaban discretamente tapadas con un delantal por temor a molestar a quienes son muy moralistas.

PRIMEROS TRABAJOS DE ARTISTAS

- Warren Beatty: exterminador
- Sylvester Stallone: limpiador de jaulas de león
- Errol Flynn: castrador de ovejas
- Sean Connery: pulidor para un fabricante de féretros
- Keanu Reeves: administrador de un restaurante
- Burt Lancaster: vendedor de ropa interior femenina
- Michelle Pfeiffer: cajera de un supermercado
- Alan Ladd: vendedor de Hot dog
- Kirk Douglas: limpiador de vidrios
- Jayne Mansfield: vendedora de ollas

En Charola de Plata Mel Gibson logró su primer papel protagónico en la película *Mad Max* (Australia, 1979) porque los productores estaban buscando a alguien que pareciera cansado, derrotado y con cicatrices. La noche anterior de su prueba en pantalla, atacaron a Gibson tres borrachos.

Las Raíces de Judy Judy Garland era descendiente del expresidente de Estados Unidos, Ulysses S. Grant.

"Extras" Extra

Algunos directores van a los extremos para lograr una escena realista. En la película *Gandhi*, de Richard Attenborough (Reino Unido, 1982) aparecieron en escena más extras que en cualquier otra épica histórica. Se ha sabido de otros directores que han contratado a regimientos, incluso ejércitos completos, para que tomen parte en una escena, como en la épica hecha por los nazis, *Kolberg* (Alemania, 1947).

En el set de Gandhi (Reino Unido, 1982) el director empleó 300,000 extras para actuar como dolientes en la escena inicial del funeral.

Películas

La Miel de Kate Kate Winslet, estrella del Titanic (Estados Unidos, 1997), apareció por primera vez bailando con el Monstruo de la Miel en un comercial de televisión para el cereal de desayuno Sugar Puffs.

Manía por las Películas En la India, todos los días más de 15 millones de hindúes van al cine.

Chaplinesco Charlie Chaplin una vez quedó en tercer lugar en una competencia de parecido con Charlie Chaplin.

Sin Esperanzas Mientras estaban en la escuela, los ahora exitosos actores Gene Hackman, Dustin Hoffman y Robin Williams, sus compañeros votaron que eran "Los Menos Probables de Tener Éxito".

Ojos Abiertos a la Fuerza El tipo duro de la pantalla, Edward G. Robinson, odiaba actuar en papeles de matón. De hecho, el sonido de los balazos hacía que entrecerrara tanto los ojos que tenían que abrir sus párpados con cinta adhesiva.

El Hombre Araña En 1993, nombraron una especie recién descubierta de araña, *Calponia harrisonfordi* en honor a la estrella de Hollywood, Harrison Ford, por su película de temor a los arácnidos.

Bela Lugosi (1882-1956) era el vampiro que no podía soportar la vista de sangre. Afamado por su representación sedienta de sangre del Conde Drácula en las películas, Lugosi a menudo se desmayaba ante la vista de sangre real.

Aunque Ud. No Lo Crea de Ripley

Centro de los Reflectores
Un faro de Gales del Norte con espacio para 12 espectadores fue el sitio de un estreno de películas en 2003. El faro de South Stack en la Isla Anglesey exhibió una película de 15 minutos de Elaine Townson llamada *Las Aves y una Maleta* (Reino Unido, 2002). No es el sitio más fácil al cual llegar, el público tuvo que bajar más de 400 escalones para llegar al remoto cine.

Desperdicios de Tamaño Real Para la nueva versión de *King Kong* (Estados Unidos, 1976), los productores ordenaron la construcción de un robot de 12 metros (40 ft) de alto y 5,896 kilos (13,000 lb) de peso, de control electrónico, con una envergadura de brazos de 6 metros (20 ft) cubierto con dos toneladas de pelo de caballo para simular piel. Sin embargo, ¡la costosa creación apareció sólo diez segundos en la película y la mayor parte del tiempo se presentó a un actor en traje de gorila actuando en sets miniatura!

Maratón de Películas Aficionados tailandeses a las películas vieron 36 películas en dos días y medio en 2003, superando un récord estadounidense establecido dos años antes. El grupo de 17 personas vio películas por 64 horas 58 minutos como parte del Festival Cinematográfico Internacional de Bangkok. Tuvieron descansos de 15 minutos después de cada tercer película.

Sin Ombligo Alfred Hitchcock no tenía ombligo. Desapareció cuando lo suturaron después de una operación.

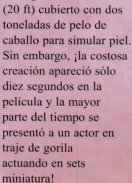

"20 donas al día por cinco semanas"

Renée Zellweger tuvo que subir de una talla 6 a una 14 para su papel estelar en Bridget Jones: The Edge of Reason *(Estados Unidos, 2004).*

Zapatos Se hicieron a Reese Witherspoon 63 pares de zapatos especialmente para la película *Legally Blonde 2* (Estados Unidos, 2003).

Prohibición Sueca Prohibieron la película familiar *E. T.* (Estados Unidos, 1982) en Suecia para menores de once años por el temor que mostrara padres que son hostiles a sus hijos.

Una Gran Mamá Cuando Cary Grant actuó como el hijo de Jessie Royce Landis en *North by Northwest* (Estados Unidos, 1959), ¡tenía 55 años y ella 54!

Renée Zellweger, que aquí se ve en Bridget Jones Diary *(Estados Unidos, 2001), comió 20 donas al día por cinco semanas para aumentar 6.5 kilos (14 lb) para la secuela,* Bridget Jones: The Edge of Reason *(Estados Unidos, 2004). Su dieta también incluyó una hamburguesa con papas fritas, sabrosos bísquets con gravy y malteadas ricas en grasa... ¡todo para desayunar!*

Películas

Se emplearon más de 1,600 pares de orejas y pies de látex durante la filmación de El Señor de los Anillos: Las Dos Torres (Estados Unidos y Nueva Zelanda, 2002) cada una cocinada en un horno especial.

Las Cinco más Importantes
ACTRICES DE HOLLYWOOD
(basándose en las ganancias de 2002)

1. **Julia Roberts:** 20.3 millones de dólares por película
2. **Cameron Díaz:** 20 millones de dólares por película
3. **Drew Barrymore:** 15.6 millones de dólares por película
4. **Jodie Foster:** 15.6 millones de dólares por película
5. **Reese Witherspoon:** 15.6 millones de dólares por película

Caricatura de Miedo Se prohibió a Mickey Mouse en Rumanía en 1935 ya que las autoridades pensaban que era probable que un roedor de 3 metros (10 ft) de alto asustara a los niños de la nación.

Correo de Ratón Mickey Mouse recibió 800,000 cartas de admiradores al año.

Rechazo Presidencial Hollywood rechazó un guión de película del presidente Franklin D. Roosevelt sobre el *Old Ironsides,* uno de los barcos de guerra más famosos de Estados Unidos.

Papá Vigila La actriz Evelyn Venable, voz del Hada Azul en *Pinocho* (Estados Unidos, 1940) tenía prohibido besar en la pantalla... por órdenes de su padre.

Actuar de Caballo Mack Sennett, productor de *The Keystone Cops*, ¡empezó su carrera actuando como las patas traseras de un caballo de escenario!

Hombre Serio El contrato de Buster Keaton con MGM en la década de 1920, le impedía sonreír en la pantalla.

¡Cuidado con el Lenguaje! Clara Bow (1905-65) tenía escrito en su contrato con Paramount que nadie del equipo de rodaje podía usar lenguaje indecente en su presencia. A su vez, le ofrecieron una bonificación de 500,000 dólares si no se metía en escándalos. No pudo cobrar.

Fuera el Pato ¡Una vez prohibieron al Pato Donald en Finlandia ya que no usa pantalones!

Estrellas con Fallas
Todo puede parecer perfecto en el mundo de las películas, pero no siempre son lo que parecen: Demi Moore nació bizca; el acta de nacimiento de Clark Gable lo clasifica como mujer, los Oscares se hicieron de madera durante la Segunda Guerra Mundial... para ahorrar metal, y Johnny Depp le tiene fobia a los payasos.

Clint Eastwood es alérgico a los caballos.

DIVERSIÓN Y JUEGOS

La Tierra de los Gnomos

Dos veces a la semana, Ron Broomfield se viste como un gnomo de jardín, completo con gorra, pipa y caña de pescar, que son obligatorios, ¡y se une a unos cuantos cientos de pequeños compañeros en su jardín!

Ron Broomfield, de 63 años de edad, comparte su casa en Alford, Lincolnshire, Inglaterra, con casi 1,000 gnomos de jardín.

No es sorprendente que no haya lugar para una esposa en esta colección. "Ya no estoy casado", confesó Ron, "pero para ser francos, no había lugar para una mujer. Los gnomos se han convertido en mi vida". El pasatiempo de Ron hasta la fecha le ha costado más de 33,000 dólares, pero todo es por una buena causa, mientras emplea los gnomos para ayudar a juntar fondos para caridad.

La gente colecciona todo tipo de hombrecitos. La cuarta convención anual de coleccionistas de Michellin tuvo lugar en julio de 2003, en Clermont Ferrand, Fancia.

Hobbies • Colecciones

Ojos en el Pasado

En 1998, Sotheby's subastó una colección de 2,000 ojos de vidrio. La colección contenía ojos de diferentes colores... desde azul y verde claro hasta avellana y café. Vendidos por separado a adultos y niños de todo el mundo, la colección se originó en la Inglaterra de mediados del siglo XIX. Se cree que en el siglo IX a.C., los egipcios crearon ojos artificiales vertiendo cera o yeso en las órbitas de los muertos, después de extraer los ojos. Se insertaba una piedra preciosa en medio para representar el iris.

La experta en subastas de Sotheby's, Catherine Southon, posa con los ojos de vidrio antes de que se vendieran en subasta.

Novia Ecológica Susan Lane, de Toluca Lake, California, crea vestidos de boda y ramos de novia de basura reciclada... ¡lo que incluye bolsas de plástico, cartones de huevo y bolas de algodón!

El Pastel Más Alto El pastel de novios más alto del mundo se preparó para la boda del príncipe heredero holandés Willem-Alexander con la princesa Maxima en febrero de 2002. La parte superior del pastel se alzaba a 18 metros (59 ft) sobre la plaza del pueblo, en Ommen, Holanda.

Tiempo de Cosechar A Otto Wegner, de Estrasburgo, Francia, le tomó 15 años construir un reloj hecho totalmente de paja, incluso tenía mecanismo de paja, ¡y funcionaba!

Difícil de Igualar Hans Swoboda, de Chicago, construyó un modelo de la catedral de Colonia de 3 metros (9 ft) de alto con 2,500,000 cerillos.

Mansión de Playa Un castillo de arena construido por M. S. Di Persio, de Bradley Beach, New Jersey, ¡midió 2.5 metros (8 ft 2 in) de alto y contenía 33 pisos, 1,637 ventanas, 84 puertas y 752 escalones!

¡Miles de coleccionistas asistieron a la Convención de Coleccionistas de G. I. Joe, en Washington en 1999, para conmemorar el 35 aniversario del G. I. Joe!

A JUGAR

- Se ha incluido suficiente cuerda en los juegos de Clue y Cluedo para rodear el mundo
- El yo-yo se basó en un arma de combate filipina
- ¡Existen 1,929,770,126,028,800 combinaciones diferentes posibles de color en un cubo de Rubik!
- Si todos los vestidos que se han comprado para Barbies desde su creación en 1959 se extendieran un extremo contra otro, llegarían de Londres, Inglaterra, a Sydney, Australia, cuatro veces
- Todos los días se imprime más dinero para los juegos de Monopolio que para el Tesoro de Estados Unidos

Jacqueline Voisenet tenía una sorprendente colección de 647 orinales, reunidos durante un periodo de 12 años.

Mezcla Médica

En el Museo Mütter puedes encontrar exhibiciones tan diversas como un molde de los gemelos siameses Chang y Eng (además de sus hígados unidos), el tumor canceroso que se extrajo a escondidas del presidente Grover Cleveland, y un pedazo del tórax de John Wilkes Booth, ¡el asesino de Abraham Lincoln! Entre otras exhibiciones se encuentra los cálculos biliares extirpados al presidente del Tribunal Supremo de Estados Unidos, John Marshall, y un colon gigante, que se exhibe en una caja de vidrio. La colección de Chevalier Jackson contiene objetos que fueron tragados y extraídos, además de 3,000 artículos recuperados de cuerpos humanos, como un pequeño barco de guerra de metal, municiones, un par de lentes para teatro y dentaduras. Sin duda, la atracción más antigua es el cuerpo de la "Mujer Jabón". ¡Murió de fiebre amarilla en el siglo XIX y la enterraron en un suelo que contenía sustancias químicas que convirtieron su cuerpo en jabón!

El Museo Mütter, en Filadelfia, es hogar de algunas de las exhibiciones más extrañas del mundo, ¡como cráneos, un tumor canceroso e incluso cálculos biliares!

Poder del Ombligo Graham Barker, de Perth, Australia, ha reunido la pelusa de su ombligo desde 1984. Conserva la bola de pelusa de 15.4 gramos (0.5 oz) en su baño para mostrarla a visitantes.

Sal Valiosa John Rose, de Lebanon, Indiana, tiene una colección increíble de más de 2,000 saleros y pimenteros.

Maestro de Cercas Jesse S. James, de Maywood, California, ¡solía entusiasmarse con el alambre de púas y coleccionó más de 200 tipos diferentes!

Metal Morris Karelfsky, de Tamarac, Florida, ha hecho más de 500 sillas (algunas de sólo un dieciseisavo de pulgada de grueso) con latas de estaño.

Sin Igual James A. Davis, de Caryville, Tennessee, construyó un violín hecho de 5,327 cerillos. Lo conservaba en un estuche especial de 18,593 cerillos.

A la Carta Jacques Routof, de París, Francia, ¡tiene una colección de más de 15,000 menús, incluyendo uno del Palacio Elysée de 1905, que honra al rey y la reina de España y lista 29 platillos!

Listo para la Turbulencia

El holandés Nick Vermeulen es el hombre al que debes conocer si te sientes mal en los viajes. ¡Nick es el orgulloso propietario de una creciente colección de más de 2,000 bolsas para mareo de líneas aéreas!

Tal Vez Mañana "Deja Todo Para Mañana Hoy" es el lema del Club Estadounidense de Dejar Todo para Mañana, con sede en Filadelfia. De acuerdo a las reglas, ¡cualquiera que llene la solicitud de afiliación y la envíe de inmediato puede olvidarse de unirse!

Fabricantes de zapatos filipinos pasaron 77 días en 2002 haciendo un par de zapatos de 5.5 metros (18 ft) y 2 metros (7 ft) de ancho. Los zapatos, cada uno de los cuales podría contener a 30 adultos, fueron del tamaño francés 753. Los hicieron con 67 metros (720 ft) cuadrados de piel, 225 kilos (495 lb) de pegamento y 1,000 metros (3,300 ft) de hilo.

Hobbies • Colecciones

Museo Macabro
La Tragedia en el Museo de Historia de Estados Unidos, en St. Augustine, Florida, que cerró en 1998, contenía muchas exhibiciones macabras. Entre ellas estaba el auto en que la actriz Jayne Mansfield fue decapitada en 1967 y la ambulancia en que llevaron al asesino del presidente Kennedy, Lee Harvey Oswald, al hospital después de que le disparara Jack Ruby.

Congreso de Jims Cuando la Sociedad de Jim Smith celebró su 14 convención anual en la isla Kings, Ohio, en 1983, alardeaba de tener cerca de 1,200 miembros... todos llamados Jim Smith. ¡Fue notable que cinco fueran mujeres!

Ciudadanos Erguidos En la década de 1970, en Austria existía un club privado para hombres que desearan que los enterraran de pie.

Pedazos de Polvo El Museo del Polvo, en Boston, Massachusetts, alberga pelusa y material de todo el mundo, lo que incluye polvo genuino de lugares tan diversos como Antártida y la mansión Clampett del programa de televisión *The Beverly Hillbillies*.

Bebedor Importante Felix Rotter, de Alemania, es el orgulloso dueño de una colección de más de 6,000 etiquetas de bolsas de té de todo el mundo.

Levanta la Tapa Barney Smith, de Alamo Heights, Texas, fundó un museo que contiene más de 600 asientos de excusado decorados.

Mechones Famosos John Reznikoff, de Stamford, Connecticut, ha coleccionado el cabello de más de 100 celebridades muertas, como John F. Kennedy, Elvis Presley, Abraham Lincoln y Marilyn Monroe.

Bonanza de Plátanos El Museo del Plátano de Washington, en Auburn, Washington, alardea tener más de 4,000 artefactos relacionados con el plátano.

¡Esta increíble canasta miniatura sólo mide 0.7 centímetros (0.28 in) de alto!

Sobretiempo Lotta Solja, de Suecia, tiene una colección de más de 275 parquímetros.

¡NO TE LO PUEDES PERDER!
- Convención Internacional de Coleccionistas de Ladrillos
- Convención Internacional de la Sociedad de Marte
- Convención de la Sociedad Rathkamp Matchcover
- Convención de la Sociedad Belga de Tocadores de Gaita
- Convención Nacional de la Sociedad de Botones

Sin Arte La mayoría de los museos celebran lo mejor en el arte; sin embargo, el Museo de Mal Arte, en Boston, Massachusetts, ¡es un santuario para lo peor! La colección abarca desde "la obra de artistas talentosos que fracasaron, a la obra de una ejecución exuberante, aunque burda, de artistas que apenas controlan el pincel".

A Henri Chesnais, de setenta y un años de edad, le tomó tres años construir una réplica de Monte Saint-Michel en su patio, ¡empleando 300 toneladas de piedra! Ha estado creando réplicas miniatura de diferentes edificaciones desde que se retiró en 1992.

¡Manía por los Conejos!

Nacido bajo el signo del conejo, Akira Tanimura ha acumulado una colección de más de 10,000 artículos relacionados con conejos, juguetes de peluche y adornos.

Akira, profesor de la Universidad de Osaka, nació en el Año y el Mes del Conejo... abril de 1927. ¡Su nacimiento simbólico pudo ser la causa de su fascinación de toda una vida por los conejos!

Akira Tanimura vive con su colección de 10,000 piezas de juguetes de conejo en su casa de Hyogo, en el oeste de Japón.

Comeuñas El Museo Psiquiátrico Glore, en St. Joseph, Missouri, está dedicado a las enfermedades mentales. La exhibición más extraña es la muestra de 63 botones, 453 uñas, 9 pernos, 115 pasadores, 42 tornillos y 942 piezas diversas de metal... todas las cuales se encontraron dentro de un paciente en St. Joseph hace 70 años.

Trampas Antiguas El Museo de Trampas para Ratones, en Newport, Gales, presenta alrededor de 150 trampas para ratones y ratas. ¡Tiene un aparato de 5,000 años del Antiguo Egipto e incluso una trampa francesa con forma de guillotina!

LAS CINCO MÁS IMPORTANTES
GANGAS EN SUBASTA

1. El certificado de matrimonio de Marilyn Monroe y Arthur Miller: 13,700 dólares
2. El taparrabos que usó Charlton Heston en *Ben Hur*: 11,400 dólares
3. La etiqueta del pie del cadáver de Lee Harvey Oswald: 9,500 dólares
4. Un corpiño negro que usó Madonna en su gira de 1993: 8,000 dólares
5. El yeso del brazo roto del príncipe Carlos: 3,230 dólares

Grupo de Astillas En Estados Unidos hay más de 700 miembros de la Sociedad de Coleccionistas de Contenedores de Palillos de Dientes. Algunas colecciones valen más de 250,000 dólares.

Prenda para el Cuello En el Museo del Castillo de Leeds, en Kent, Inglaterra, se encuentra una colección de collares para perro que abarca cuatro siglos.

Los Walton En lo profundo de Schuyler, Virginia, se encuentra el Museo de Montaña de los Walton, dedicado a la popular serie de televisión de la década de 1970. Tiene réplicas precisas de la alcoba de John Boy, la sala familiar y el almacén.

¡SÓLO MIEMBROS!

- Sociedad de Apreciación de Salchichas
- Sociedad de la Historia del Papel Tapiz
- Sociedad de Apreciación de Ricardo III
- Sociedad de Entusiastas de Camiones
- Asociación de Tanques Flotantes de Relajación

Hobbies • Colecciones 195

¡Una fobia sorprendentemente común es el temor a los botones! Es obvio que Yvan-Pierre Delerue no la tiene ya que ha acumulado una colección de más de un millón. En 1996, heredó parte de la colección de botones de su abuela y ha continuado coleccionándolos desde entonces, volviendo su colección en la más grande de Europa.

Tesoros Enterrados El Museo Nacional de Historia Funeraria, en Houston, Texas, es hogar de una de las más grandes colecciones de féretros en el mundo. Tiene una réplica exacta del féretro de Abraham Lincoln, además de la carroza fúnebre real que transportó a la princesa Grace de Mónaco a su funeral en 1982, por no mencionar una galería de "Funerales de los Famosos" que recuerda las despedidas de celebridades, de Charles Lindbergh a Elvis Presley.

Patas Dobles Se pusieron a subasta más de 6,000 animales disecados en 2003, cuando se puso en venta el Museo de Curiosidades de Walter Potter en Inglaterra. Entre los artículos ofrecidos estaba un pato de cuatro patas y un cordero de dos cabezas.

Torre de palillos de Dientes Joe King, de Stockton, California, construyó un modelo de 7 metros (24 ft) de alto de la Torre Eiffel, con 110,000 palillos y 19 litros (5 gal) de pegamento.

Ripley's®
PASTEL GEORGE WASHINGTON
EXHIBICIÓN NO: 14257
HECHO DE AZÚCAR, HARINA, MANTECA Y ASTELERA

¡Trabajo Fácil!
El chef pastelero, Roland Winbeckler, de Kent, estado de Washington, se tomó libre un día de hacer pasteles de boda en su establecimiento y en vez, hizo una réplica de tamaño real de George Washington, ¡que alcanzaba 1.88 metros (6 ft 2 in) de altura! Hecho de ingredientes totalmente comestibles, el precio del pastel fue de 4,300 dólares. Entre otros pasteles de réplicas de tamaño real, están unos que hizo parecidos a Marilyn Monroe, Cher, leones y tigres.

El pastel de George Washington exhibido en el museo de Ripley's, en Hollywood, pesó más de 13 kilos (30 lb).

Ivan Medevesk exhibió su colección de 507 ranas disecadas en Zagreb, Croacia, en 1997. La colección "Fantasía en Froggyland", que compró en 1964, fue creada por el húngaro Ferenc Mere a principios del siglo XX.

Borde Cortante Paul Richter, de Leipzig, Alemania, ha reunido más de 17,000 hojas de afeitar.

El Rey del Camino La licencia de conductor de Elvis Presley se vendió en una subasta por 7,400 dólares.

Buen Golpe Arnold Schwarzenegger compró los palos de golf del presidente Kennedy por 772,500 dólares en 1996.

La Última Palabra En Atwoodville, Connecticut, es ilegal jugar al Scrabble mientras se espera a que hable un político.

Ojos Abiertos La enfermera inglesa Florence Nightingale llevaba consigo un pequeño búho en el bolsillo... incluso durante la Guerra de Crimea.

Trato de Rizos Una vez se vendió un pelo de 10 centímetros (4 in) del cabello de Bob Marley por 4,500 dólares.

Monumento a la Especia El Museo de la Mostaza de Monte Horeb, en Wisconsin, es hogar de más de 3,400 tipos de mostaza. ¡La colección incluso contiene una mostaza con sabor a dulce de chocolate!

Banco de Tocino El Museo de Alcancías, en Ámsterdam, Holanda, exhibe alrededor de 12,000 alcancías, incluso unas con la forma del Taj Mahal y de Winston Churchill.

Reliquia de Recuerdo En un museo, en Tyneside, Inglaterra, se exhibió por varios días en 1975 una moneda romana, que se pensaba fue acuñada alrededor del año 315 d.C., hasta que una niña de nueve años de edad les dijo que en realidad era un recuerdo que regalaba un refresco. La "R" en la moneda, que los curadores pensaban que representaba "Roma", en realidad era de "Robinsons", ¡un fabricante de refrescos!

Gladys McCrae, de St. David, Arizona, hizo esta colcha de la bandera de Estados Unidos en 1980 empleando listones de premios que ganó con el paso de los años por sus mermeladas y conservas hechas en casa, que presentó en ferias estatales. Los listones de primer lugar son azules, los de segundo premio son rojos y los de tercero son blancos. ¡Apenas unos cuantos años después de hacer la primera colcha, ¡Gladys tenía suficientes listones de premios para hacer otra!

Hobbies • Colecciones • Festivales

Puré de Jitomate

El pueblo español de Buñol se convierte en un mar de papilla roja una vez al año mientras se lanzan 90,720 kilos (200.000 lb) de jitomates maduros durante un pleito de dos horas conocido como La Tomatina.

Un participante del festival se revuelca en pulpa de jitomate que corre por las calles, que se crea durante la lucha de jitomates más grande del mundo.

Al amanecer, se cubren ventanas y puertas en las calles como preparación para el ataque. Grandes camiones recorren las calles de piedra y desde la parte de atrás, lanzan jitomates aguados a las multitudes que esperan. Por lo general, el ataque termina en alrededor de dos horas, cuando todos se dirigen al río para participar en baños comunales. El festival se remonta a 1944, cuando vándalos arruinaron la feria del pueblo al lanzar jitomates a la procesión. Al menos 20,000 participantes de todo el mundo se presentan para la diversión frutal.

HECHOS FESTIVOS

- Lucha de Puré de Papas: julio, Dakota del Sur
- Escupir Semillas de Cereza: julio, Vermont
- Festival de Calabaza: agosto, Vermont
- Festival de la Banderilla: octubre, Texas

Las mujeres de la tribu balanta, en Binar, Guinea Portuguesa, toman parte en un festival anual en que bailan balanceando canastas en la cabeza, ¡que contienen a su marido o su novio!

Santuario al Chocolate

Entre las exhibiciones de la Exposición Colombiana Mundial de Chicago, en 1893, se encontraba un templo de 11.5 metros (38 ft) de alto, que pesaba 13,608 kilos (30,000 lb), hecho por completo con chocolate. La exhibición también presentó la estatua de un caballero a caballo... ¡hecha de ciruelas!

La Abuela Da un Salto El primer Festival de Abuelas tuvo lugar en 1992, en Bodo, Noruega. Varias abuelas animosas tomaron parte en varias actividades, y la estrella fue Elida Anderson, de 79 años de edad, quien se convirtió en la saltadora de correa elástica más anciana del mundo.

Exceso de Ajo Gilroy, California, se llama a sí mismo la capital del ajo del mundo. Cada año es sede del Festival del Ajo, durante el cual presenta delicias como helado de ajo y chocolate con ajo. Incluso ofrece galletas para perro con sabor a ajo.

Asado Humano La especialidad de Chamouni, quien se presentaba como la "salamandra humana", era entrar a un horno con una pierna cruda de ovino... y salir sólo después de que la carne se había asado por completo.

Pareja Cadenciosa Los trapecistas Miguel y Rosa Vázquez se casaron en la plataforma de un trapecio alto en diciembre de 1983, en una función del Circo Ringling Bros., y Barnum & Bailey, en Venice, Florida... antes de continuar con el espectáculo.

Hazaña de Pelo ¡Muérete de envidia, Marge Simpson! En una feria del estado de Washington, Jane Barako, de Seattle, usando sólo rociador de agua, hizo que le peinaran el cabello a una altura de 1 metro (3 ft).

Hombre Largo En la década de 1920, Clarence Willard, de Painsville, Ohio, ¡presentó un acto de vodevil en que añadió 15 centímetros (6 in) a su altura al estirar los músculos de sus rodillas, caderas y garganta!

Gigante Delicado En el zoológico de Toledo, Ohio, en 1931 un elefante que pesaba 5,897 kilos (13,000 lb) se sentó en una tabla sostenida por cuatro botellas de vidrio de 397 gr (14 oz) ordinario sin romperlas.

Gemas de Alce Un Festival de Excremento de Alce anual que tiene lugar en Talkeetna, Alaska, ¡exhibe joyería hecha con excrementos de alce!

Los entusiastas de buceo, el señor y la señora Huemer intercambian anillos durante su boda bajo el agua de 1997 en el lago Grosau, Austria.

Un hombre religioso y devoto, en Katmandú, Nepal, contorsiona el cuerpo durante su veneración en el Templo Pashupatinath.

Festivales • Celebraciones   199

Santo de Serpientes
Rodean la estatua de San Domenico en Cocullo, con serpientes al principio de la procesión anual de San Domenico, en Cocullo, Italia, el 1 de mayo de 2003. La leyenda dice que se ofrecieron las serpientes a la diosa Angizia como gesto de buena voluntad, y que San Domenico protege a la gente de mordeduras de serpiente y de animales rabiosos.

Se saca al patio de la iglesia la estatua de San Domenico todos los años, donde personas que atrapan serpientes la rodean con reptiles.

Encanto de Mono Lucy, una chimpancé del circo de Ámsterdam, estaba tan desesperada por tener una pareja en 2001, que brincaba de su estrado para besar a hombres en el público. El director del circo comentó: "Prefiere a los hombres gordos. Y como es una adulta, tiene mucha fuerza en los brazos. No es fácil quitarla de los hombres que le gustan".

Embotellado El contorsionista argentino Hugo Zamaratte puede doblar su cuerpo de 1.8 metros (5 ft 9 in) de altura dentro de una botella de sólo 66 centímetros (26 in) de alto y 46 centímetros (18 in) de ancho.

Labios Flojos Una de las principales atracciones en el Museo de lo Extraordinario de ¡Aunque Usted No lo Crea!, de 1933 en la Feria Mundial de Chicago fue la señora Margaret Hayes, de New York, quien como una campeona de los gestos, ¡había perfeccionado el arte de tragar su nariz!

Boca Grande Sam Simpson, de Avalon, California, podía sostener tres bolas de billar o de beisbol en su boca... y silbar al mismo tiempo.

Nambla, un payaso con un maquillaje extremo, incluyendo una vela encendida sobre su cabeza, toma parte en el espíritu del festival del Hombre Ardiente, en el Desierto de Nevada. Hasta 30,000 personas viajan a este festival anual de artes en el desierto desnudo, donde se crea una civilización temporal.

Hombre de Piedra Harry J. Overdurff, de Dubois, Pennsylvania, fue un hombre que se convirtió en piedra. Dejando atónitos a los científicos, su carne se solidificó hasta ser tan dura como la piedra. Incapaz de mover ninguna parte de su cuerpo, excepto los labios, podía sostener 363 kilos (800 lb) en equilibrio sobre su cuerpo, entre la cabeza y las rodillas.

Candado de Pierna En 2001, durante los ensayos, a un contorsionista se le atoró una pierna alrededor del cuello por dos horas. Birkine, originario de Kazajstán, estaba llevando a cabo su rutina diaria con el Circo Nacional de Holanda cuando se le atoró la pierna mientras la giraba detrás de él. Tuvo que quedarse sobre su pedestal hasta que llegó un osteópata. Después se lamentó: "Creo que no calenté apropiadamente".

Envoltura de Chicle Richard Faverty, de Chicago, Illinois, puede hacer bombas lo bastante grandes como para envolver su cuerpo completo.

Corte Miniatura Durante la década de 1970, el profesor Len Tomlin, de Inglaterra, tenía un circo ambulante de pulgas que presentaba a Bonzo, una pulga que cortaba un pasto diminuto con una cortadora de césped miniatura.

Elefante Acusado A Mary, una elefanta de circo, acusada de matar a tres hombres en Erwin, Tennessee, en 1916, la lincharon con un cable de acero ante una multitud de 5,000.

Despegue de Hormigas Cada marzo, ¡los 700 miembros de la Asociación Estadounidense de Aficionados a los Puercos Hormigueros celebran la Semana Nacional del Puerco Hormiguero!

Con la Lengua Atada ¡Habu Koller podía levantar pesas de 48 kilos (105 lb) con la lengua!

PRESA INVERTIDA

El bromista de New York, Brian G. Hughes (1849-1924) informó a la prensa que estaba financiando una expedición a Sudamérica para traer una criatura poco conocida llamada reetsa. Cuando apareció la noticia de que habían capturado una, miles de neoyorquinos llenaron el muelle de la ciudad esperando dar un vistazo a la evasiva bestia. Ajustaron la plancha... y luego bajaron un novillo corriente caminando hacia atrás. En inglés, ¡"Reetsa" es "un novillo" (a steer) al revés!

Una Broma Desnuda El promotor de Las Vegas, Michael Burdick, causó un tumulto en 2003, cuando anunció que estaba vendiendo safaris de 10,000 dólares a hombres que desearan cazar mujeres desnudas en el desierto con armas de pintura. Los grupos feministas protestaron hasta que Burdick reveló que era un engaño.

Monstruo de Mar Miles de neoyorquinos fueron engañados por una serpiente de mar construida por el arqueólogo alemán, Albert Koch. Dio a conocer el esqueleto de 35 metros (114 ft) de largo de lo que afirmaba era un reptil marino extinto en el Salón Apollo de Broadway, en 1845. Pronto, visitantes que pagaban 25 centavos de dólar por cabeza se reunían en grandes cantidades para ver al monstruo, que Koch afirmaba haber desenterrado en una expedición a Alabama. Sin embargo, un anatomista expuso a la serpiente como un fraude, revelando que en verdad era una amalgama de varios especimenes de una ballena extinta llamada zeuglodón. Un zeuglodón típico midió sólo 12 metros (40 ft) de largo. Koch sólo había unido varias partes distintas.

- *En 1842, como parte de un engaño elaborado, el New York Herald sorprendió al mundo con un encabezado sorprendente: "¡Las Sirenas Son Reales!" Casi un siglo después, en 1939, Robert Ripley exhibió una "sirena" en su Museo de lo Extraordinario de la ciudad de New York. En la actualidad, existen muy pocas de esas sirenas falsas. Hecha de la parte frontal de un mono y la mitad posterior de un pez, ¡por varias décadas engañaron al público para que pensaran que eran reales!*

La Casa de la Hamburguesa El 1 de abril de 1998, Burger King publicó un anuncio de página completa en USA Today que anunciaba la introducción de la "Hamburguesa para Zurdos" en sus menús, diseñada para complacer a 32 millones de zurdos en Estados Unidos.

Picadura de Abeja En 1949, Phil Shone, un disc jockey de radio en Nueva Zelanda, advirtió a los escuchas que una avispa de kilómetro y medio (1 mi) se dirigía directamente a Auckland. Instó a la gente a combatir la amenaza usando los calcetines sobre el pantalón cuando se marcharan a trabajar y que pusieran trampas cubiertas de miel fuera de sus casas. Cientos de escuchas crédulos siguieron sus consejos.

Inocentada El 1 de abril de 1996, el New York Times declaró que la cadena de comida rápida Taco Bell iba a comprar la Campana de la Libertad (Bell en inglés) y que a partir de entonces se iba a conocer como Campana de la Libertad de Taco. ¡Miles llamaron al Parque Histórico Nacional para protestar!

Misticismo • Hazañas • Acrobacias

Volador Extremo

El 31 de julio de 2003, el fanático austriaco de los deportes extremos, Felix Baumgartner, se convirtió en la primer persona en volar sin ayuda para cruzar el Canal de la Mancha.

Felix Baumgartner usó sólo un mono aerodinámico, un paracaídas, un ala de fibra de carbono y un tanque de oxígeno mientras volaba por el aire. Se había preparado para este vuelo con tres años de entrenamiento riguroso, parte del cual era sujetarse en el techo de un Porsche a toda velocidad.

Baumgartner, de treinta y cuatro años de edad, quien había hecho historia previamente por lanzarse en paracaídas desde el edificio más grande del mundo, las Torres Petronas de Malasia, y de la estatua de Cristo en Río de Janeiro, completó el cruce épico a Francia con un ala de fibra de carbono de 1.8 metros (5.9 ft) sujeta a su espalda. Al saltar de un avión a 9,000 metros (30,000 ft) sobre Dover, en la costa inglesa, a una temperatura de –40° C (-40 °F), se basó en su suministro de oxígeno mientras empezaba a volar hacia tierra a velocidades de hasta 362 kilómetros por hora (225 mhp). Después de planear por 35 kilómetros (22 mi), abrió su paracaídas y aterrizó en la costa francesa, cerca de Calais. El viaje tomó 14 minutos. Baumgartner comentó: "Estaba bastante frío allá arriba, pero no se siente como si se bajaran más de 8,230 metros (27,000 ft). Se siente como si se fuera a volar para siempre. Todo lo que pensaba era: espero llegar al otro lado".

El 17 de julio de 1999, buzos de Bad Neustadt, Bavaria, ¡se dividieron en dos equipos y jugaron a las cartas a 3 metros (10 ft) bajo la superficie de una alberca!

Perro Mordido a la Mitad

En 2002, Takeru Kobayashi, de Japón, rompió su propio récord durante la 87 Famosa Competencia de Nathan de Comer Perros Calientes del Cuatro de Julio, competencia anual de New York. En los 12 minutos permitidos, rompió su récord previo de 50 por la mitad de un perro caliente y un bollo. El segundo lugar sólo pudo ingerir 26.

En 2003, Kobayashi perdió una competencia similar de comer perros calientes ante un oso gigante de Kodiak en el programa de televisión "Hombre contra Bestia".

Rompecabezas Gigante Residentes de Saint-Lo, Francia, meticulosamente armaron un rompecabezas gigantesco en 2002. Medía 15 metros por 25 metros (50 X 82.5 ft) y estaba formado por 150,000 piezas.

Encurtido El canadiense Pat Donahue, en 1978 ingirió 91 cebollas en vinagre en poco más de un minuto.

Ciego que Vuela

Mike Newman, de Inglaterra, se convirtió en el conductor ciego de auto más rápido del mundo cuando su Jaguar XJR promedió 232.8 kilómetros (144.7 mph) por hora en dos pruebas en un aeropuerto abandonado en 2003. Guiaron al funcionario bancario de 42 años de edad, quien ha estado ciego desde los ocho años de edad, mediante un enlace de radio con su padrastro, quien viajaba en un vehículo que estaba a una distancia de cuatro autos detrás.

Fe Escarpada La guía de montaña italiana Tita Piaz una vez escaló la famosa Torre Winkler (2,743 metros [9,000 ft] de roca escarpada) ¡con su hijo de cinco años sujeto a la espalda! Fue irónico que Piaz, que escaló la torre Dolomite 300 veces sin contratiempos, murió en 1948, después de caer de una bicicleta.

Festín de Babosas En 1982, Ken Edwards, de Cheshire, Inglaterra, comió 12 babosas vivas, seguidas por dos estropajos metálicos como postre... en menos de dos minutos.

Reunión de Santas Más de 1,200 santacloses se reunieron en un parque temático alemán en noviembre de 2002. Cuatrocientos sesenta y cinco Santas se congregaron en Suiza dos años antes.

Luz Al Final En 1906, William "Burro" Schmidt comenzó a excavar un túnel que cruzara las Montañas El Paso, de California. Excavó 571 metros (1,872 ft) a través de 2,600 toneladas de roca, completando la tarea 32 años después.

Tiro en el Oído El búlgaro Kolio Botev, de setenta y siete años, reclamó un registro en 2002 después de vivir 60 años con una bala alojada detrás del oído derecho. Desde que se dio un balazo accidentalmente en 1942, rechazó todas las ofertas médicas de retirar la bala por miedo a que la operación lo matara.

Terminación de Pantalón Cuando Jacob Emery, de Pembroke, New Hampshire, recibió un aviso de apenas 12 horas para presentarse en Exeter como representante en la legislatura estatal, descubrió que no tenía un pantalón apropiado para la ocasión. Su ingeniosa esposa trazó un plan: se las arregló para atrapar una oveja, la trasquiló, cardó la lana, la hiló y tejió, a tiempo para producir un par de pantalones apropiados para que los usara Emery... ¡todo en una noche!

Semana en Avena En 1988, el dueño de un bar, Philip Heard, de Hanam, Bristol, Inglaterra, se sentó en una tina llena con avena un tiempo total de 122 horas 30 minutos.

El Hombre de la Puerta Un carpintero recorrió Inglaterra de un extremo al otro en 2003... transportando una puerta de pino de 18 kilos (40 lb) en la espalda. A Brian Walker le tomó cinco semanas completar la caminata de 1,401 kilómetros (871 mi) desde Land's End en Cornwell al puesto de avanzada de Hohn o'Groats, en Escocia. Dijo que se había inspirado en su padre, que una vez transportó una puerta de casa desde el depósito de un constructor a 6.5 kilómetros (4 mi) de distancia.

Fuerte Pisotón En 1989, Michael Stobart, de Loughborough, Inglaterra, ¡caminó 10 kilómetros (6 mi) en 24 horas con Dorothy Bowers parada en sus pies!

Récord Invertido En 1990, el galés Steve Briers recitó toda la letra del álbum de Queen, "A Night at the Opera"... hacia atrás. Le tomó un poco menos de 10 minutos.

Maaruf Bitar, de Líbano, practica su entretenimiento preferido, andar en bicicleta bajo el agua en la costa de la ciudad mediterránea de Sidón.

Hazañas • Acrobacias

En 1929, William Bolson, de Paterson, New Jersey, ¡jaló un automóvil de 1,724 kilos (3,800 lb) con los dientes mientras caminaba de manos!

Mark McGowan utilizó la nariz para empujar un cacahuate 11 kilómetros (7 mi) por las calles de Londres. Empleó una cubierta protectora en la nariz para evitar escoriarse la superficie de la piel. ¡Tuvo que reemplazar el cacahuate varias veces cuando se desgastaba, caía en cañerías o lo pisaba la gente que pasaba!

El inglés Garry "Stretch" Turner es miembro del espectáculo extremo, "Primitivos Modernos: El Mundo de los Fenómenos, Rituales". Se presentó en el Club Musical Pepsi, en Viena, el 17 de marzo de 2002, poniendo sujetapapeles en su cara para estirar la piel. En septiembre de 2002, se sujetó 153 pinzas para ropa en la cara en una librería de Inglaterra.

Aunque Ud. No Lo Crea de Ripley

Mirar Hacia Atrás Le tomó a Peter Rosendahl de Las Vegas, Nevada, 9 horas y 25 minutos recorrer una distancia de 75 kilómetros (46 mi). No fue la distancia cubierta lo que le tomó tanto tiempo, sino el hecho de que estaba manejando un uniciclo todo el camino, ¡hacia atrás!

Trabajo Italiano Los italianos Daniele Sangion y Giorgio Valente empujaron un Fiat Uno que pesaba 840 kilos (1,852 lb) una distancia total de 52 kilómetros (33 mi) por una pista de 1,590 metros (5,216 ft), cerca de Venecia, Italia, el 18 de octubre de 1998.

Escultura rápida Le tomó sólo una hora al estadounidense John Cassidy hacer 367 esculturas en globo diferentes el 10 de mayo de 1999, en Filadelfia.

Vestido como Mahatma Gandhi, Akchinthala Sheshu Babu, de 31 años de edad, estuvo inmóvil en Nueva Delhi el 6 de abril de 2002 por más de 40 horas, ¡sin tomar tiempo para beber o ir al baño!

En 2003, cuatro mujeres chinas vivieron con 2001 serpientes en el Parque Valle Feliz, ¡por 153 días! Las mujeres incluso compartieron sus camas con los reptiles como parte de una competencia de resistencia.

Hazaña Heroica Una foca en el Río Tees, Inglaterra, nadó para ayudar a un perro que se ahogaba. La valiente criatura empujó al perro hacia una marisma, ¡salvando su vida!

GRANDES HAZAÑAS

- En 1891, el panadero parisino Silvain Dornon caminó en zancos de París a Moscú en 58 días
- El canadiense Robin Susteras ganó un auto en una competencia de 1992 al permanecer por 96 horas con una mano tocando el auto
- El hombre fuerte canadiense Louis Cyr levantó a 18 hombres gordos (que pesaban un total de 9,561 kilos [4,337 lb]) en una plancha que pusieron cruzando su espalda

Partes de Pi ¡Le tomó al inglés Creighton Carvello 9 horas, 10 minutos, recitar de memoria el valor de pi hasta 20,013 veces!

Hazañas • Acrobacias • Eventos

Empantanado

Los Campeonatos Mundiales de Esnórquel en Pantano tuvieron lugar en Gales. Desde que empezó la competencia en 1986, competidores entusiastas se han unido en grandes cantidades al evento de todas las Islas Británicas, así como del resto de Europa, Australia y Estados Unidos, para juntar dinero para caridades.

El objetivo es nadar toda la ruta tan rápido como sea posible sin emplear brazadas tradicionales de natación. Gana la persona que completa la ruta en el tiempo más rápido, ¡aunque ninguno de los competidores huele bien al terminar!

Los concursantes deben nadar 55 metros (60 yds) con los esnórqueles en una zona pantanosa con agua turbia y llena de algas.

Tiempo de Baño Cada julio, durante el Festival Marino de Vancouver, ¡competidores se dirigen al Estrecho de Georgia en sus tinas de baño para competir en la ruta de 55 kilómetros (43 mi) en la competencia de tinas de baño de Nanaimo a Vancouver!

Cortadas A principios de mayo, en Japón, equipos compiten para destruir los papalotes de competidores. Los miembros del equipo atan vidrio roto y hojas de afeitar a sus papalotes y los lanzan para una competencia de hacer pedazos papalotes. Gana el equipo con el papalote que dura más en el aire.

Para los Competidores en los Campeonatos Mundiales de Esnórquel en Pantano, los esnórqueles, visores y aletas son parte esencial del equipo. El traje de buzo no es obligatorio, ¡pero es aconsejable para nadar en el cieno y el agua lodosa!

CARRERAS EXTRAVAGANTES

- Todos los años se realizan carreras de cortadoras de césped en Sussex, Inglaterra
- Carrera de langostas en un curso de agua salada en Aiken, Carolina del Sur
- Una vez al año abuelos y nietos se juntan en equipos en Fort Worth, Texas, para competir rodando armadillos enroscados por una ruta plana
- En la Competencia Más Grande del Mundo de Lagartijas, en Lovington, New Mexico, ¡se descalifica a los competidores si se comen a sus rivales!

Caderas Calientes y Pasteles Helados

Hombres y mujeres de 15 países sudan para ver quién puede durar más tiempo en los Campeonatos Mundiales de Sentarse en Sauna, en Finlandia. Cada 30 segundos, 0.5 litros (1 pt) de agua se vierten en el horno de piedra para elevar la temperatura. Natalia Trifanova fue coronada Reina del Sauna. "Estoy enrojecida, pero feliz", comentó después.

Leo Pusa (derecha) ganó la competencia en 110° C (230° F) de calor, el 5 de agosto de 2000, ¡en un tiempo de 12 minutos, 5 segundos! En 2003, Timo Kaukonen ganó con un tiempo de 16 minutos, 15 segundos.

En 1933, en una competencia de sentarse en hielo, Gus Simmons (izquierda) se sentó en un bloque de hielo la increíble cantidad de 27 horas, 10 minutos, pero lo descalificaron porque tenía fiebre de 39° C (102° F).

Pescar con la Sensación Los Campeonatos Mundiales de Atrapar Lenguados se iniciaron en 1976, para determinar quién podía atrapar el lenguado más grande en el estuario del Urr, en Escocia. El lenguado, un pez plano, reposa en el fondo del estuario de poca profundidad y se entierra en el lodo cuando baja la marea. Alrededor de 200 competidores vadean el agua que les llega al pecho con los pies desnudos, buscando el movimiento indicador bajo sus dedos de los pies. Se puede capturar el pescado con una lanza de tres picos o con las manos. El lenguado debe estar vivo a la hora de pesarlo.

Carrera de Ataúdes Goodwater, Alabama, es sede de una Carrera Anual de Féretros en que un portador lleva un "cuerpo" vivo que transporta una taza de agua por una ruta sinuosa. ¡El ganador es el portador que derrama menos agua!

Golpes de Budín Por 150 años, un bar en Lancashire, Inglaterra, ha sido escenario de los Campeonatos Mundiales de Derribar Budín Negro. Los competidores viajan desde tan lejos como Canadá, Australia y Estados Unidos. Cada competidor tiene tres tiros de un budín negro (un embutido regional que se hace con sangre y grasa de puerco), para desplazar una serie de budines de Yorkshire de una plataforma a 6 metros (20 ft) de altura en una pared del bar.

Rebaño Rápido En 1993, Margaret Davis, del condado Durham, Inglaterra, ¡ganó el primer Campeonato Escocés de Cuenta de Ovejas al contar con exactitud 283 animales mientras pasaban corriendo!

Como parte de las celebraciones para conmemorar el 500 aniversario de un pueblo en Bielorrusia, ¡los participantes estaban dispuestos a pagar 100 rublos de Bielorrusia (1 dólar) por la oportunidad para atrapar tantos peces como fuera posible en tres minutos con las manos desnudas!

¡Queso que Escapa!

Gloucestershire, Inglaterra, es hogar de una competencia anual de hacer rodar quesos. Mientras el juez de salida cuenta a tres, se ponen en movimiento quesos circulares Double Gloucester de 3.2 kilos (7 lb) por una colina con pendiente. Cuando la cuenta llega a cuatro, ¡los corredores empiezan a perseguir su queso! Cualquiera que logre atrapar el suyo antes de que llegue al fondo de la colina, lo conserva. El precio vale el esfuerzo, ¡pero es alto el riesgo de lesiones!

Eventos

Sacalombrices En Cheshire, Inglaterra, tuvo lugar el Campeonato Mundial de Atracción de Lombrices inaugural, en 1980. El ganador atrajo 511 lombrices fuera de un espacio de tierra de 3 metros (10 ft) en la media hora que se da. Se fuerza a los gusanos a salir a la superficie haciendo vibrar bieldos y otros implementos en el suelo. También se puede usar agua, pero los competidores primero tienen que beber una muestra. Esta regla se creó después de varios incidentes en que el agua se mezcló con líquido para lavar platos, un estimulante que irrita la piel de los gusanos y los obliga a salir "ilegalmente" a la superficie.

Palo Congelado Daniel Baraniuk, de Gdansk, en Polonia, reclamó un nuevo récord de sentarse en un poste en noviembre de 2002, después de pasar 196 días y noches en su percha de 2.5 metros (8 ft). Baraniuk superó a nueve rivales para ganar el Campeonato Mundial de Sentarse en Poste, en Soltau, y el primer premio de más de 20,000 dólares. Su rival más cercano cayó de su poste un mes antes. Baraniuk bajó sólo porque los espectadores empezaban a disminuir por el inicio del invierno.

El Campeonato Mundial de Lucha de Dedos de los Pies se lleva a cabo cada año en Derbyshire, Inglaterra. Los oponentes se sientan en el suelo frente a frente y "luchan" usando sólo uno de sus dedos gordos de los pies mientras el otro pie está levantado del piso. ¡Gana el primero en inmovilizar a su oponente!

¡Diversión de Juegos de Palabras! Los Campeonatos Mundiales de Juegos de Palabras O'Henry, que se realizan todos los años en mayo, en Austin, Texas, recibe a competidores entusiastas para tomar parte en juegos de palabras ocurrentes.

Locura de Cortadoras de Pasto Cualquiera con edades entre 16 y 80 años que posea una cortadora de pasto que se pueda modificar para alcanzar velocidades dementes, puede dirigirse a Glenview, Illinois, para tomar parte en la competencia anual de Acelerones de Cortadoras de Jardín.

Lugar Nevado para Visitar Trenary, Michigan, es anfitrión cada febrero del Clásico Al Aire Libre... un evento en que edificaciones externas de madera o de cartón se montan en esquís y se llevan empujando por la calle principal.

En la Competencia de Transportar a la Esposa, evento anual, en Helsinki, Finlandia, los competidores deben cargar a sus esposas en una ruta de 220 metros (240 yd) con obstáculos.

¿Aburrido de Planchar?

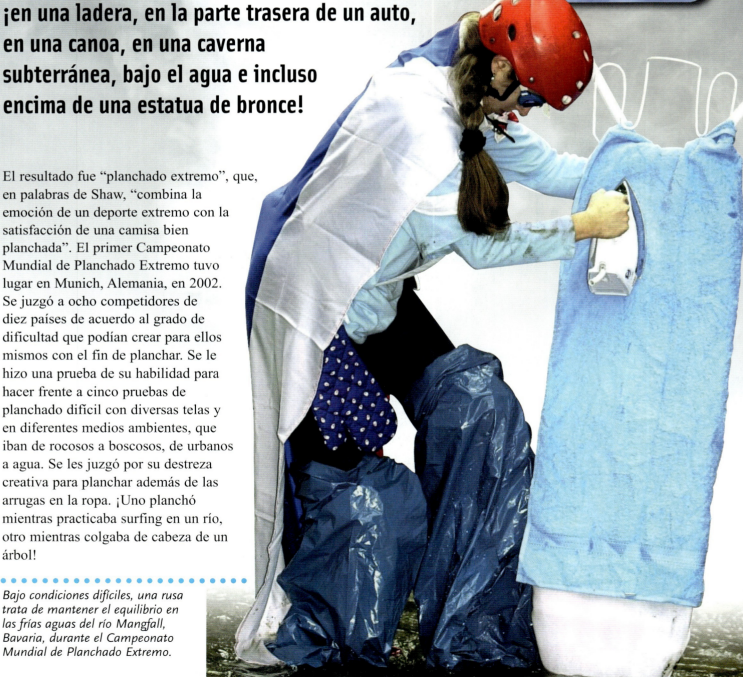

Cansado de la rutina mundanal del planchado, Phil Shaw, de Leicester, Inglaterra, se decidió a hacer esta labor más interesante. Al unírsele personas de ideas semejantes, buscó lugares cada vez peligrosos para poner su mesa para planchar... ¡en una ladera, en la parte trasera de un auto, en una canoa, en una caverna subterránea, bajo el agua e incluso encima de una estatua de bronce!

CASOS DE PLANCHADO

- Un dúo sudafricano ganó una competencia fotográfica al planchar mientras estaban suspendidos por una cuerda en medio de una barranca de montaña
- Una pareja británica estableció un nuevo récord al planchar a 5,425 metros (17,800 ft) en el Monte Everest
- El australiano Robert Fry se lanzó de un lado de un precipicio de las Montañas Azules con plancha, tabla para planchar, ropa... ¡y un paracaídas!

El resultado fue "planchado extremo", que, en palabras de Shaw, "combina la emoción de un deporte extremo con la satisfacción de una camisa bien planchada". El primer Campeonato Mundial de Planchado Extremo tuvo lugar en Munich, Alemania, en 2002. Se juzgó a ocho competidores de diez países de acuerdo al grado de dificultad que podían crear para ellos mismos con el fin de planchar. Se le hizo una prueba de su habilidad para hacer frente a cinco pruebas de planchado difícil con diversas telas y en diferentes medios ambientes, que iban de rocosos a boscosos, de urbanos a agua. Se les juzgó por su destreza creativa para planchar además de las arrugas en la ropa. ¡Uno planchó mientras practicaba surfing en un río, otro mientras colgaba de cabeza de un árbol!

Bajo condiciones difíciles, una rusa trata de mantener el equilibrio en las frías aguas del río Mangfall, Bavaria, durante el Campeonato Mundial de Planchado Extremo.

Teléfono para Tirar

Diez mil personas se presentaron en un parque de Londres, Inglaterra, en 2003, para tomar parte en la primera Olimpiada del Teléfono Celular... un evento de tres días que comprende diversas actividades relacionadas con los celulares. Los competidores tenían que demostrar su habilidad en mensajes de fotografía y texto, juegos de celular y lanzarlo tan lejos como sea posible. El ganador fue Reece Price, de 11 años de edad, de Essex. ¡Envió un mensaje de texto de 80 caracteres en 56 segundos, un mensaje de fotografía en 21 segundos, alcanzó 11,365 puntos en Tony Hawks Pro Skater 4, y lanzó un viejo celular a 35 metros!

Besar se incluyó como uno de los eventos atléticos en los antiguos Juegos Olímpicos.

Un Toque de Clase East Dublín, Georgia, es sede de los Juegos Sureños Reaccionarios anuales, ¡donde los competidores ponen a prueba su destreza en actividades como levantamiento de puercos por las patas, escupir semillas, serenata con el sobaco y clavados en contenedores de basura! ¡El ganador se enorgullece en exhibir un trofeo hecho de una lata de cerveza Bud Light vacía, aplastada y montada!

Algo por lo cual Gritar En el día de la Competencia Nacional de Gritar, Spivey's Corner, Carolina del Norte, cobra vida con el ruido de gritos y chillidos mientras los competidores elevan la voz por cuatro minutos para demostrar sus habilidades. La competencia conmemora la tradición del pueblo de gritar a los vecinos, en que pueden lanzarse alaridos unos a otros cuando necesitan ayuda, o para atraer al ganado, y las familias gritan entre las casas para dejarse saber unos a otros que todo está bien.

La Regata Kenley-on-Todd se realiza en el pueblo de Alice Springs, en el Territorio Norte de Australia, en el lecho seco del río Todd.

> *"los equipos corren en el lecho del río en canoas sin fondo"*

Aunque Ud. No Lo Crea de Ripley

Un competidor indonesio anima a su cangrejo ermitaño competidor soplándole en las festividades de Yakarta, mientras los espectadores aclaman la competencia de crustáceos.

Sensación de hundirse Estudiantes universitarios de todo Estados Unidos se reúnen una vez al año en Virginia para la Competencia de Canoas de Concreto, patrocinado por la Sociedad Estadounidense de Ingenieros Civiles. Los estudiantes deben construir una canoa de concreto que flote y que sea lo bastante liviana para remar sin demasiado esfuerzo.

¿Vienes Aquí A Menudo? Las competencias de lograr citas a velocidad involucran a cientos de hombres entusiastas que pasan siete minutos impresionando a mujeres. Las mujeres, armadas con tarjetas de calificación, ponen "sí" o "no", conforme los hombres pasan de silla en silla en un intento de impresionar a las damas con su conversación. Al final de la competencia, se analizan las tarjetas de calificación y cualquier hombre que logró dos calificaciones de sí, tiene la oportunidad de impresionar más en una conversación telefónica.

¡Excávalo! Angel Fire, New México, es anfitrión de la Competencia Mundial de Pala para Nieve, un evento anual. Los competidores entran en una de las tres categorías. Quienes participan en la categoría de producción básica tienen que tratar de controlar sus palas para nieve mientras los hacen bajar la ruta de 305 metros (1,000 ft) a velocidades de hasta 97 kilómetros por hora (60 mph). La clase modificada permite a los competidores pegar la pala a todo tipo de artículos, como trineos de carreras, trineos individuales o incluso fuegos artificiales. Sin embargo, ¡en la clase modificada todo se permite! Participantes antiguos han incluido una sala completa, una casa para perro y un emparedado de pollo, ¡todo marchando a gran velocidad por la pendiente!

¡Olores en Marcha! Por un día en marzo, ¡el aire de Vermont está lleno del olor de tenis olorosos y podridos! Niños de todo el país se reúnen para exhibir sus pares de tenis más olorosos en un intento de ganar un bono de ahorros de 500 dólares y el suministro de un año de productos Odor-Eater (TM) si sus tenis son los que huelen peor.

- *Alrededor de 150 competidores se presentan en el pueblo de Laufach, Bavaria, una vez al año, para tomar parte en los Campeonatos Internacionales de Jalar Dedos de los Países Alpinos. El objetivo de la competencia, que se organiza en diferentes clases para todos los pesos, es arrastrar a un oponente sobre la mesa.*

Avena del Cielo Septiembre en Oatmeal, Texas, ¡presenta un festival anual que puede atraer hasta 10,000 participantes que toman parte en competencias de escultura con avena, cocina de avena y comer avena! Las mujeres de más de 55 años de edad pueden impresionar a las multitudes durante el Desfile de la Señorita Bolsa de Avena. ¡Pero el momento más importante para la multitud es cuando empieza a llover avena! ¡Hasta 454 kilos (1,000 lb) del cereal se dejan caer de un avión!

Caminar arrastrándose
Transportando piedras pesadas para mantenerse bajo el agua y sin ayuda de aparatos para respirar, los resistentes competidores en la carrera de caminar bajo el agua, en Polinesia, deben seguir una ruta de 64 metros (70 yds), que está señalado en el fondo marino con estacas de madera. Los competidores deben caminar la ruta y no se les permite nadar. Los espectadores pueden ver desde botes, ya que las aguas poco profundas son muy claras.

Buzo Recorre Todo el Camino

En el maratón de Edimburgo de 2003, un atleta portando un traje de buzo para inmersión profunda 59 kg (30 lb) estableció el récord para el tiempo de maratón más lento de todos los tiempos. Lloyd Scott, exbombero de 41 años de edad de Londres, cruzó la línea final en la capital escocesa seis días, cuatro horas, 30 minutos y 56 segundos después de salir.

El año anterior le había tomado cinco días completar los maratones de Londres y New York en el traje de buzo, pero en Edimburgo se dificultó por un ataque de envenenamiento por alimento. Caminó un promedio de nueve horas al día, cubriendo 800 metros (.5 mi) cada hora, pero un día sólo pudo recorrer 1,600 metros (1 mi) por calambres estomacales. No contento con sus enormes logros, Scott luego pasó dos semanas en Loch Ness, Escocia. Empleando el traje de buzo anticuado para su propósito específico, ¡recorrió 42 kilómetros (26 mi) de agua turbia!

Cuando corra en futuros maratones, ¡Scott planea cambiar su traje de buzo por una armadura medieval!

TALENTOS OCULTOS

- El cantante Billy Joel en su juventud fue campeón de boxeo de peso welter
- El autor Edgar Allan Poe practicaba el salto de longitud
- El cantante Johnny Mathis en 1955 se clasificó en el lugar 85 del mundo en salto de altura
- En 1944, votaron por Fidel Castro como el mejor atleta escolar de Cuba. También tuvo una prueba fallida para el equipo de beisbol de los Senadores de Washington
- Sir Arthur Conan Doyle, creador de Sherlock Holmes, jugó futbol y cricket, y anotó 100 carreras en su debut de cricket

El corredor de maratón más lento de todos los tiempos, Lloyd Scott, cruza la línea final del maratón de Londres de 2002.

No Fue un Vuelo con Pretensiones

Liberada en el norte de Francia para que hiciera el viaje de vuelta a su palomar en Liverpool, Inglaterra, Billy, una paloma mensajera, ¡dio una vuelta equivocada en su primer vuelo sobre el mar y terminó en New York! Lo que debió ser un corto viaje de 603 kilómetros (375 mi) a través del Canal de la Mancha, se convirtió en un maratón trasatlántico de 5,632 kilómetros (3,500 mi). El copropietario de Billy, John Warren, lo liberó en Fougeres, Bretaña, el 6 de junio de 2003, esperando que llegara a Merseyside, Inglaterra, en menos de siete horas. Cuando Billy no aparecía dos semanas después, Warren dio por muerta al ave de dos años, sólo para recibir una llamada telefónica que afirmaba que había volado a Staten Island, al gallinero de Joseph Ida. Extrañado por las marcas británicas en los anillos de metal de las patas del ave, Ida empezó una búsqueda exhaustiva de clubes de palomas y al final encontró a los dueños de Billy. El ave maltrecha (cansada y cubierta de lodo) se convirtió en una celebridad de la noche a la mañana en New York y le regalaron un vuelo a casa, cortesía de British Airways.

Los ganadores de la 25 Olimpiada de Palomas Mensajeras se deleitan en la gloria de ganar premios como "la paloma mensajera más rápida" y "la paloma mensajera más bonita".

Bolas Perdidas Todos los días se vende en todo el mundo la sorprendente cantidad de 820,000 pelotas de golf.

La Otra Mejilla Las cachetadas fueron un deporte en un tiempo en la URSS.

Diversión con Astas Los patines de cuchilla usados hace 3,000 años en Escandinavia estaban hechos de huesos de reno.

Los Peces Ganan Los nadadores olímpicos de estilo libre alcanzan velocidades de 8 kilómetros (5 mi) por hora. Sin embargo, el pez más rápido, el pez vela, puede nadar a 109 kilómetros (68 mi) por hora en distancias cortas... 13 veces más rápido que un humano.

Derribado Un pino de boliche sólo necesita una inclinación de 7.5 grados con el fin de caer.

Conocido como "cabeza de futbol", este ferviente aficionado al futbol altera el color de su cabello de acuerdo al juego que vea. Incluso tiene los hexágonos de un balón de futbol tatuados en la cabeza.

Bob McCambridge, de la preparatoria de Vale, Oregon, ¡se noqueó a sí mismo y a su rival con un golpe! Tambaleándose por el golpe, su oponente cayó con tanta fuerza contra las cuerdas que el poste de esquina se rompió del cuadrilátero y golpeó a McCambridge en la parte posterior de la cabeza. Les hicieron el conteo a los dos y la pelea se declaró empate.

Edad Más Veloz La velocidad promedio del Conde de Dion, el ganador de la primera carrera de autos (la Prueba de París a Rouen de 1894) fue 18.76 kilómetros (11.66 mph) por hora. Cuando Gil de Ferran ganó el Indianápolis 500 de 2003, su velocidad promedio fue de 251.52 kilómetros (156.29 mph) por hora.

Deportes • Juegos

¿Quién lo Cuenta? Una bola de golf reglamentaria tiene 336 hoyuelos.

Tiro de Cocodrilo Un club de golf en Uganda permite un tiro libre si la bola se detiene cerca de un cocodrilo.

> **PATADA DE 19 KILÓMETROS**
> Cuando un niño de diez años jugaba futbol en el campo de la Escuela Wilberlee Junior and Infants, Huddersfield, Inglaterra, intentó meter gol, ¡no tenía idea de que la bola viajaría la sorprendente cantidad de 19 kilómetros (12 mi)! El tiro desviado pasó por encima del muro de 2 metros (7 ft) de altura de la escuela y empezó a bajar por una colina con pendiente. Un amable motociclista se detuvo para recuperar la pelota, pero al intentar devolverla con una patada, observó con horror que la pelota rebotaba en un muro y entraba a la parte trasera de una camioneta. Luego la camioneta desapareció a lo lejos, sin que el conductor se diera cuenta de su nueva carga. Por fortuna, descubrió la bola en su siguiente parada y, al adivinar el origen probable, la devolvió a la escuela 30 minutos después.

Mike Horn llevó la natación al extremo cuando nadó 7,000 kilómetros (4,350 mi) por el río Amazonas en 1998, empleando sólo un bote de velocidad y aletas para ayudarse.

En una Racha Perdedora Médicos tuvieron que sacar a un nudista que saltó al hielo en 2002 durante un encuentro de hockey entre los Calgary Flames y los visitantes Boston Bruins, después de que cayera con fuerza. Vistiendo sólo un par de calcetines rojos, el hombre trepó el vidrio pero se resbaló cuando sus pies tocaron el hielo y aterrizó de espaldas con un resonante golpe. Lo sacaron en camilla entre las aclamaciones de la multitud, pero recuperó la conciencia a tiempo para hacer una señal de triunfo.

Suerte en el Campo ¡El jockey Michael Morrissey una vez cambió de caballo a mitad de una carrera! Mientras montaba en una carrera de obstáculos en Southwell, Inglaterra, en 1953, lo derribó su montura pero aterrizó en la silla de otro caballo.

Triunfo Crujiente El primer premio en las antiguas Olimpiadas era un tallo de apio.

¡Use un Bastón! El primer disco de hockey en hielo fue una croqueta de vaca congelada.

El patinador alemán Juergen Koehler intenta romper su propio récord de velocidad sujetándose al alerón de un Porsche que viaja a 290 kilómetros (180 mph) por hora mientras patina.

214 Aunque Ud. No Lo Crea de Ripley®

El paracaidista en caída libre estadounidense Jim Suber saltó de la Torre Kuala Lumpur de 421 metros (1,381 ft) de alto durante los Campeonatos de Paracaidismo en Caída Libre Extremo en 2003.

Pequeño Objetivo En 1951, como truco publicitario, Bill Veeck, dueño del equipo de beisbol de los Cafés de San Luis, que tenían problemas, eligió a un enano de 1.09 metros (3 f 7 in) llamado Eddie Gaedel, para batear contra los Tigres de Detroit.

Tiro de Memoria La estrella de básquetbol de Minneapolis, Wilfred Hetzel, una vez metió 92 canastas de 100 intentos empleando una sola mano mientras estaba vendado... ¡y parado en un solo pie!

Pie Grande El californiano Brad "Gran Continente" Millard, de 2.5 metros (7 ft 3 in) usa tenis de tamaño 23... los zapatos de básquetbol más grandes hechos por Nike®.

Ira Televisiva El aficionado a las carreras de autos de Estados Unidos, Michael Melo, de Boston, estaba tan enojado porque Fox Entertainment mostró un partido de beisbol de los Medias Rojas de Boston en lugar de una carrera de NASCAR que bombardeó a la cadena con más de medio millón de correos electrónicos.

Inscripción Tardía El equipo olímpico de Estados Unidos se presentó muy tarde para los Juegos Olímpicos de 1896, en Atenas. Habían olvidado que los griegos todavía usaban el calendario juliano, ¡que está adelantado 11 días al calendario gregoriano!

Leñador James T. Blackstone, de Seattle, logró una anotación de boliche de 299.5, ¡cuando un pino se rajó a la mitad y la mitad quedó de pie!

Hacer Anotación El corredor de la Universidad de Oklahoma, E. Cook, ¡una vez nadó para anotar! Cuando una patada bloqueada cayó en el río detrás de los postes de la meta en Island Park, Guthrie, el 6 de noviembre de 1904, Cook regresó nadando la pelota para una anotación ingeniosa.

Partidarios de Granja
Los equipos de deportes tienen muchas mascotas extrañas y maravillosas. Van desde simples juguetes disecados, como Millie, el hormiguero espinoso, que fue emblema de los Juegos Olímpicos de Sydney 2002, a animales vivos, ¡como cacatúas y cabras!

La mascota del equipo de rugby francés, Diomede, observa una sesión de entrenamiento.

La mascota de la Academia Naval de Estados Unidos usa los colores del equipo en un encuentro contra la Universidad de Virginia, en Maryland.

Deportes • Juegos

Respuesta a una Oración Mientras jugaba en el club Bay of Quinte, Ontario, en 1934, el golfista Jack Ackerman no podía creer su mala suerte cuando su tiro se detuvo en el borde del hoyo. Sin embargo, justo cuando maldecía su mala suerte, una mariposa se posó en la bola, causando que cayera para hacer un hoyo en uno.

Con un sorprendente peso de 350 kilos (772 lb), el campeón del mundo de lucha sumo, Emanuel Yarborough, usa su peso contra la luchadora checa Klara Janu durante los Campeonatos Abiertos Internacionales de Sumo en abril de 2002.

En 1932, las hermanas Albee, artistas de tiro de fantasía de Connecticut, jugaron al billar de doble equipo en el circuito de vodevil en New York y New Jersey.

Ganador Medio Ciego Harry Greb retuvo el título de campeón de boxeo de peso medio del mundo por tres años a pesar de estar ciego de un ojo.

Tácticas Resbalosas Acusaron en 2002 a cuatro jugadores del equipo de futbol de la Universidad Estatal de Sacramento de rociar sus uniformes con aceite para cocinar no pegajoso antes de un juego contra la Universidad de Montana, con el fin de hacerse más difíciles de taclear. El plan no funcionó... Montana ganó 31-24.

Oro Permanente Un equipo de Estados Unidos es el campeón reinante de rugby olímpico. Derrotaron a Francia en 1924... la última vez que el rugby se presentó en las Olimpiadas.

Bota Sin Punta En un accidente universitario, Ben Agajanian perdió cuatro dedos del pie con que pateaba, ¡pero aún se convirtió en uno de los más grandes pateadores de futbol americano de todos los tiempos! Sus zapatos de futbol americano están ahora en el Salón de la Fama de la NFL.

> **PERDER LA CARRERA**
> En 2002, un par de atletas miopes que competían en una carrera alrededor de Rotherham, Inglaterra, se perdieron por 18 horas después de olvidar sus lentes. Barry Bedford y Les Huxley terminaron haciendo un rodeo de 32 kilómetros (20 mi) al condado cercano ya que no podían leer el mapa de la ruta ni ver las señales de la carrera. Mientras que los otros 140 corredores ya tenían mucho dormidos en su cama, la desafortunada pareja por fin cruzó la línea a la 1:30 a.m., ¡pero sólo después de llamar por teléfono a los organizadores de la carrera para que vinieran y los recogieran!

¡Sedienta de Sangre! Después de ganar el maratón femenino de 1997 en los Juegos del Sudeste de Asia, Ruwiyati, de Indonesia, reveló que el secreto de su éxito era beber sangre del dedo de su entrenadora, Alwi Mugiyanto, antes de sus carreras.

Figura del Parque de Pelota Los aficionados al beisbol de Estados Unidos consumen alrededor de 26 millones de hot dog al año... suficiente para rodear al diamante de beisbol 36,000 veces.

Veterano de 10 pinos Al practicar el boliche tres veces a la semana, Benjamin Gottlieb, de Albuquerque, New Mexico, de 91 años de edad, ¡era capaz de mantener un promedio de entre 120 y 125 en dos ligas!

Aunque Ud. No Lo Crea de Ripley

Ripley's MESA DE BILLAR MINIATURA
EXHIBICIÓN NO: 13152
CREADA POR EL MINIATURISTA HARVEY LIBOWITZ, UTILIZANDO HERRAMIENTAS DE JOYERÍA.

Una Buena Mordida Después de poner su dentadura postiza en la playa, el granjero Milliard Carter estaba tomando una bebida del río Tickfaw, de Louisiana, ¡cuando un enorme pescado saltó y se tragó sus dientes! Carter de inmediato fue a su casa por su rifle, mató al pez y recuperó su dentadura postiza.

Se usaron 22,000 metros (8,000,000 ft) cúbicos de agua para construir esta roca de hielo de 14 metros (50 ft) de alto en Rusia en que se ejercitan los escaladores de hielo.

Golpe con Ave John Lambie, administrador del equipo escocés Partick Thistle, ¡admitió que una vez dio un golpe a un jugador en la cara con una paloma muerta! Lambie, aficionado a las palomas había llevado a su oficina una caja de aves después de que murieron de enfermedad y luego golpeó al jugador Declan Roche con una después de que empezó a contestarle.

¡Nada de Bisteces! ¡Cada miembro del equipo femenino de hockey sobre pasto de Zimbabwe que obtuvo medalla de oro en las Olimpiadas de 1980 recibió como recompensa el premio de un buey vivo!

Mantenerse en Pie En las Olimpiadas de San Luis de 1904, el gimnasta estadounidense George Eyser ganó seis medallas a pesar del hecho de que su pierna izquierda estaba hecha de madera.

Jale la Otra Jalar orejas, un deporte en que se estira cordel entre las orejas de dos personas hasta que una persona se rinde, es un evento de las Olimpiadas Mundiales de Indios Estadounidenses y Esquimales.

Exhibición de Fuerza
Antes de las presentaciones para una pelea de 1992, el boxeador estadounidense Daniel Caruso se preparó golpeando su cara con los guantes. Por desgracia, exageró, se rompió la nariz, ¡y declararon que no estaba en forma para pelear!

El golfista danés Anniika Ostberg se envuelve bien cuando compite en los Campeonatos Mundiales de Golf en Hielo, que atrae a más de 20 jugadores de 10 países.

Deportes • Juegos

¿Cómo Está su Juego en Corto?

Andre Tolme salió del tee el 4 de junio de 2003 para comenzar una vuelta extraordinaria de golf. El campo en que Tolme estaba a punto de jugar medía 2,124 kilómetros (1,320 mi) de largo y esperaba que lo pudiera llevar por los terrenos desnudos de Mongolia. El ingeniero de California, con handicap de 15, planeó su ruta poco usual después de una visita a Mongolia en 2001, cuando decidió que era el campo de golf de formación más natural del mundo. También poseía la trampa más grande del mundo... el desierto de Gobi. Armado con 500 bolas y dos palos, empezó su vuelta en Choybalsan, cerca de la frontera china desde donde estaba a 127,000 metros (138,889 yd) al oeste del primer "hoyo". Sin embargo, el avance de Andre se vio obstaculizado cuando un mar de vegetación a la rodilla lo obligó a posponer la terminación de su vuelta hasta la siguiente primavera.

Andre Tolme se mantuvo en su pista empleando un receptor de radio y una brújula. Para el 10 de agosto de 2003, había completado nueve "hoyos" en 5,854 tiros, perdiendo 352 bolas en el proceso.

Último Try El jugador escocés de rugby, Easton Roy, marcó su retiro del juego en 2003 anotando un try a la madura edad de 80 años. Jugando para los Golden Oldies contra Wolfhounds Select, el abuelo Roy se clavó para el try que representó el empate para su equipo 5-5.

"vendido por su peso en camarones"

Vendido En 2002, ¡un equipo de futbol noruego vendió a un jugador por su peso en camarones frescos! Pesaron a Kenneth Kristensen antes de su transferencia del equipo Vindbjart al Flekkerøy, que a su vez pagó en mariscos. Un directivo de Vindbjart comentó: "Kenneth estaba en su mejor forma cuando nos dejó en invierno, pero tuvo un verano relajado comiendo mariscos en Flekkerøy. Creo que es un buen trato para nosotros".

Un jockey muerto ganó una carrera en Belmont Park, ciudad de New York, en 1923. Frank Hayes murió de infarto un momento antes de que su montura, Sweet Kiss, cruzara la meta final.

Historia de Peces Cuando Leonard A. Smith, de Cucamonga, California, fue a pescar, perdió el reloj por la borda sólo para recuperarlo más tarde dentro del pez que atrapó.

Ahdil es un acróbata extremo de 32 años de edad. Puede mantener el equilibrio precariamente en cuerdas flojas delgadas. También ha caminado 8 horas y 12 minutos en una cuerda floja suspendida a 660 metros (2,200 ft) sobre el fondo del cañón Tiankeng, en China.

Costa de Golf Bob Aube, de 17 años de edad, y Phil Marrone, de 18, jugaron golf por 800 kilómetros (500 mi), de San Francisco a Los Ángeles. ¡Les tomó 16 días y 1,000 bolas de golf!

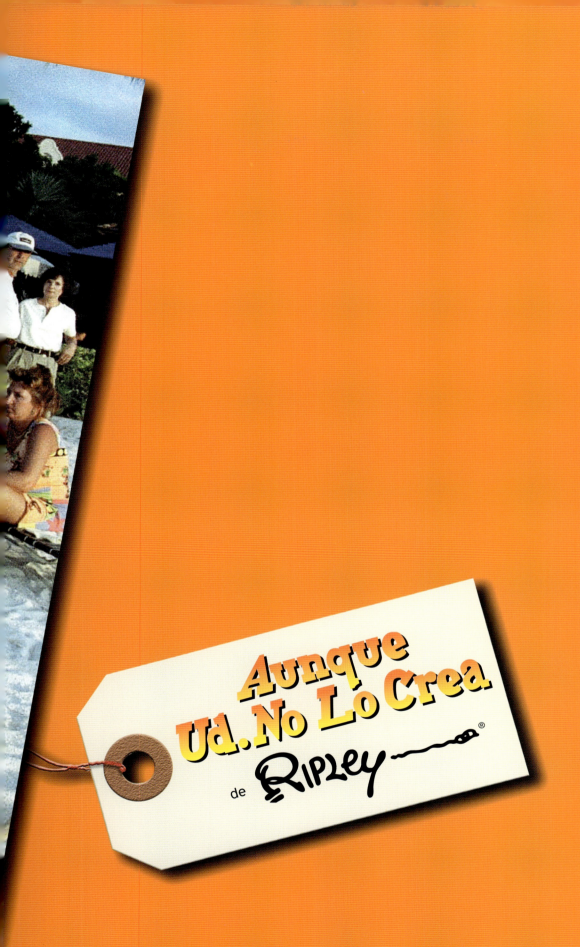

MÁS ALLÁ DE LO CREÍBLE

Aunque Ud. No Lo Crea de Ripley

Supervivencia Milagrosa

Ivory Hill sobrevivió a un accidente automovilístico en que un poste de madera de 70 centímetros (27 in) atravesó su pecho, ¡apenas sin tocar el corazón!

El 17 de noviembre de 1941, el trabajador de plantación de 28 años de edad, de New Orleans, perdió el control de su automóvil mientras conducía de noche, estrellándose en un puente cerca de Thibodeux. Después del accidente, Hill caminó unos 800 metros (.5 mi) y luego viajó en otro auto otros 25 kilómetros (15 mi) para conseguir ayuda... sin perder la conciencia o incluso caerse.

IVORY HILL EXHIBICIÓN NO: 23027 UN POSTE DE MADERA ATRAVESÓ EL PECHO DE HILL, REQUIRIENDO QUE CINCO MIEMBROS DEL HOSPITAL SACARAN LA ESTACA

La estaca de madera apenas no tocó el corazón de Hill y aplastó un pulmón. Menos de dos meses después se había recuperado del todo.

LAS CINCO MÁS IMPORTANTES
CAUSAS DE MUERTE ACCIDENTAL EN ESTADOS UNIDOS

1. Choques de vehículos automotores
2. Caídas
3. Veneno (sin incluir envenenamiento por alimentos)
4. Ahogarse
5. Incendios y quemaduras

Accidentes • Desastres • Heridas

Misil Humano Irving Michaels, de Pennsylvania, salió volando a 61 metros (200 ft) de altura sobre su casa después de arrastrarse por un tubo de drenaje para prender 19 litros (5 gal) de gasolina que había vertido en el tubo para sacar por humo a un mapache. Increíblemente, sólo tuvo lesiones menores.

Bomba Interna El 7 de abril de 1984, el golfista profesional Tony Cosgrave estaba jugando una vuelta en Baltray, cerca de Dublín, cuando le cayó un rayo. En el hospital, los cirujanos descubrieron que su intestino se había perforado por una explosión de gases encendidos por el rayo, que tal vez había entrado a su abdomen por la hebilla de bronce del pantalón. Cosgrave se recuperó para seguir su carrera de golf.

Paul Kosky sobrevivió a que le cruzara una barra de acero de 8 metros (26 ft) la cabeza, en un accidente industrial. La barra entró por su mandíbula izquierda y salió por la parte superior del cráneo. No perdió la conciencia y tuvo una recuperación completa, ¡volviendo a trabajar en la planta de acero poco después!

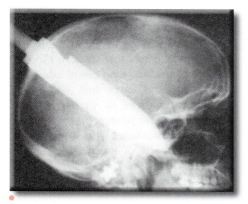

En 1997, Alison Kennedy sobrevivió a que la apuñalaran en la cabeza en un asalto sin motivo mientras viajaba en tren de Londres a Guildford, Inglaterra. La hoja de 15 centímetros (6 in) no tocó el tallo cerebral ni todos los vasos sanguíneos importantes. Le tomó a los cirujanos 2.5 horas retirar el cuchillo de su cráneo. Le quedó algo entumecido un brazo y cierto nivel de visión de túnel, pero sobrevivió milagrosamente al ataque.

El "Chivo Expiatorio" Nicholas Fagnani sobrevivió a muchos accidentes en su vida. Cayó de 17 metros (55 ft) a la edad de cinco años, de 18 metros (60 ft) a la edad de 12, cayó 20 pisos del edificio Liberty Bank en New York, y más adelante lo golpeó un tren rápido que lo lanzó 90 metros (300 ft) por el aire.

Ejecución en Masa El 22 de junio de 1918, 504 ovejas murieron por un solo rayo en el Bosque Nacional Wasatch, Utah.

¿Qué Se Toma?
En 2002, una serpiente preservada mordió a un chino llamado Li cuando abrió una botella de licor. El tapón de la botella, que estaba hecho de corcho, permitió que entrara algo de aire, lo que dejó a la serpiente respirar durante su confinamiento de un año.

Son populares en China las bebidas alcohólicas, como el vino de arroz, que contienen serpientes preservadas u otras criaturas.

Aunque Ud. No Lo Crea de Ripley

Una erupción de bióxido de carbono letal del fondo del lago Nyos, Camerún, en 1986, recorrió 21 kilómetros (13 mi) por un valle, matando a más de 1,700 personas y miles de cabezas de ganado.

Inseguro en Casa Gerard Hommel fue un montañista que sobrevivió a seis expediciones al Everest. Un día, cayó de una escalera mientras cambiaba un foco en su casa de Nantes, Francia. Se fracturó la cabeza contra el lavabo y murió.

Ensartado con Seguridad Un trabajador de la construcción de caminos en Austria resultó ensartado en una varilla de hierro desde la ingle hasta la axila. Le telefoneó a su esposa desde la ambulancia para decirle que no se preocupara... que iba a estar bien. La varilla de 2 metros (7 ft) no había tocado ningún vaso sanguíneo u órgano importante. Los médicos le dijeron al hombre que se recuperaría por completo.

Jack Thompson se ensartó un poste de metal durante un accidente automovilístico... y sobrevivió.

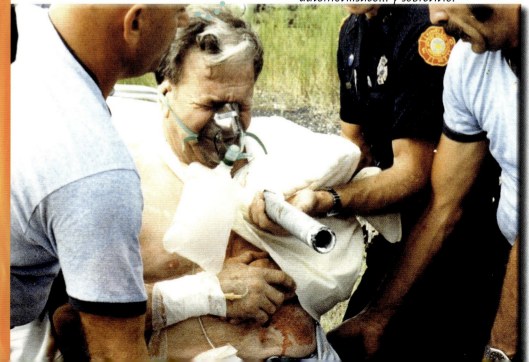

Escape Limpio El limpiaventanas Kerry Burton, de 27 años de edad, cayó cinco pisos en Calgary, Alberta, cuando falló el mecanismo de su cuerda. Cayó en una cubeta de agua y luego rebotó alrededor de 60 centímetros (2 ft) con la cubeta sujeta a presión en su trasero. Es probable que la cubeta le salvara la vida.

Freno de la Suerte En 2002, Lisa Landau, amazona campeona, sobrevivió 34 horas enterrada en un pantano después de que su auto se salió de un camino en el Condado Wicklow, Irlanda. Atrapada en el auto invertido, Lisa sobrevivió al respirar en una bolsa de aire que logró encontrar cerca del pedal de freno.

Sobreviviendo Dos niños sobrevivieron sosteniéndose de su madre muerta después de que un avión se estrelló en aguas picadas en las Bahamas en 2003. En el mismo accidente, una mujer sostuvo a su bebé sobre su cabeza por una hora hasta que arribó La guardia costera de Estados Unidos.

No Se Entiende A Travis Bogumill le dispararon con una pistola de clavos industrial que introdujo un clavo de 8 centímetros (3 in) hasta adentro de su cráneo, pero se recuperó y la única diferencia que tuvo es que ya no es el genio para las matemáticas que solía ser.

Accidentes • Desastres • Heridas   **223**

Vesna Vulovic, aeromoza en un avión a reacción comercial DC-9 yugoslavo que explotó en enero de 1972, sobrevivió a una caída de más de 10,058 metros (33,000 ft). Quedó paralizada de la cintura para abajo, pero después se recuperó y ahora puede caminar.

Choque Un pescador furtivo de 25 años de edad en el pueblo ruso de Tula murió después de poner un cable con corriente en un estanque para atrapar peces. Olvidó desconectar la electricidad antes de vadear para recoger los pescados.

Dwanna Lee, de dos años de edad, tuvo un escape milagroso cuando la golpeó un tren de carga y la lanzó 3 metros (10 ft) por el aire. La locomotora y seis vagones pasaron por encima de su cuerpo... sin lastimarla.

Candado de Enamorados Médicos en Copenhague pasaron dos horas tratando de liberar a dos novios después de que los frenos en sus dientes se atoraron mientras se besaban apasionadamente en un cine de la ciudad. Un médico dijo: "No hubiera tomado tanto tiempo si hubieran podido dejar de reír".

Serpiente Polizona En 1991, un piloto perdió el control de su helicóptero cerca de Rock Hill, Carolina del Sur, cuando trató de pisar una víbora cobriza que salió de un conducto de ventilación cerca de sus pies. El helicóptero se estrelló en los árboles y se destruyó, y el piloto resultó lesionado.

• El contenido estaba fresco todavía y los cubos de hielo no se habían derretido en este refrigerador eléctrico, que fue lo único que quedó en pie después de que la casa fue totalmente destruida por un incendio.

Cojín de Seguridad

¡Una barriga de tomar cerveza fue la heroína de la historia de este hombre! Los médicos que trataron a Shaun Reaney, de 120 kilos (264 lb), en Birmingham, Inglaterra, por lesiones graves en el estómago causadas por una sierra eléctrica creen que le salvó su vida la barriga por tomar cerveza, que evitó que la hoja de la sierra se acercara a órganos internos.

La Alegría de la Muerte En enero de 2003, la policía en España persiguió a un motociclista por 69 kilómetros (49 mi) a velocidades de hasta 180 kilómetros (112 mi) por hora antes de que se estrellara. Investigadores descubrieron que el motociclista había muerto unos 30 minutos antes de estrellarse. Aunque no lo crea, se congeló hasta morir.

Taco de Billar en la Cabeza

Ron Fenwick casi fue derrotado cuando cayó en una pila de tacos de billar y uno de ellos atravesó su cabeza.

Cuando se apresuraron a llevarlo al hospital, los cirujanos retiraron el taco de billar jalándolo con lentitud, ya que era poco probable que su forma causara más daños. El taco no cruzaba ningún órgano y los únicos efectos negativos que Fenwick tiene es dolor de cabeza leve y dolor en la lengua, que afecta un poco su forma de hablar.

Ron Fenwick muestra dónde entró el taco en su mandíbula... en el lado derecho de la cabeza y surgió ligeramente detrás de su oído izquierdo, al parecer desgarrando el lóbulo de la oreja.

Los Cinco Más Importantes
SOBREVIVIENTES DE GRANDES CAÍDAS

1. **Vesna Vulovic:** cayó de un avión a reacción DC-9 que explotó a 10,000 metros (33,000 ft) de altura
2. **Steve Fossett:** cayó 8,840 metros (29,000 ft) desde su globo de aire caliente
3. **Mike Hussey y Army Adams:** descendió 4,100 metros (13,400 ft) con un paracaídas roto que se enganchó a la cola de su avión
4. **Juliane Keopcke:** cayó 3,000 metros (10,000 ft) de su avión en Perú
5. **Jill Shields:** caída libre por 2,900 metros (9,515 ft) después de que su paracaídas no abrió

Accidentes • Desastres • Heridas

¡Collar de Piel de Serpiente!
Biswajit Sawain se despertó en su casa en Bhubaneshwar, India, para descubrir una cobra enrollada en su garganta. Sus amigos estaban demasiado asustados para retirarla, así que después de varias horas, Biswajit tomó un rickshaw (taxi) a un templo cercano y le rezó al dios hindú Siva, pidiéndole que lo liberara del reptil. Poco después, la serpiente se soltó y se alejó reptando.

Salvado por el Alimento Chatarra
Atrapado por una semana en su auto accidentado en diciembre de 2002, Robert Ward, de Virginia del Oeste, sobrevivió a temperaturas de congelación quemando el manual del auto, página tras página, y comiendo todos los paquetes de salsa de tomate, chile y mayonesa que había desechado antes en el piso del auto.

Tendencia a los Accidentes
Es cinco veces más probable que mueran en un accidente los hombres que las mujeres en Estados Unidos.

Asesinos de Monedas
Las máquinas vendedoras causaron 37 accidentes fatales en Estados Unidos entre 1978 y 1995.

Historia para Conejos
El granjero Vincent Caroggio estaba cazando conejos cerca de Chartres, Francia. Después de matar cinco, se detuvo a descansar, poniendo la escopeta a su lado. Un conejo salió de su agujero y se paró en el gatillo, lo que causó que se disparara el arma... matando al granjero.

Conducido por el Destino
En 1975, Neville Ebin, de Bermuda, murió cuando un taxi le pegó en el bicimotor que conducía. Un año después, mientras el hermano del hombre conducía el mismo bicimotor, el mismo taxi chocó con él, conducido por el mismo chofer... que llevaba al mismo pasajero.

Violencia en los Papalotes
En 2003, el alcalde de Lahore, en Pakistán, prohibió los combates aéreos con papalotes después de una serie de accidentes que dejaron 12 personas muertas y otras lesionadas. A algunas de las víctimas les cortaron el cuello las líneas cubiertas de vidrio que usan los competidores para cortar los cordeles de los papalotes de sus rivales.

Muertes en la Carretera
Más gente ha muerto en Estados Unidos en accidentes de autos que todos los soldados estadounidenses que han muerto en guerras desde 1776 combinados.

Enorme Escalón
Mientras ponía un cable de telecomunicaciones en el techo de un edificio de cinco pisos, en Walnut Creek, California, Ken Larsen caminó hacia atrás sobre el borde, cayendo 20 metros (65 ft) entre ramas de árbol. Sufrió raspones y magulladuras menores.

¿Qué Tren?
A una mujer que caminaba por unas vías de tren en Sjomarken, cerca de Boras, Suecia, la atropelló un tren expreso que avanzaba a 96 kilómetros (60 mph) por hora. Cuando el tren se detuvo y el maquinista y el jefe de tren fueron a buscar el cuerpo, encontraron a la mujer tambaleándose en el terraplén a unos 200 metros (650 ft) de distancia. Dos días después se descubrió que la mujer era una paciente de 59 años de edad de un hospital local. No podía recordar el accidente y sólo tenía lesiones menores en el brazo izquierdo y la frente.

A la señora Hewlett Hodges, de Sylacauga, Alabama, la golpeó un meteorito el 30 de noviembre de 1954. El meteorito de 4 kilos (9 lb) chocó con el techo, rebotó en una radio y la golpeó en la cadera, causando magulladuras graves.

Milagro de Cornwall
El 6 de julio de 1979, un avión a reacción de combate Hawker Hunter de la RAF se estrelló en el pueblo inglés de Tintagel, Cornwall. Aunque el pueblo estaba lleno de turistas y partes del avión aterrizaron a metros de un camión cisterna de combustible, nadie murió ni tuvo lesiones de gravedad. Incluso recogieron sin daños al piloto, que se había eyectado en el mar.

En un Instante
En 1988, el paracaidista de Estados Unidos, Eddie Turner, salvó a su colega inconsciente mientras ambos estaban en caída libre, al jalar el cordón de apertura del paracaídas de su amigo diez segundos antes de que chocara con el suelo.

Aunque Ud. No Lo Crea de Ripley

Varilla Caliente En 1991, una varilla de acero caliente atravesó la cabeza de Kelvin Page, obrero siderúrgico, en Kent, Inglaterra. La jaló con las manos desnudas después de que un compañero de trabajo la cortó a un tamaño razonable.

Enterrado en Dulce Un trabajador de una fábrica de dulces de 23 años de edad en Marsella, Francia, murió aplastado cuando un bote lleno con 2,270 kilos (5,000 lb) de malvaviscos le cayó encima.

Peluca de Miedo Un hombre de 53 años de edad de Abbeville, Francia, detuvo su auto para probarse una costosa peluca nueva. Le aplicó un pegamento especial y se la puso, luego encendió un cigarrillo. Los vapores del pegamento se encendieron y el auto explotó, matándolo al instante.

Aceptar la Caída Fallaron ambos paracaídas de Gareth Griffith en un salto con su instructor, Michael Costello, cerca de Umatilla, Florida, en junio de 1997. Al caer juntos desde 1,680 metros (5,500 ft), Costello hizo maniobras de manera que aterrizara primero, amortiguando el impacto de Griffith. Griffith sobrevivió, pero Costello no.

Riesgos de Oficina Las cifras oficiales de accidentes en el Reino Unido para 1999 revelaron que las calculadoras causaron 37 lesiones de oficina, las ligas lastimaron a 402 personas y las engrapadoras lesionaron a 1,317 trabajadores.

Este vehículo se partió a la mitad en una colisión, ¡pero los vidrios ni siquiera se estrellaron!

Encantador de Serpientes El actor turco Sonmez Yikilmaz dormía en una tienda de campaña cuando una serpiente negra se metió en su boca abierta. Los rayos X mostraron que la serpiente aún estaba viva, pero Sonmez se negó a que lo operaran para retirarla. Optó por un remedio antiguo... colgar de cabeza de un árbol mientras ponían una olla de leche humeante bajo él. ¡El olor de la leche atrajo a la criatura de vuelta por su boca!

Despierta en el Duelo Asunción Gutiérrez, de 100 años de edad, sorprendió a su familia que la velaba en Managua, Nicaragua, cuando se levantó en su féretro durante su velorio y pidió comida. ¡La familia se hubiera sorprendido mucho más si no hubiera sido la tercera vez que despertaba de la muerte!

Diagnóstico Erróneo Envenenaron por accidente al inglés Kenneth Andrews con la medicina incorrecta en 1930 después de una operación de apéndice en Hong Kong y se le dijo que sólo tenía poco tiempo de vida. En la Segunda Guerra Mundial lo balacearon dos veces, le clavaron un cuchillo, lo mordió un perro con rabia y contrajo malaria. Murió en 1999 a la edad de 106 años.

No lo Intentará de Nuevo Un hombre de Clermont, Francia, hizo volar su casa cuando añadió gasolina a una lavadora para tratar de remover una mancha de grasa de su camisa. Una chispa encendió la gasolina e hizo volar el primer piso de su casa, dejándolo inconsciente.

IGNORANTE SOBRE LOS PUERCOS
En Transylvania, la piel de puerco es una tradicional delicia navideña. Los granjeros inflan los puercos destazados empleando una bomba para estirar la piel y luego le queman los bigotes. En 1990, un granjero de Cluj en Transylvania tuvo la no muy brillante idea de inflar a su cerdo con gas butano. En cuanto aplicó una flama, el puerco explotó, lanzándolo al suelo. Pasó tres días en el hospital para recuperarse.

Doble Tragedia Un trágico accidente doble mató a gemelos en Finlandia en 2002. El primer hermano murió cuando lo atropelló un camión mientras cruzaba el camino en una bicicleta. Dos horas después y a 1.5 kilómetros (1 mi) de distancia, murió el segundo hermano por otro camión mientras cruzaba el mismo camino.

NO ES AGARRADO
Dan Droessler, de Platteville, Wisconsin, necesitó 60 puntadas después de que un lucio de 14 centímetros (36 in) le mordió el pie mientras lo hacía oscilar sobre el lado de su canoa en el Lago Twin Valley. Droessler jaló el pie a la canoa con el lucio aún sujeto. Tuvo que pagar al Departamento de Recursos Naturales de Wisconsin una cuota especial de permiso de 10.55 dólares con el fin de conservar el pescado y hacer que lo disecaran.

> "¡lo balacearon dos veces, lo mordió un perro con rabia, envenenado y tuvo malaria!"

Accidentes • Hechos Extraños

Afronta un Incendio

Rajendra Kumar Tiwari, de la India, demuestra su habilidad para mantener en equilibrio más de una docena de velas encendidas en su bigote.

El artista de Allahabad retuerce su bigote con el compás rítmico de la música tradicional hindú sin mover un músculo del resto del cuerpo. Tiwari dice: "Dejo de comer o beber lo que sea al menos dos horas antes de un baile de bigote ya que el alimento dificulta controlar la respiración y eso dificulta lograr el equilibrio correcto para el bigote".

- El artista de espectáculo Rajendra Kumar Tiwari incluso hizo que le extrajeran dos dientes para facilitar el equilibrio de las velas.

¡Es una Persona Notable!
John Pollack, escritor de discursos para el expresidente Clinton, viajó en un bote hecho con 165,000 corchos 266 kilómetros (165 mi) por el río Duero de Portugal en 2002. Pollack había reunido corchos por 30 años, pero le ayudó en el viaje de 17 días una donación de 150,000 corchos de la Compañía Cork Supply, de California.

Alguien Ladra En 2003, el aficionado a los perros de Indianápolis, Ilia Macdonald, compró un baño de lujo para su french poodle, Pierre Deux. La tapa del excusado estaba envuelta en chiffón con un borde de boa morada de plumas y la habitación está adornada con una pintura de encargo especial de 400 dólares que presenta una nota supuestamente escrita por Pierre a su novia Gigi. Pierre hace del baño en pañales desechables acomodados en el piso.

CONDUCTA OBSESIVA

- En lugar de pintar trenes, un hombre de Yorkshire, Inglaterra, pinta mezcladoras de cemento
- Un paranoico de Oxnard, California, ¡estaba tan convencido de que la policía lo vigilaba que disecó a su cuyo para eliminar lo que creía era una cámara oculta!
- Un hombre de Leicestershire, Inglaterra, transformó su apartamento en el interior de la Nave Espacial Enterprise

Sobre un Árbol Una pareja que vivió en una casa de árbol cerca de San Francisco por 12 años, al final fueron desalojados en 2002. Besh Serdahely, de 50 años de edad, y Thelma Cabellero, de 50, se conocieron en un comedor de beneficencia de San Francisco y al principio pasaron su luna de miel en el árbol antes de convertirlo en su casa.

Perro Salchicha Temerario El paracaidista de modalidad libre Ron Sirull se presentó en el Espectáculo de Aire y Espacio, en la Base de la Fuerza Aérea Vandenberg, California, en 2002... acompañado por su perro salchicha. "Brutus el Perro Paracaidista de Modalidad Libre", como se le presenta, usa goggles y viaja en el traje de salto de Sirull, y de acuerdo a su dueño, se "emociona completamente" por la experiencia.

Orgullo de Encurtidos Los residentes de un pueblo en Michigan celebran un desfile anual en honor a los encurtidos navideños. Las especialidades del festival, que se realiza en Berrien Springs, son los pepinillos cubiertos de chocolate.

Dejar de Lado la Ley El juez John Prevas, del Distrito Jurisdiccional de Baltimore, estaba tan enojado cuando no se entregó a tiempo evidencia vital en un juicio de intento de asesinato en agosto de 2002, ¡que ordenó al detective Michael Baier hacer 25 lagartijas en el tribunal!

En 1934, Billy Crawford, de cuatro años de edad, dio varios saltos gigantescos en Cleveland, Ohio, mientras estaba sujeto a un globo gigante que hacía que casi no tuviera peso.

El sacerdote de Valencia, Francisco Javier Serra (izquierda) dirigió una lectura bajo el agua de la Biblia en septiembre de 2000. Él y sus dos compañeros se sumergieron a una profundidad de 10 metros (33 ft) en el arroyo Moraig, en las afueras de Alicante, España.

"lectura de la Biblia tiene lugar a 10 metros (33 ft) bajo el agua"

Hechos Extraños

- ¡Algunas personas toman el cuidado del automóvil demasiado en serio! Torsten Baubach, de Gales, cubrió su miniauto con piel impresa de tigre.

No Mires Atrás El taxista hindú Harpreet Devi es único entre los conductores... ¡porque conduce a todas partes en reversa! Comenzó a conducir hacia atrás cuando su auto se atoró en reversa y tuvo que conducir 56 kilómetros (35 mi) hacia su casa. Ha estado conduciendo el auto en reversa dos años y ha recorrido más de 12,070 kilómetros (7,500 mi) a velocidades de hasta 40 kilómetros (25 mph) por hora.

Apenas Usados En octubre de 2003, Jusuf Sijaric, de 81 años de edad, del pueblo de Novi Pazar en el sur de Serbia, ¡reveló que había usado el mismo par de zapatos los últimos 60 años! Dijo que deseaba dejárselos a un museo cuando muera.

Campeón Mentiroso En enero de 2003, Sandi Weld, derrotó a varios rivales para llegar a ser la ganadora de la 72 Competencia Mundial de Campeones de la Mentira al afirmar que sus ovejas produjeron algodón de acero cuando se mudó a la Montaña de Hierro, Michigan.

Dieta Sucia Hao Fenglan, china de 78 años de edad, ha comido tierra desde la edad de ocho años. En ese tiempo ha consumido más de 10 toneladas de tierra. Dice que siente una incomodidad física si no come algo de tierra todos los días de su vida.

Espíritu de Dar y Tomar El empresario de Carolina del Norte, Mike Jeffcoat, jugó a Santa Claus, en la temporada de Navidad de 2002, al pegar 300 billetes de 1 dólar en la ventana de su oficina, acompañados con una nota que decía: "Por favor, tome sólo lo que necesite. Recuerde a los demás". Todo el dinero desapareció en menos de 35 minutos.

Hacer Payasadas En 2002, el abogado español Álvaro Neil, de 36 años de edad, de Asturias, España, dejó su trabajo y vendió su auto con el fin de viajar en bicicleta por Sudamérica vestido de payaso. En 19 meses, había recorrido 31,000 kilómetros (19,200 mi) por 10 países.

Residente Oculto En julio de 2003, personal de un vertedero de basura en Berlín, Alemania, descubrió un hombre que había vivido ahí por diez años. ¡Su escondite de 0.9 metros (3 ft) de alto contenía colchón, anaqueles y un armario!

Sentir Ganas de Picotear Gerben Hoeksma, de 58 años de edad, de Holanda, tiene una dieta muy poco común. En los últimos 11 años ha hecho tres comidas al día... de alimento de paloma. Dice que la comida es nutritiva, saludable, apetitosa y barata.

Stephanie Larson (izquierda) y Garrett Gilley, ambas de ocho años de edad, ganaron el primer lugar en la competencia de la Pareja Más Sucia para niños, que tuvo lugar en Santa Mónica, California, en noviembre de 2000. Los competidores tuvieron que hacer frente a una ruta de obstáculos para ensuciarse que iba de budín de chocolate a crema de cacahuate y gelatina.

Propósito Elevado En noviembre de 2002, el pastor Steve Coad hizo su casa encima de una valla publicitaria sobre la carretera 19, en Pinellas Park, Florida, y anunció que no bajaría hasta reunir 23,000 dólares para caridad. Dijo: "Tengo un baño portátil, una tienda de campaña, una televisión pequeña, toallas húmedas, pasta dental y desodorante".

Recorte Chamuscado El barbero de Bombay, Aqueel Kiratpuri ha dejado de recortar el cabello de sus clientes en favor de quemar los mechones con la flama de una vela. El "corte a la vela" revive una antigua tradición hindú y toma alrededor de una hora. También reduce el desorden ya que el cabello tan sólo arde.

Rebanada de Vida Mike Uris, de New Jersey, se comió una pizza mediana y bebió cuatro refrescos de cola dietéticas del mismo puesto casi todos los días por más de cinco años. Calculó que entre 1997 y 2002, comió más o menos 2,000 pizzas de su tienda local de Domino's.

Máquina Fuera del Tiempo Encontraron culpable a un hombre de Missouri de robar transformadores de una compañía eléctrica, con los que esperaba construir una máquina del tiempo que lo ayudaría a predecir números futuros de la lotería.

MAC MANIÁTICO
Peter Holden, de 40 años de edad, de Washington, D. C., es el máximo fanático de McDonald's. Ingiere un promedio de dos comidas de McDonald's al día y para abril de 2002 había comido en más de 11,000 de los 13,500 restaurantes McDonald's de Estados Unidos. En un viaje de negocios reciente de 54 días, comió en 125 restaurantes McDonald's nuevos.

Con los Cables Cruzados En octubre de 2003, el artista de San Francisco, Jonathan Keats, registró su cerebro como escultura y empezó a vender contratos futuros sobre sus 6,000 millones de neuronas, ofreciendo a los compradores los derechos a cualquier creatividad que podría producir si la ciencia aprende a mantenerlo vivo después de su muerte.

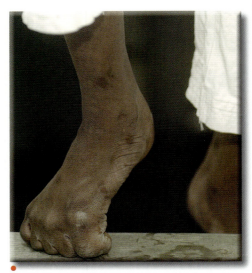

El 27 de marzo de 2003, K. Vasantha Kumar, un estudiante universitario de 25 años de edad, caminó los 310 escalones de un edificio de 16 pisos en Madrás, sólo sobre sus dedos enroscados. La subida le tomó sólo tres minutos.

DEVOTO DE LAS DONAS
Richard Ahern y su hijo Christopher pasaron dos noches durmiendo en una camioneta en octubre de 2002 sólo para asegurarse de ser las primeras personas en Newington, Connecticut, en comprar un nuevo tipo de donas. La pareja fue la primera en la fila cuando abrió la nueva tienda de Krispy Kreme, y los recompensaron adecuadamente con un suministro de donas para un año.

Echo Grey posa con su Gran Danés, llamado Jagger, después de la competencia Mascarada de Mascotas del Festival de Fantasía, que tiene lugar anualmente en Key West, Florida. Grey se pintó con aerógrafo ella misma y a Jagger de manera que parecieran tigres y ganó un premio en la categoría de "más exótico".

Hechos extraños

La fruta toma una nueva forma en el mercado de Tokio, donde se venden sandías cuadradas

Guerrero Preocupado El general del ejército confederado en Estados Unidos, Thomas "Stonewall" Jackson, quien no podía comer pimienta ya que pensaba que podía lastimar su pierna izquierda, siempre se sentaba erguido en una postura rígida ya que pensaba que sus órganos internos estaban mal acomodados, y se dirigía a la batalla con el brazo derecho sobre la cabeza, ya que creía que mejoraba mucho el flujo de sangre a su cerebro.

EXPERIENCIAS DE MOMENTOS CERCANOS A LA MUERTE

- El jubilado belga Jos Thys es el único hombre del que se puede decir que disfrutó su propio funeral. Para su cumpleaños 68 en febrero de 2003, su familia invitó a 250 amigos a su fiesta de funeral, a pesar de que todavía estaba muy vivo, ya que él siempre se preguntó cómo sería su funeral

- Un hombre en Rumanía, quien intentó quitarse la vida colgándose con una cuerda, quedó tan consternado por la calidad de la cuerda, después de que parientes lo bajaron del árbol cortando la cuerda, que planeó quejarse ante una autoridad de derechos del consumidor

La Máxima Calabaza En 2002, Jim Bristoe, electricista de 42 años, de Elletsville, Indiana, construyó un cañón diseñado para lanzar una calabaza a kilómetro y medio (1 mi). Con un cañón de 9 metros (30 ft) y con la fuerza de un tanque de aire de 2,600 litros (700 gal), el cañón es capaz de lanzar proyectiles a una velocidad de 1,450 kilómetros (900 mph) por hora. Durante las pruebas, ¡disparó una calabaza atravesando la parte trasera de un auto Pontiac!

Dedo Volador Farhat Khan, de la India, ¡puede mecanografiar 60 palabras por minuto usando sólo un dedo! También puede mecanografiar a esta velocidad en hindú e inglés.

"el maíz creció sobre todo el cuerpo de un hombre"

El agente de la policía hindú, Shyamial Bundele, ¡decidió acostarse varios días para esperar que creciera maíz sobre su cuerpo cubierto de lodo! Su objetivo para hacer esto era juntar dinero para la construcción de un templo cerca de Bohpal.

Aunque Ud. No Lo Crea de Ripley

Los fieles de la iglesia de un pueblo en Holanda han creado una replica de su iglesia local... ¡hecha con 10,000 quesos bola! ¡La iglesia de queso tiene 4 metros (13 ft) de alto y 9 metros (30 ft) de largo!

Ojos de Vaca ¡Una familia de Missouri despertó una mañana y encontró 13 ojos en su patio trasero! Las pruebas revelaron que eran de vacas, ¡pero nadie sabe cómo llegaron ahí!

¿Viajero del Tiempo? Andrew Carlssin, de cuarenta y cuatro años de edad, ¡ganó una fortuna de 350 millones de dólares en sólo dos semanas en Wall Street, después de empezar con sólo 800 dólares! No fue sorprendente que la Comisión de Valores y Divisas tuviera sospechas y lo acusara de abuso de información privilegiada. Carlssin hizo una confesión de cuatro horas de que era un viajero del tiempo del año 2256 y que así sabía cuáles eran las mejores inversiones. Por supuesto, los policías del caso de ninguna manera quedaron convencidos de la historia de Carlssin, ¡pero parece extraño que no se pueda encontrar ningún registro de un Andrew Carlssin antes de que apareciera como adulto en 2003!

Orgullo Devorador Por años, John "Red" Stuart, de Filadelfia, fue el único hombre en Estados Unidos que podía tragar un eje de automóvil. Ahora ha anunciado que como su nuez de Adán se había convertido en hueso, ¡ya no cabían los ejes en su garganta y que había decidido que era más seguro tragar espadas de samurai y bayonetas!

Búsqueda de Mascota Para atraer la atención a su búsqueda del perro salchicha de la familia, Summer Sausage, Rick Arbizzani, de Florencia, Illinois, ¡salió a las calles en 2003 vestido como Scooby Doo! Por desgracia, nueve meses después no había noticias del perro.

El Alcalde Paga Como resultado de una apuesta perdida en 2002, Mel Rothenburger, alcalde de Kamloops, Columbia Británica, ¡asistió a una reunión del consejo vestido como un conejo rosa!

Ganesh Bhagat Chourasia, de Calcuta, suspende diez ladrillos que pesan 35 kilos (77 lb) de su bigote. ¡El tendero está preparándose para levantar más de 50 kilos (110 lb)!

Raman Andiappan puede descascarar un coco con los dientes en 37.67 segundos. ¡Aquí se le ve demostrando su habilidad en Madrás, India!

Hechos Raros • Matrimonios Alocados

Locos por los Aviones

Algunas parejas deciden casarse en presencia de Elvis, otros escogen casarse bajo el agua, pero esas opciones no eran lo bastante emocionantes para Justin Bunn y Caroline Hackwood, de Cirencester, Inglaterra.

Los novios hicieron sus votos y los casó el reverendo George Bingham mientras volaban a 3,050 metros (10,000 ft) sobre el aeropuerto Rendcombe, Inglaterra.

Justin Bunn y Caroline Hackwood se casaron mientras estaban sobre el ala de biplanos que volaban a gran altura.

Aunque Ud. No Lo Crea de Ripley

Algo Prestado

La novia japonesa Yuko Osawa, puede permitirse sonreír después de su matrimonio con Ikuo Kine en la ciudad Kakegawa en 2000. Ya que estaba usando el "Corpiño del Milenio", tejido con hilo de oro de 24 kilates, tachonado con diamantes de 15 kilates y con un valor de 200 millones de yenes (2 millones de dólares).

El corpiño de 2 millones de dólares, elaborado por el fabricante de ropa interior Triumph® International, de Japón, fue prestado a la pareja japonesa para su boda.

Primera Pelea Encarcelaron a los recién casados Marcia Alarcón y Carlos Alarcón-Schroder en Des Moines, Iowa, en 2001, ¡después de pelearse al decidir a qué padres visitarían primero!

En Excavadora Elaine Hesketh esperaba dejar una iglesia de Manchester, Inglaterra, en 2003, en una limosina con chofer... en lugar de eso, viajó a la recepción a 8 kilómetros por hora (5 mph) mientras estaba sentada en la pala de una excavadora mecánica gigante. El extraño modo de transporte fue idea del novio, Gary Hesketh, exconductor de JCB (J. C. Banford, fabricantes de maquinaría de trabajo pesado para manejar)

¿Condición Demente? La novia china Xu Fei es tan fanática del acondicionamiento físico que se puso un bikini el día de su boda en 2003 y presentó una serie de ejercicios para los invitados. Conoció a su futuro esposo, Wang Xiaohu, en un gimnasio en Nanjing.

Decidida en una Piedra En 1976, la secretaria de Los Ángeles, Jannene Swift oficialmente se casó con una roca de 23 kilos en una ceremonia presenciada por más de 20 personas.

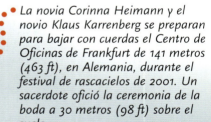

La novia Corinna Heimann y el novio Klaus Karrenberg se preparan para bajar con cuerdas el Centro de Oficinas de Frankfurt de 141 metros (463 ft), en Alemania, durante el festival de rascacielos de 2001. Un sacerdote ofició la ceremonia de la boda a 30 metros (98 ft) sobre el suelo.

Caído del Cielo

El entusiasta del paracaidismo en caída libre Jason Stieneke encontró una nueva forma de llegar a su boda con Peggy Sue Cordia en junio de 2002. Saltó de un avión y bajó en paracaídas para aterrizar en un jardín fuera de la iglesia, en Cape Girardeau, Missouri. Aparte de una mancha de pasto en su esmoquin, no se lastimó. El fotógrafo de la boda y el padrino también se lanzaron en paracaídas a la iglesia, pero la novia prefirió llegar en auto.

Matrimonios Alocados

Ciento sesenta parejas de toda China se casaron el 12 de octubre, 2002, en una boda en masa del Paso Juyongguan, en la Gran Muralla China, al norte de Beijing. El evento, el cuarto en su tipo en la Gran Muralla China, se transmitió en Internet.

Boda con Escopeta La tradición serbia para el matrimonio de disparar las armas al aire tuvo un resultado inesperado en octubre de 2003 cuando los invitados sin saberlo derribaron a un avión pequeño que volaba a baja altura sobre la fiesta en Ratina, cerca de Belgrado.

Fuera de Lugar En 1993, un hombre mató a otro invitado en una recepción de boda en Long Beach, California, porque no estaba contento con la forma en que se habían distribuido los asientos.

Divorcio en la Vejez En 1984, Simon Stern, de 97 años de edad, de Wisconsin, se divorció de su esposa Ida de 91 años de edad.

Eli Cuellar (derecha) y su novio Juan Videgain, intercambiaron sus votos en un acuario bajo el agua de San Sebastián, norte de España, el 10 de marzo de 2001.

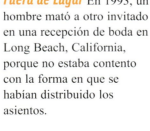

Karnamoni Hasda (izquierda) de nueve años de edad se casó con un perro en una ceremonia especial en Khanyan, India, en junio de 2003. De acuerdo a la costumbre tribal santhal, si aparece el primer diente de un niño en la encía superior, sólo se puede salvar de una enfermedad seria al casarse con un perro.

"ceremonia matrimonial bajo el agua"

Sujeto por el Hielo

En 1914, el implacable banco de témpanos atrapó al barco Endurance mientras el explorador nacido en Irlanda Ernest Shackleton y su tripulación de 27 hombres intentaban cruzar la Antártida. Pasaron los siguientes cuatro meses abandonados en un témpano de hielo.

Por último tomaron los botes salvavidas e hicieron un peligroso viaje a la isla Elephant. Shackleton luego llevó cinco hombres en un bote abierto en un viaje de 17 días por algunas de las aguas más tormentosas en la Tierra a la isla de Georgia del Sur, donde dirigió a dos de sus hombres en una caminata de 36 horas por traicioneros glaciales para llegar a una estación ballenera. Pudo conseguir un barco en un intento de rescatar a los restantes miembros de la tripulación varada. Por fin llegó con los náufragos el 30 de agosto de 1916. Sorprendentemente, durante toda la terrible experiencia, no se perdió una sola vida.

Shackleton consiguió un barco y pasó los últimos cuatro meses de la terrible experiencia tratando de rescatar a los 22 hombres varados en la isla Elephant.

El Endurance quedó atrapado en un témpano de hielo y lo retuvo diez meses antes de que por fin se hundiera.

Viajes épicos • Superviviencia • Hazañas

Carne en la Pezuña Durante la retirada del ejército francés de Moscú, en el glacial invierno de 1812, algunos soldados sobrevivieron empleando sus caballos como despensas vivientes. Cortaban rebanadas de carne de sus monturas para comer, pero como la temperatura estaba muy debajo de la congelación, la sangre se congelaba al instante. Los caballos estaban tan entumecidos que no sentían dolor.

Vaca de la Guerra Fría En noviembre de 1960, un cohete estadounidense lanzado de Cabo Cañaveral, Florida, se desvió de su curso y se estrelló en Cuba, matando una vaca. El gobierno cubano le dio a la vaca un funeral oficial como víctima de una "agresión imperialista".

El programa de juegos de la televisión japonesa Endurance retaba a los concursantes que eran lo bastante valientes para combatir sus temores o llevar a cabo hazañas que lleven su energía y fuerza de voluntad hasta sus límites. Las hazañas incluyen colgar por horas sin fin con una caja de ratas unos centímetros arriba o estar sujeto dentro de una caja con escorpiones que se acercan a los competidores.

Sobreviviente Horneado
En el verano de 1905, el mexicano Pablo Valencia sobrevivió siete días en el sudoeste de Arizona, sin agua, en temperaturas de hasta 95º C (200º F). Cuando lo encontraron, su cuerpo estaba ennegrecido y arrugado, sus ojos no parpadeaban... pero se recuperó.

Tanya Streeter, a quien se ve aquí en una pose de yoga, se convirtió en la campeona mundial de buceo libre en 2003. Podía bucear a profundidades de hasta 160 metros (525 ft) bajo el agua.

Cortar o Morir
El alpinista en rocas Aran Ralston empleó una navaja para cortar parte de su propio brazo para liberarse después de quedar atrapado bajo una roca de 454 kilogramos (1,000 lb) por cinco días en un cañón del Parque Nacional Canyonlands, Utah. Ralston quedó atrapado el 26 de abril de 2003 y pasó tres días intentando quitarse de encima la roca. Cuando se quedó sin alimento, recurrió a la amputación. Cargando la extremidad que cortó, Ralston bajó rápidamente 18 metros (60 ft) hasta el fondo del cañón y caminó alrededor de 8 kilómetros (5 mi) antes de encontrar ayuda.

Quince Semanas en un Bote Descompuesto

Fue rescatado después de tres meses después de hacerse a la vela para un viaje de tres horas a la Isla Catalina en 2002, Richard van Pham, de 62 años de edad, de Long Beach, California, frente a las costas del Pacífico de Costa Rica. Van Pham había viajado a la deriva más de 4,000 metros (2,500 mi) al sur después de que una tormenta desmanteló su bote y que fallaran el motor y la radio. Sobrevivió con agua de lluvia, peces y tortugas. Cuando lo rescató el barco patrulla de Estados Unidos McClusky, van Pham estaba asando una gaviota empleando madera de su bote como combustible.

El barco patrulla de Estados Unidos McClusky rescató a van Pham (izquierda), después de estar a la deriva por tres meses y medio.

Richard van Pham pasó el tiempo a la deriva del lado del Pacífico en este bote de vela maltrecho, al que dañaron vientos fuertes.

Hacia Arriba y Alejándose En 1979, Peter Strelzyk y Guenter Wetzel y sus familias escaparon de Berlín del Este, comunista, en un globo de aire caliente que cosieron con cortinas y sábanas, e inflado con un quemador de gas de fabricación casera.

Durante una misión espacial abortada en 1975, la tripulación rusa del Soyuz-18A soportaron fuerzas de 21 gravedades... cinco veces más de lo que los cosmonautas deben soportar durante maniobras de rutina.

Descenso Brusco en Esquís En el esquí extremo, donde se lanzan por laderas casi verticales, Harry Egger, de Austria, estableció un récord mundial, alcanzando velocidades de 250 kilómetros (155 mi) por hora en 1999.

Cartero Fiel August Sutter, de 83 años de edad, repartió el correo en la misma ruta del Illinois rural por 64 años, ¡recorriendo más de millón y medio de kilómetros en ese tiempo!

Caída Aérea Rescataron al aeróstata estadounidense que dio la vuelta al mundo, Steve Fossett, del Mar de Coral después de que su globo de aire caliente se rompió a una altura de 8,840 metros (29,000 ft).

¡Aargh! Un coreano de 62 años de edad se ahogó después de tragar un pulpo vivo... que es un refrigerio popular en Corea. El pulpo todavía estaba vivo cuando los médicos lo extrajeron.

Retenga la Respiración Los pescadores de perlas de Ama, en Japón, realizan hasta 100 inmersiones todos los días a profundidades de alrededor de 20 metros (66 ft) sin sufrir efectos negativos.

Lo Sujetó en el Aire Despedido de su bombardero que explotó en abril de 1944, el piloto australiano Joe Herman, golpeó algo en el aire. Sujetando el objeto con que había chocado, Herman se encontró colgando de las piernas del soldado de artillería superior, John Vivash, cuyo paracaídas acababa de abrir. Ambos hombres aterrizaron con el paracaídas individual, sufriendo sólo lesiones menores.

Viajes épicos • Supervivencia • Hazañas

ATERRIZAJE SUAVE

El sargento de vuelo de la RAF, Nicholas Alkemade, estaba en una misión de bombardeo sobre Alemania en 1944, cuando el fuego enemigo le dio a su bombardero Lancaster. Al enfrentar la opción de quemarse hasta morir en el bombardero en llamas o saltar sin paracaídas de 5,486 metros (18,000 ft), Alkemade escogió saltar. Se desmayó durante la caída y despertó para encontrarse en nieve acumulada, sólo con un tobillo dislocado, las ramas de un árbol habían detenido su caída. La parte más difícil fue convencer a la patrulla alemana que lo encontró cómo era que estaba ahí sin paracaídas.

Ascenso Trágico En 1875, el científico francés Gaston Tissandier hizo un ascenso en globo alrededor de 10,700 metros (35,000 ft). Aunque el globo estaba equipado con equipo primitivo de oxígeno, Tissandier y sus dos colegas perdieron la conciencia antes de que pudieran usarlo. Tissandier sobrevivió, pero murieron sus dos compañeros.

Hombre Derrota a Caballo En 2002, el velocista estadounidense Tom Johnson compitió con un caballo y jinete por 31 kilómetros (50 mi) en el desierto de los Emiratos Árabes Unidos. Johnson llegó a la meta en 5 horas y 45 minutos, derrotando al caballo sólo por 10 segundos. El caballo se había detenido una hora durante la carrera para comer, beber y descansar.

Avión que Se Tapa El 24 de junio de 1982, un Boeing 747 de British Airways que viajaba a una altura de 11,278 metros (37,000 ft) voló por una columna de ceniza volcánica del volcán Galanggung, en Java. La ceniza entró a los motores, causado que los cuatro motores se detuvieran. El avión entró en un planeo en picada por 15 minutos, bajando a 3,962 metros (13,000 ft), pero en el último minuto, el capitán Eric Moody y su tripulación pudieron reiniciar los motores y realizar un aterrizaje de emergencia en el aeropuerto de Yakarta.

Viaje Épico a Casa En febrero de 1924, seis meses después de que Frank y Elizabeth Brazier perdieron a su collie Bobbie en Wolcott, Indiana, el perro apareció de vuelta en su casa, en Silverton, Oregon, después de hacer un viaje increíble de 4,830 kilómetros (3,000 mi).

El Salto Máximo El 16 de agosto de 1960, el coronel Joseph W. Kittinger, hijo, saltó de un globo a 31,333 metros (102,800 ft)... más de 31 kilómetros (19 mi) de alto, para establecer el récord mundial de salto en paracaídas de mayor altura. Le tomó al coronel Kittinger más de 13 minutos llegar por fin al suelo.

Hans Graas salvó a sus tres compañeros cuando cayeron en una grieta desde una saliente de roca mientras escalaban la montaña Piz Palu de 3,912 metros (12,834 ft), en Suiza. Graas los salvó al saltar al otro lado de la roca mientras caían, con el fin de crear un equilibrio al jalar en sentido contrario la cuerda a la que todos estaban sujetos, impidiendo que todos cayeran por un lado.

Mientras viajaba alrededor del mundo, el aficionado a la vela británico Tony Bullimore (derecha) sobrevivió cinco días atrapado bajo su bote, después de que se volcó en el helado Océano Índico en 1997.

Las Mujeres Conquistan Asia

A cuatro mujeres británicas, Sophia Cunningham, Lucy Kelaart, Alexandra Tolstoy y Victoria Westmacott, les tomó ocho meses de montar caballos y camellos por Uzbekistán, Kirguistán y dos terceras partes de China, viajando por cuatro desiertos y dos cadenas montañosas sobre caballos y camellos.

Mientras estaban en su viaje de 6,920 kilómetros (4,300 mi), ¡las mujeres experimentaron extremos de temperatura, lentes de contacto congelados y pastores dispuestos a cambiar 1,000 camellos por una de las chicas!

Las cuatro intrépidas viajeras arribaron a Xi'an, China, en sus camellos después del osado viaje.

Vagabundo de Altos Vuelos El 29 de julio de 1998, un chino de 23 años de edad sobrevivió a temperaturas de alrededor de -50º C (-58º F) y falta de oxígeno a una altura de 9,998 metros (32,800 ft) en el pozo de las ruedas de un avión Jumbo. El hombre estaba en un vuelo de tres horas de Shangai a Tokio.

Arrastrarse por la Vida
Mientras descendía de la cumbre de Siula Grande, una cima de 6,355 metros (20,850 ft) en los Andes Peruanos, el escalador británico Joe Simpson cayó y se aplastó la rodilla. Su compañero, Simon Yates, bajó a Simpson de la montaña con una cuerda, pero Simpson resbaló en el borde de un precipicio y cayó en una grieta profunda. A Yates no le quedó más que cortar la cuerda para evitar caer él. Después de una búsqueda prolongada y sin resultados del cuerpo de Simpson, Yates volvió al campamento base, a unos 10 kilómetros (6 mi) de distancia. Milagrosamente, Simpson había sobrevivido a la caída y en los siguientes tres días salió de la grieta y se arrastró de vuelta al campamento base.

Pioneros del Aire Enrarecido En 1862, los británicos aficionados a globos James Glaischer y Henry Coxwell ascendieron a una altura de 8,770 metros (28,770 ft) sin oxígeno... casi la misma altura que la cumbre del monte Everest.

Viajes épicos • Supervivencia • Hazañas

241

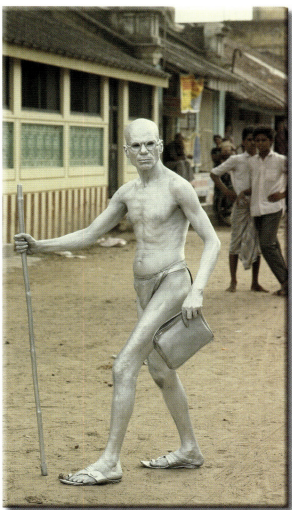

Este devoto de Mahatma Gandhi se pintó con plata para simbolizar una estatua, y caminó casi 160 kilómetros (100 mi) en la India, en 1992, para conmemorar la famosa Marcha de la Libertad de Gandhi.

Ignorar el Frío Un peregrino nepalés que siguió a una expedición estadounidense de 1960 al Himalaya caminó descalzo en la nieve a 4,570 metros (15,000 ft). Durmió al descubierto en temperaturas que bajan a –30º C (-20º F), vestido sólo con pantalón de algodón, camisa y abrigo.

Siesta Interrumpida Chad Dillon, de Indiana, estaba en un contenedor de basura, durmiendo después de una noche fuera, cuando un camión de basura lo recogió. Pudo escapar cuando se escucharon sus gritos. Tenía lesiones en cabeza, pecho y brazos porque lo compactaron tres veces.

Aguantar el Calor En un experimento del siglo XVIII, un científico inglés llamado Blagden, ¡se encerró voluntariamente en una habitación que se había calentado a 105º C (221º F)! Con él tenía a un perro, algunos huevos y un pedazo de carne cruda. Quince minutos después, Blagden y el perro salieron sin daños, pero los huevos y la carne se habían cocinado.

El Último Hombre en Pie
El teniente Hiroo Onoda, soldado japonés, se negó a rendirse por 29 años después de que terminó la Segunda Guerra Mundial, afirmando que las historias de la derrota de Japón eran propaganda. No fue hasta que su antiguo comandante voló a Lubang, una remota isla de las Filipinas donde Onoda estaba refugiado, y le ordenó que depusiera las armas que por fin salió de la jungla el 19 de marzo de 1972.

Boleto de Correa Elástica Arrestaron a un canadiense después de intentar sin éxito hacer un salto con correa elástica a un crucero que pasaba bajo un puente de Vancouver.

Pozo Deshelado Anna Bagenholm, esquiadora noruega de 29 años, quedó atrapada en un río helado por más de una hora. Para el momento en que la rescataron, la temperatura corporal había caído a 14º C (57º F), que es 23º C (73º F) bajo lo normal. Cuando la declararon clínicamente muerta, la llevaron al Hospital de la Universidad Tromso donde un equipo de resucitación logró revivirla. Ocho meses después, el único efecto perdurable fue un hormigueo en los dedos de Anna.

Doble Milagro Juliane Koepcke, adolescente alemana, tuvo no sólo uno sino dos escapes milagrosos después de que el avión en que se encontraba se descompuso en una tormenta sobre Perú la Nochebuena, en 1971. En primer lugar, sobrevivió a la caída de más de 3,000 metros (10,000 ft). Luego, a pesar de una clavícula rota y otras lesiones, caminó 11 días en la selva antes de por fin encontrar ayuda.

El hindú de setenta y seis años de edad, Prahlad Jani, afirma haber sobrevivido 68 años sin comer o beber. Un grupo de devotos se ha formado para rendir honor a este hombre que afirma que su supervivencia en tales circunstancias se debe a inspiración divina. Para demostrar su declaración de que sobrevive sin alimento o bebida, estuvo de acuerdo en ir bajo vigilancia a un hospital local, donde no pudieron negar su afirmación.

Fuego en el Hoyo En 1993, Stanley Williams, un vulcanólogo estadounidense, estaba haciendo mediciones dentro del volcán colombiano Galeras cuando tuvo una erupción, incinerando a seis de sus colegas y a tres turistas. Restos ardientes fracturaron el cráneo de Williams y le rompieron las piernas, pero dos vulcanólogas hicieron frente a la explosión y montaron un rescate sorprendente para sacarlo de la montaña.

Escalada de Velocidad La mayoría de los escaladores necesitan cuatro días para llegar a la cima del monte Everest desde el Campamento Base, pero en mayo de 2003, el sherpa Lhakpa Gelu hizo el ascenso en un poco menos de 11 horas, venciendo el mejor tiempo anterior (también de un sherpa) por casi dos horas.

El mago indonesio Alford escapó de cadenas y esposas mientras estaba sumergido en un tanque lleno de tiburones en Mundo Marino, Yakarta, en junio de 2003. Estuvo bajo el agua un tiempo total de 1 minuto y 50 segundos.

"**caminó en una cuerda floja por 22 días**"

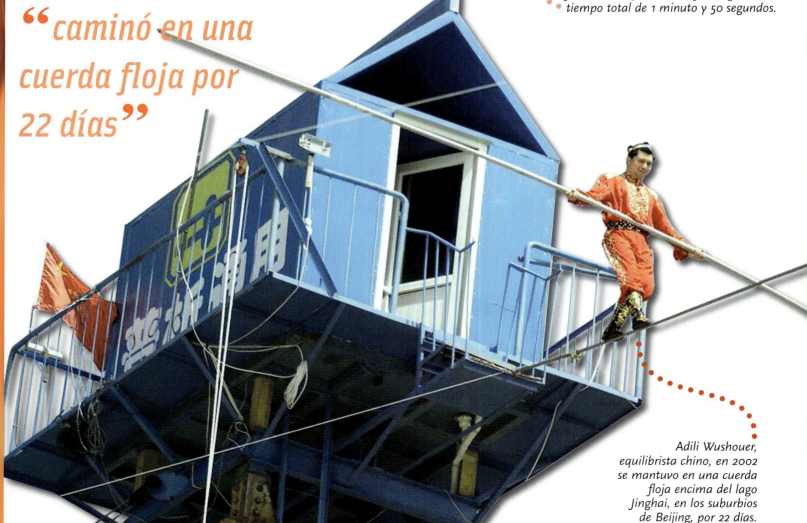

Adili Wushouer, equilibrista chino, en 2002 se mantuvo en una cuerda floja encima del lago Jinghai, en los suburbios de Beijing, por 22 días.

Viajes épicos • Supervivencia • Hazañas   243

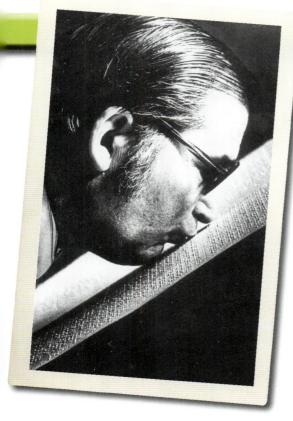

El ruso Michail Lasjuv aprendió a leer braille utilizando los labios después de perder las manos, la vista y la audición durante la Segunda Guerra Mundial.

Niña Se Enfrenta a Pitón
Marlie Coleman, de seis años de edad, de Cairns, Australia, recibió el premio humanitario de la RSPCA por salvar a su gatito de una pitón de matorral en 2003. El pitón había atrapado al gato Sooty en el patio y luego Marlie trató que lo soltara, le hundió los dientes en el labio, sujetándose hasta que la madre de Marlie escuchó los gritos y le quitó la serpiente.

Crecimiento Firme Matthew Palframan, disléxico que no pudo hablar hasta que tenía tres años de edad y que, como adulto, sólo tenía la edad de lectura de un niño, logró un lugar en la universidad de Oxford, Inglaterra, en 2002, para estudiar química.

Soñador Genial
Un maestro describió a Albert Einstein, uno de los científicos más grandes de todos los tiempos, como "retrasado mental, insociable y perdido por siempre en sueños tontos".

Julius Rosenburg, de 5 años de edad, en Winnipeg, Manitoba, Canadá, arrebató a su hermana de tres años de edad de las fauces de un oso y luego le gruñó al animal hasta que huyó.

Lento Inicio Como estudiante, John Maynard Keynes, uno de los economistas más influyentes del siglo XX, normalmente recibía calificaciones bajas en sus clases de economía.

Campeona de Clavados A la edad de 90 años, Viola Krahn ganó la competencia de clavados en trampolín de 3 metros en los Campeonatos de Maestros Bajo Techo de Estados Unidos, en Brown Deer, Wisconsin.

Mini Gran Maestro En 2002, Sergei Karjakin, niño de Ucrania de 12 años de edad, se convirtió en el gran maestro más joven en la historia del ajedrez.

De Desarrollo Rápido ¡Wolfgang Amadeus Mozart compuso sus primeras obras para piano a la edad de cinco años!

Jim Abbott, nació sólo con una mano, se convirtió en jugador de las ligas mayores de beisbol en la década de 1990. Entre los equipos para los que lanzó están los Serafines de California, los Yankees de New York y los Medias Blancas de Chicago. Durante su carrera lanzó un partido sin hits.

Finanzas en Rojo

Una vendedora callejera boliviana cuelga ropa interior roja como preparación para el aumento de ventas de la temporada de Año Nuevo.

En algunos países, como Bolivia, mucha gente se pone ropa interior roja para recibir el Año Nuevo, ya que se cree que trae buena suerte el siguiente año.

En Polonia, también se ha reconocido que la ropa interior roja ayuda a que los estudiantes tengan éxito con los exámenes escritos. Un estudio publicado en los medios de comunicación de Polonia en 2003 informó que era más probable que los estudiantes que usaban ropa interior roja pasaran sus exámenes que otros estudiantes que usaban colores más conservadores. Las tiendas de ropa interior en Polonia tuvieron un enorme aumento de ventas, ¡ya que los estudiantes fueron en grandes cantidades para comprar ropa interior roja en un intento de garantizar el éxito en los exámenes!

Lucky el pollo, sobrevivió a un choque de camión en 2002 que mató a 2,000 pollos. Huyó a los matorrales cuando se volteó el camión en la carretera cuando se dirigía al matadero.

Suerte • Fatalidad

Dave Clements tuvo mucha suerte cuando sobrevivió a una caída en 2001, después de que su paracaídas no abrió. Su caída se detuvo cuando aterrizó en un hangar de aviones, dejándole sólo un brazo fracturado.

DETERMINADA A TENER ÉXITO

La remera canadiense de clase mundial, Silken Laumann, sobrevivió a una colisión casi fatal con un par de remeros, mientras se entrenaba para la Olimpiada de 1992. A pesar de un injerto de piel y cinco operaciones en sólo diez días, Silken tuvo una recuperación increíble cuando ganó la medalla de bronce en las finales individuales del mismo año.

Lotería Salvavidas Patrick Gayle, de Harrisburg, Pennsylvania, sobrevivió a que le dispararan cuando una bala se alojó en 80 boletos de lotería que tenía guardados en la bolsa del pecho.

Falla la Buena Suerte Un italiano tomó un trébol de cuatro hojas en la cima de una pendiente en Vibo Marina, luego resbaló en el pasto húmedo y cayó 46 metros (150 ft) a su muerte.

El Precio de la Codicia En 1977, un auto derribó a un hombre en New York, pero por suerte no se lesionó. Un espectador le dijo que sería buena idea aparentar que estaba lastimado y pedir el dinero del seguro, así que se volvió a tirar frente al auto. Apenas lo había hecho, el auto avanzó y lo aplastó, matándolo.

Seguro y Caliente Veintidós por ciento de las últimas ganadoras de la Lotería Nacional Británica guardaron el boleto ganador en el corpiño.

Mal Juicio Un conductor de 25 años de edad, en Nueva Zelanda, estaba conduciendo al tribunal para enfrentar una acusación de conducir mientras tenía el permiso suspendido, cuando chocó con un auto conducido por un hombre que resultó ser el juez asignado para la audiencia de su caso.

Resucitación Desafortunada Cuando declararon muerta a una mujer de New York de infarto cardiaco, empezaron los preparativos para su funeral. En la funeraria "volvió a la vida", se sentó en el féretro y preguntó qué pasaba. La hija de la mujer cayó muerta de inmediato por la impresión.

Número Elegido El número siete es el más popular entre los jugadores de lotería.

Bruiser, el perro, cayó 61 metros (200 ft) de un precipicio en Dorset, Inglaterra, ¡pero sobrevivió milagrosamente!

La Mordida es Peor que el Ladrido Un árbol de haya cerca de un cementerio en Suffolk, Inglaterra, tenía una calavera tallada en el tronco y muchos habitantes pensaban que estaba maldito. Un granjero local derribó el árbol, escéptico de la maldición. Se cortó de gravedad la mano con su sierra y cuando se paró en un clavo, su pie se infectó. Contrajo ictericia y lo llevaron de emergencia al hospital, donde murió.

Triunfo de Corta Duración En Foggia, Italia, Armando Pinelli, de 70 años de edad, ganó una discusión con otro hombre sobre quién se sentaría en la única silla en la sombra de una palmera, pero cuando se sentó, el árbol se cayó y lo mató.

Aunque Ud. No Lo Crea de Ripley

Golpes Individuales de Suerte

La posibilidad de hacer un hoyo en uno en golf es de 1 en 15,000, pero algunos jugadores afortunados logran hacerlo, incluyendo a Mason Aldrege, de cinco años de edad, quien en 2002, hizo un hoyo en uno de 97 metros (106 yd) en el Club Campestre Eagle's Bluff, de Bullard, Texas. Sin embargo, el récord para el golfista más joven en hacer un hoyo en uno es de Jake Paine, de tres años de edad, de Orange County, California. Una participante de mucha más edad, Felicity Sieghart, de 76 años de edad, tuvo dos hoyos en uno en la misma vuelta en el club de golf en Aldeburgh, Inglaterra, en 2003.

En 2001, el afortunado Greg Law, de ocho años de edad, hizo un hoyo en uno en el Club Oldmeldrum, en Escocia.

Lectura de Labios Un médico en Zamora, en el noroeste de España, declaró muerta a Micaela Velasco, de 101 años de edad. Unas cuantas horas después, trabajadores de la funeraria estaban preparándola para el entierro cuando vieron que movió los labios. Tres días después, estaba "tan bien como puede estarlo una dama de su edad".

¡Ja!, Gracias Después de comprar incontables boletos de sorteo perdedores, Chris Calver de Newcastle-upon-Tyne, Inglaterra, quien se está quedando calvo, por fin tuvo suerte, ganó unas tenacillas para rizar el pelo.

Mohammad Nasib, de Pakistán, dice la suerte a sus clientes que pasan por la calle, ¡empleando pericos adivinos!

Siguiente Parada, la Cárcel Un hombre en Río de Janeiro que asaltó a los pasajeros de un camión más de 800 dólares se formó en la siguiente parada sólo para que lo arrestara el oficial al mando de más de 400 policías reunidos para una ceremonia.

LA VIDA IMITA EL ARTE

En la novela de Edgar Allan Poe de 1838, La Narración de Arthur Gordon Pym de Nantucket, cuatro hombres a la deriva en un bote matan y se comen a un grumete llamado Richard Parker. Cuarenta y seis años después, la tripulación de la vida real del Mignonette quedó a la deriva después de que el barco se hundió en una tormenta. Después de 19 días sin alimento, el capitán decidió matar y comerse al grumete de 17 años, cuyo cuerpo mantuvo vivos a los marineros por 35 días hasta que los rescataron. El nombre del joven desafortunado era Richard Parker.

Salto de Enamorada Devastada por la sospecha de adulterio de su marido, Vera Czermak, de Praga, República Checa, saltó de una ventana de tercer piso... y cayó accidentalmente en él, que pasaba abajo. Ella se recuperó en el hospital, pero él murió al instante.

Suerte • Fatalidad

Armadura Personal Jane Selma Soares, brasileña a la que balacearon en un fuego cruzado entre policías y narcotraficantes en 2002, se salvó gracias a sus implantes de silicón en los senos, que redujeron la velocidad de las balas lo suficiente para impedir que le causaran lesiones graves.

Trabajo para Hacer Saltar la Banca En 1873, el inglés Joseph Jaggers "hizo saltar la banca" en el Casino Beaux-Arts, Montecarlo. No fue sólo suerte. Jaggers pasó tiempo determinando que una de las siete ruedas de la ruleta estaba mal balanceada, produciendo nueve números con más frecuencia de lo que indicaba la probabilidad natural. Para el momento en que el casino encontró el sistema de Jaggers y rediseñó la rueda, ¡había obtenido la sorprendente cantidad de 325,000 dólares!

Ataque de Granizo Durante una insólita tormenta de granizo, un avión recibió casi 5,000 hoyos del tamaño de bolas de beisbol. El piloto logró de alguna forma volar su avión 445 kilómetros (275 m) para aterrizar con seguridad.

Presidente Supersticioso Franklin D. Roosevelt sufría triscaidecafobia... el miedo al número trece. Incidentalmente, once más dos es anagrama de doce más uno.

Situación Pegajosa Los bomberos tuvieron que liberar a Bill el plomero después de que se le atoró la cabeza en la taza del inodoro de su casa en Puckeridge, Hertfordshire, Inglaterra. Su nombre completo era W. C. Sticks.

Víctima de Guerra La primera bomba que tiraron los Aliados en Berlín durante la Segunda Guerra Mundial mató al único elefante en el zoológico de la ciudad.

Choque a la Vista Nueve años después de que quedara ciego en un accidente, Edwin Robinson, de Falmouth, Maine, recuperó la vista después de que le cayera un rayo el 4 de junio de 1980.

Rachas de Suerte

La extraordinaria racha de buena suerte de Bill Morgan empezó en 1998, cuando el conductor de camiones australiano ganó un auto en una lotería de rascar. Se le pidió que recreara su triunfo con el boleto de rascar para beneficio de una estación televisora local, ¡y ganó otros 180,000 dólares en ese momento! Un vocero de la lotería dijo que la posibilidad de ganar ambos premios era de más de 6,000 millones a uno.

El croata Frane Selak, durante un periodo de diez años, escapó relativamente indemne de un accidente de tren, un accidente de camión, caer de un avión, tres incendios de auto y que lo lanzara un camión en Zagreb, Croacia. La extraordinaria racha de suerte de Selak llegó a la cúspide cuando, en 2003, se sacó la lotería croata, ¡ganando el equivalente a 1 millón de dólares!

> **"¡gata sobrevive a ciclo de lavado a 40° C (105° F)!"**

El Regreso del Anillo

Un anillo de oro perdido en una alberca en Colchester, Inglaterra, apareció 27 años después dentro de una manzana. El anillo fue descubierto en 2002 por Jamie-Louisa Arnold, de doce años de edad, cuando mordió la manzana. Rosalind Pike vio el anillo en una fotografía de la prensa y de inmediato lo reconoció como el que había perdido durante un viaje a nadar de la escuela en 1975. Un experto en jardinería sugirió que tal vez un ave pudo tomar el anillo, lo dejó caer en una huerta y se formó la manzana a su alrededor.

Sugar, una gata de doce meses en extremo afortunada, sobrevivió dentro de una lavadora por 45 minutos a 40° C (105°F) después de que accidentalmente la encerraron en la máquina.

Índice

a la deriva en el mar 238
Abad, Saheb Ibn 169
Abbott, Jim 243
"abracadabra" 20
Abramovic, Marina 162
Academia Naval de Estados Unidos 214
Acapulco, México 51, 114
Accidentes 220-226
   auto partido a la mitad 226
   avión, caída 223
   barriga de tomar cerveza, salvado por 223
   cabeza, apuñalada en la 221
   cabeza, barra de acero a través de 220
   causas de muertes accidentales 220
   cerdo, explosión 226
   "Chivo Expiatorio" 221
   conejo, le disparó un 225
   frenos, sujetos 220
   gas letal, erupción de 222
   incendio, cubos de hielo sobreviven 223
   lucio, mordido por 226
   meteorito, golpeada por 225
   oración, salvado por 225
   poste de madera, atravesado por 221
   serpiente preservada, mordido por 221
   sobrevivientes, caída 224
   taco de billar, atravesado por 224
   tren, golpeado por 223, 225
   varilla de hierro, ensartado en una 222
Acelerones de Cortadoras de Jardín, Illinois 207
Ackerman, Jack 215
acrobacia extrema 217
acrobacia, extrema 217
actores, primeros trabajos 183
actrices con grandes ganancias 187
actrices que más ganan 187
acupuntura en la cabeza 121
Adams, Amy 224
Adamski, George 15
Aditya, Murari 105
af Trolle, Ulf 171
Agajanian, Ben 215
Ahdil 217
Ahern, Richard, y Christopher 230
ajedrez para bañistas 67
ajedrez, competidor más joven 117
Akrish, Guy 123
Al'Aziziyah, Libia 53
Alarcón, Marcia 234
Alarcón-Schroder, Carlos 234
Alaska 63
Albee, hermanas 215
Aldeburgh, Club de Golf, Inglaterra 246
Aldinga, playa, Australia 74
Aldrege, Mason 246
Aldrin, Edwin "Buzz" 11
Aleichem, Sholom 124
Alexander, Jason 234
Alford, mago 242
Alkemade, Nicholas 224, 239
Allingham, Cedric 18
Allison, Bryan 137
Allman, Duane 176
almeja gigante 78

gigante, almeja 78
Alminant Saldaña 16
Alpes, Suiza 50
Amazonas, Río 64, 65
Ambubachi, festival, Guwahati, India 106
América, eclipse y el descubrimiento de 14
American Airlines 150
Anaconda 85
Andersen, Adolf 137
Anderson, Elida 198
Andiappan, Raman 232
Andrews, Kenneth 226
anguila morena 75
anguila tragadora 72
anguilas 72, 75, 78, 80
anguilas morenas 75
anillo encontrado en manzana 247
animales con aguijón, los cinco más importantes 78
animales de tierra y aire 95-97
   capullos de polilla 96
   chimpancé, astrochimpancé 97
   chinches 95
   escorpiones, vivir con 94
   espacio, primer animal en 97
   gusanos fritos 95
   insecto escupidor 95
   los que vuelan más alto 96
   "Neurolab" 97
animales, ver habitantes de cuevas; vida de desierto y planicies; animales de tierra y aire; habitantes de montaña y de hielo; vida del océano; vida de pantano y bosque
Antártico 41, 53, 65
Antártida, cruzar solo la 50, 236
Antoine, Celes 146
antorcha olímpica, bajo el agua 62
Anu 180
Apa, sherpa 46
Apariencia 103-108
   barba, sin cortar 107
   bigote, extralargo 106
   cabello, sin cortar 106, 107
   cejas 106
   dama barbada 106
   devoción religiosa 108
   estiramiento de cuello 104
   hechos del pelo 106
   hombre lagartija 103
   hombre, el más pesado 108
   mujer, más tatuada 105
   perforaciones 108
   pies vendados 104
   plato para el labio 104
   sombrero, pegado a un 106
   uñas, sin cortar 105
apetito de tigre 93
Apicius 124
Apollo XI 178
Apollo, naves espaciales 11, 14
araña de rodillas anaranjadas de México 88
araña pescadora 88
arañas, más mortales 88
Arbizzani, Rick 232
árbol, protegido 60
Área 51, Nevada 18
arena, extensiones de, más grandes 57
Arman 162
Armstrong, Lance 243
Armstrong, Louis 178

Armstrong, Neil 11
Arnold, Jamie-Louisa 247
Arnold, Kenneth 17
arte 160-168
   plastificación 167
   retrato, joyería de fantasía 178
   retratos, dulce 166
   rueda de ruleta 166
   ver también pinturas; arte de acción; escultura
arte en escenario 162, 163, 165
   autopsia presentada en público 167
   ver también arte; pinturas; escenario; escultura
artista infantil 117
artista, niño 117
Asare, Emmanuel 161
Ashland, Ohio 60
asma, enfermos de 122
Asociación Estadounidense de Aficionados a los Puercos Hormigueros 199
Asociación Estadounidense de Ventas por Teléfono 132
Asociación, La 173
ataque, tiburón 75
aterrizaje chino en la luna, antiguo 11
Atlantis 34, 35
Attenborough, Richard 184
Aube, Bob 217
Auer, Dirk 232
¡Aunque Usted No lo Crea!, Museo de lo Extraordinario, Chicago 6, 7, 199
auto
   como teatro 182
   con estampillas 149
   cubierto de piel 229
   día, sin autos 150
   escultura de parachoques 162
   roto a la mitad 226
Autoamputación 237
autopsia presentada en público 167
Aventuras de Sherlock Holmes, Las 169
Aves y una Maleta, Las 186
aviones, saltar de 239
avistamiento de extraterrestres 16
avistamiento de ovnis sobre Rusia 18
"Ayer" 173
ayuno de sesenta y ocho años 241

Babaji 111
Babu, Akchinthala Sheshu 204
Babu, sherpa 46
Bach, Johann Sebastián 178
Back, Stewart 55
Bacon, Francis 125
Badyana, Timothy 114
Bagenholm, Anna 241
Bahía Commonwealth, Antártida 52
Bahía de Fundy, Canadá 67
Bahía de Lituya, Alaska 61
Bahía Waimea, Hawai 65
Baier, Michael 228
Bailey, Maurice y Maralyn 66
Baillot, Nicola 124
bajo el agua 62, 154, 157, 163, 176-175, 201, 202
   antorcha olímpica 62
   bicicleta 202
   boda 198
   cartas 201

escape 242
estatua 62
Festival Bajo el Agua, Lower Keys 174, 175
hotel 157
lectura de la Biblia 228
oficina postal 154
pintura 163
Baker, Rick 183
Bakersfield, California 53
balancear objetos pesados 115
Balanta, balancear mujeres 197
Ball's Pyramid, Australia 62
Ballenas 70-76, 76
   asesina 76
   franca 76
   parásitos en 76
   tiburón ballena 74
Bangkok, Tailandia 95
Bangladesh 61
Barako, Jane 198
Baraniuk, Daniel 207
barba, sin cortar 107
Barger, Ken Charles 246
Barker, Graham 192
Barnum, Phineas T. 90
Barrero, Ramón 177
barriga por beber cerveza, salvado por 223
Barringer, cráter, Arizona 12
Barry, Dave 132
Barrymore, Drew 187
Bassey, Shirley 178
Bastilla, París, Francia 171
Basumatary, Dimbeswar 135
Bates, Michael 63
Bates, Roy y Joan 63
Baumgartner, Felix 201
Bay of Quinte, club, Ontario 215
Bayard, Thomas J. 145
Beatles, los 173
Beatty, Warren 184
Beaumont, doctor William 112
Beaux-Arts, Casino, Montecarlo 247
bebé, levantamiento de pesas 102
Bebés de Agua, Los 109
Becker, Bill 175
Bedford, Barry 215
Bedford, Jon 162
Beethoven 174, 178
Bell, Margaret 27
Bellonzo 17
Ben Hur 194
beneficio, un millón de libras 130
Bentley, doctor 30
Bergen, Noruega 51
Bernhardt, Sarah 134, 182
Berouw 45
Berrien Springs, Michigan 228
Besar 113, 208
Bester, Madge 102
Bestia de Bodmin Moor 33
Beswick, Hannah 124
Beverly Ricos, Los 193
Bhagavad-Gita en miniatura 172
Bharati, Shibsankar 107
Biblia, la 171, 172
Biblia, lectura bajo el agua 228
Biblioteca Haskell Free y Teatro de Ópera, Vermont 171
bicicleta bajo el agua 202
bicicleta que toca música 177
Bierstadt, Albert 166
Big Diomede, Isla 62
bigote
   espectáculo 227, 232
   extralargo 106

billar de tiro de truco 215
billar, miniatura 216
billar, tiros con truco 215
Billington, Elizabeth 176
Bingham, reverendo George 233
Birkine 199
Birmingham, Inglaterra 52
Biro, Laszlo 144
Bitar, Maaruf 202
Blackstone, James T. 214
Blagden 241
Blaine, David 22-23
bloqueador 151
bloqueador de llantas 151
Blystone, E. L. 170
boda en acuario 235
Boda
   bajo el agua 198
   en masa 235
bodas ver matrimonio
Boeing 707, choque 49
Boeing 747 151, 239
Bogumill, Travis 222
Bolivia 244
Bond, Graham 174
Bongiovanni, Giorgio 31
Bono 175
Booth, John Wilkes 192
Bosnia-Herzegovina 61
Bosque Nacional Wasatch, Utah 49, 221
Boston, Bruins de 213
Boston, Medias Rojas 214
bote hecho con corchos 227
bote, volteado 239
botella, esqueleto en una 136
Botev, Kolio 202
Botticelli 164
Boucher, Andre, Carl y Denis 50
Bouvet, Isla 62
Bow Clara 187
Bowers, Dorothy 202
boxeo, empate 212
Bradford, Rosalie 110
Brahe, Tycho 12
braille, lectura con los labios 243
Branson, Sir Richard 144
Brawerman 181
Braxton, Boyd 102
Brazier, Frank y Elizabeth 239
brazo y pierna, perder 135
Bremanger, Noruega 48
Bridget Jones: Al Borde de la Razón 186
Bridgeville, California 132
Briers, Steve 202
Brignoles, Francia 52
Bristoe, Jim 231
British Airways 149, 239
Broomfield, Ron 190
Brosius, Christopher 143
Brown, Derren 116
brujas, pruebas para 20, 21
Brunei, Palacio del Sultán 157
Budapest, Hungría 67
Buighes, Bernard 92
Bukur 179
Bull, Henry 20
Bullimore, Tony 239
Bulson, William 203
Bundele, Shyamial 231
Bunford, Jane 102
Bunge, Augusta 101
Bunn, Justin 233
Burdick, Michael 200
Burger King 200
Burkitt, Ken 178
Burtin, Walter H. 149

Índice

Burton Agnes Hall, Bridlington, Inglaterra 21
Burton, Kerry 222
Bustos, Ana María 154
Butterbaugh, Coleen 25
Buyoma, Cascadas, Río Congo 55

Caballero, TELAM 228
cabello 101, 106, 107, 110
   cejas 106
   de crecimiento rápido 101
   del cuerpo 110
   hechos 106
   sin cortar 106, 107
"cabeza de futbol" 212
cabeza de xilófono 177
Cabeza
   atravesado en la 221
   barra de metal a través de 220
   cortada 24
   encogida 112
cabezas, dos 110
Cabo Cañaveral, Florida 237
cabra montañesa alpina 92
cabras en el escenario 182
Cadena En Onda, Pekín, China 157
caída
   de aeroplano 245
   de avión 223
   de precipicio, perro que sobrevive 245
   sobrevivientes 224
caimanes, blanco 83
calamar gigante 71
calculadoras humanas 116, 117
Calcuta, India 43
Calderwood, William A. 147
Caldwell, Ray 49
Calgary Flames 213
California, Serafines 243
Calle de los Siete Diablos, Jever, Alemania 24
Calver, Chris 246
cama de clavos 114, 180
camaleón más pequeño del mundo 88
camaleón pantera Picasso 89
camaleón, el más pequeño del mundo 88
Cambyses 60
camellos, carreras 86
caminar ciento sesenta kilómetros 241
caminar en fuego 29
caminar la cuerda floja 242
camiones de bomberos, jalar 114
Campeonato Escocés de Cuenta de Ovejas 206
campeonato, baile de perros 180
Campeonatos nternacionales de Jalar Dedos de los Países Alpinos, Laufach, Bavaria 210
Campeonatos Mundiales de Juegos de Palabras O'Henry, Texas 207
Campeonatos Mundiales
   de Atracción de Lombrices, Cheshire, Inglaterra 207
   de Atrapar Lenguados, Escocia 206
   de Derribar Budín Negro, Lanchashire, Inglaterra 206
   de Golf en Hie 216
   de Lucha de Dedos de los Pies, Derbyshire, Inglaterra 207
   de Memoria 118
   de Pala para Nieve, Angel Fire, Nuevo México 210
   de Sentarse en Poste 207
   de Sentarse en Sauna, Finlandia 207
   Esnórquel en Pantano, Gales 205

Olimpiadas Mundiales de Indios Estadounidenses y Esquimales 216
campo de golf, natural 217
Canal de Panamá 160
canasta, miniatura 193
canciones que se tocan más a menudo 173
Cane, Thomas 147
cangrejos de los cocoteros 79
caníbales 246
canoas, lecho seco de río 209
capullos de polilla 96
carga poco común 148
Carlos I 26
Carlos, príncipe de Gales 194
Carlssin, Andrew 232
Carnarvon, Lord 26
Caroggio, Vincent 225
Carrera de Féretros, Alabama 206
carrera de miopes 215
carrera en el desierto 58
Carrera Reto Solar 148
Carrera
   con energía solar 148
   miopes 215
carreras de cangrejos 210
carreras extravagantes 205
cartas, bajo el agua 201
Carter, Howard 26
Carter, Millard 216
Caruso, Daniel 216
Carvello, Creighton 204
cascada, altura cambiante 56
Cascadas Cumberland, Kentucky 55
Cascadas Trick, Parque Nacional Glacier, Montana 56
cascadas y ríos 54-56
   cascadas, cambio de altura 56
   Cataratas de Niagara, descensos de 54, 55
   inundaciones 52, 55
   perro, acción 56
   ríos, cambio de dirección 56
   ver también olas y ríos
Caso Makropulos, El 178
Cassidy, John 204
Castoreno, Louis 32
Castro, Fidel 211
Cataratas Ángel, río Carrao, Venezuela 55
Cataratas de Niágara, descensos 135
Cataratas Victoria, África 55
Catedral de Cristal, Los Ángeles 153
Cavernas Luray, Virginia 41
Cayce, Edgar 35
cejas 106
celebraciones *ver* festivales y celebraciones
cementerio de aviones 60
Cementerio Pine Grove, Connecticut 125
Centro de Oficinas de Frankfurt, Alemania 232, 234
Centro Magna Science, Rotherham, Inglaterra 141
Centro Nacional de Datos Climáticos, Asheville, Carolina del Norte 139
cerdo, explosión 226
cerdos escuchan música 175
Cézanne 163, 165
Chamouni 198
Chaplin, Charlie 185
Chapman, Roger 65
Cheer, Chas 177
Cher 195
Chesnais, Henri 193
Chicago, Medias Blancas 243
Chicon, Jim 115
Chimborazo, Andes 46
chimpancé amoroso 199
chimpancé artista (Congo) 163

chimpancé, astrochimpancé 97
China 95
chinches 95
Chitty Chitty Bang Bang 180
"Chivo Expiatorio" 221
chocolates, antienvejecimiento 137
Chopin, Frederic 117
choque, pollo que sobrevive 244
Chrysler, Dodge La Femme 152
chupacabras, huella 35
Churchill, Sir Winston 28, 66, 196, 243
cinco construcciones más extrañas, las 194
círculos en cultivos 32
cirugía plástica, escribir sobre 171
cirugías innecesarias 134, 136
Ciudad Vieja, Guatemala 55
Clarabella, Vaca 184
Clásico Al Aire Libre, Michigan 207
clavados de altura 114
clavados libres 237
clavos, cama de 114, 181
Clements, Dave 245
Cleveland, Grover 192
Cleveland, Indios 49
Clima 50-53
   Antártida, cruzar, solo 50
   esculturas de hielo 50
   granizos gigantes 51
   inundaciones 52, 55
   lluvia, poco común 51, 52
   predecir el 177
   tornados 53
clima extremo *ver* clima
Club Bogdan 182
Club Campestre Eagle's Bluff, de Bullard, Texas 246
Club Estadounidense de Dejar Todo para Mañana, Filadelfia 192
Club Sobrevivientes de Personas a las que les Cayeron Rayos 49
Clue 191
Cnosos, Creta 182
Coad, Steve 230
Cocker, Joe 178
Cockerell, Christopher 146
"Cocodrilo Harry" 42
cocodrilos de agua salada 83
cocodrilos, espectáculos con 84
Coe, John 150
Coffeyville, Kansas 51
coincidencias *ver* profecías y coincidencias
colcha, cintas de premios 196
colección de botones 195
Colecciones *ver* pasatiempos y colecciones
Coleman, Marlie 243
Colley, Rob 114
Collier, Raymond 175
Colón, Cristóbal 14, 17
Colonna, Rachela 170
Columbia, transbordador 97
combustión humana espontánea 30
comer metal, madera y vidrio 179
comer perros calientes, competencia de 202
cometas 13
Comisión de Valores y Divisas 232
Compañía de Shakespeare Reducido 180
Compañía Real de Shakespeare, Stratford, Inglaterra 182
Competencia de Canoas de Concreto 210
Competencia de Transportar a la Esposa, Helsinki, Finlandia 207
competencia del niño más sucio 229

Competencia Mundial de Campeones de la Mentira 229
Competencia Nacional de Gritar, Carolina del Norte 209
competidor de ajedrez, el más joven 117
comunicación *ver* Internet y comunicación
Concorde 96
conducta extraña 227-232
   auto, cubierto de piel 229
   bigote, exhibición 227, 232
   competencia de niños sucios 229
   corchos, bote hecho de 227
   dedos de los pies, caminas sobre 230
   dientes, descascarar cocos con 232
   donas, primero en la fila 230
   funeral, asistió a su propio 231
   lectura de la Biblia, bajo el agua 228
   maíz, cuerpo cubierto de 231
   mascotas, competencia Mascarada de, del Festival de Fantasía 230
   McDonald's, aficionado, máximo 230
   melones, cúbicos 231
   muerte, accidental 231
   niño sujeto a globo 228
   obsesiones 228
   queso, iglesia hecha de 232
   suicidio, fallido 231
Conejo
   colección 194
   le disparó un 225
Connery, Sean 184
Cono de helado, revolver 142
Conrad, Charles 178
Constantine, Hadj-Ahmed 163
construcción de violín 174
contorsiones durante veneración 198
contorsionistas 180, 181
Convención de Coleccionistas de G. I. Joe, Washington 191
Coober Pedy, Australia 42
Cook, E. 214
Copa del Desierto, carrera 58
Copperfield, David 24
Corán en miniatura 172
corazones, preservados 111
Cordia, Peggy Sue 234
Cork Supply Company, California 227
"Corpiño del Milenio" 234
corpiño, usar el "Corpiño del Milenio" 234
correo, plátano enviado por 170
Corta, Rosanna Dalla 102
Cosgrave, Tony 221
Cosso, Pierre 180
Costa Esqueleto, Namibia 59
costas, más cortas 61
Costello, Michael 226
Couzzingo, "Jefe" 136
Coxon, Eddie 164
Coxwell, Henry 240
cráter, el más grande meteorito 12
cráteres antiguos 41
Crawford, Billy 228
Creación 164
Creasy, John 172
Crecimiento *ver* nacimiento y crecimiento
Cresci, Ducio 144
Cresswell, Eileen 148
criaturas miserosas 33
criaturas, misterio 33
criogenia, costos 122
Croiset, Gerard 29
Crowley, Aleister 21
Cruise, Tom 185

cruzas nuevas 138
"Cuando Sonríen los Ojos Irlandeses" 177
cubo de Rubik 191
Cuellar, Eli 235
cuerpo 100-127
   bebé con cola 111
   cabello 110
   cabeza, encogida 112
   cabezas, dos 110
   corazones, preservados 111
   dientes 111
   escultura usando partes del cuerpo 161, 163, 167
   Evento de Locura del Cuerpo, Londres, Inglaterra 109
   expresiones faciales 112
   girar en lavadora 109
   hombre con cuerno 110
   longitudes de las partes del cuerpo 112
   longitudes, partes del cuerpo 112
   maíz, cuerpo cubierto con 231
   manos, dos, tres y cuatro dedos 111
   movimientos musculares 110
   "Mundos del Cuerpo", espectáculo 167
   partes del cuerpo, artificiales 137
   partes y órganos del cuerpo 109-112
   piel, gruesa 110
   piel, suspendido por 109
Cuevas de Mil Budas, Tunhwang, China 43
Cuevas Mammoth, Kentucky 43
Cummingham, Sophia 240
curas, anticuadas 134
Curie, Mary y Pierre 140
Curran, John 20
Cuvier, Barón Georges 112
Cyr, Louis 204
Czermak, Vera 246

D'Argenio, Bruno 40-41
da Ponte, Francesco 165
da Vinci, Leonardo 161, 162, 164, 168
Dakessian, Jean 160
Dalí, Salvador 160
dama barbada 104, 106
Dama de Lyons, La 181
Dante Alighieri 171
Dase, Johann 117
Davidson, Paddy 113
Davis, James A. 192
Davis, John Milbert 125
Davis, Margaret 206
Dawe, Leonard 27
Dawson, Alan 146
de Dion, Conde 212
de Ferran, Gil 212
de Fortgibu, monseñor 27
de la Baumille, Laurent 171
de Laennec, doctor Theophile 147
de Renneville, René Auguste 171
de vuelta de entre los muertos 124
dedos de pie, caminar sobre los 230
Delerue, Yvan-Pierre 195
Demócrito de Abdera 13
Dent, Denny 166
deportes y juegos 211-217
   acróbatas, extremos 217
   billar, miniatura 215
   billar, tiro de truco 215
   "cabeza de futbol" 212
   campo de golf, natural 217
   carrera, miopes 215
   empate en boxeo 212
   escalar hielo 216
   golf, en hielo 216

lesión, recuperación de 245
maratón, el más lento 211
mascotas 214
mensaje de Internet en caída libre 213
natación, extrema 213
palomas mensajeras 212
paracaidismo en modalidad libre 214
patada de gol 213
personas, famosas 211
sumo 215
Depp, Johnny 187
desastres *ver* accidentes
descascarar cocos con los dientes 232
Deschamps, Emile 27
descubrimientos, extraterrestre 16, 18
Desierto Árabe, Omán y Árabia Saudita 57
Desierto Atacama, Chile 52, 87
Desierto Australiano, centro de Australia 57
Desierto de Gobi, Mongolia y China 57
Desierto de Namibia, África 57
desiertos y planicies 57-60
    árbol protegido 60
    carreras de desierto 58
    cementerio de aviones 60
    espejismo en el cielo 60
    extensiones de arena, las mayores 57
    niveles del mar, reducción de 57
    raíces de árbol expuestas 59
    Rally de Dakar 59
destino *ver* suerte y destino
Detroit, Tigres 214
Devi, Harpreet 229
devoción religiosa 108
Dey, Tapan 169
Di Persio, M. S. 191
Día de Todos los Santos, Sacatepequez, Guatemala 124
Día Europeo Libre de Autos, Italia 150
Díaz, Cameron 187
dibujar con escáner de los ojos 162
dibujar con escáner para ojos 162
DiCaprio, Leonardo 184
Dickens, Charles 169
Dictionnaire Encyclopédique 171
dientes 111
dientes, descascarar cocos con los 232
Dillon, Chad 241
Dilly, Edward 136
discos voladores, nazis 17
divorcio por texto 133
Dixon, Paula 134
Domingo Sombrío 35
Dona 145, 230
Donahue, Pat 202
Dongkhair, Supaporn 230
Dornon, Silvain 204
dos cabezas, tortuga 80
Douglas Home, Daniel 20
Douglas, Kirk 184
Doyle, Sir Arthur Conan 169, 211
Drake, Sir Francis 35
Droessler, Dan 226
Drunka, Egipto 49
Dubai, Emiratos Árabes Unidos 51, 65
Duchamp, Marcel 168
Dullin, Charles 181
Duncan, Wendy Craig 62
Dunmore Park, Escocia 154

E. T. 186
Eastwood, Clint 187
Eatock, John-Paul 56
eBay 130, 132, 133
Ebersol, Dick 177
Ebin, Neville 225
eclipse y el descubrimiento de América 14
edad de la Tierra 40
edad del universo 12, 40
Edificios 153-157
    cinco construcciones más extrañas, las 155
    construcción enferma 156
    escalar, desafiando a la muerte 153
    exhibición de edificios de hielo 155
    hotel en la luna 153
    hotel, bajo el agua 157
    hoteles de hielo 156
    oficina postal, bajo el agua 154
    papel de baño, preservado con 155
    Pueblo Botella 154
    puente de cuerdas 157
    Torres Watts 154
Edison, Thomas 144
Eduardo VIII 26
Edwards, Ken 202
Egger, Harry 238
Ehr-nan, Huang 163
Einstein, Albert 140, 243
Eisenhower, Dwight 25
El Arte Se Libera, 181
El Diario de Bridget Jones 186
El Enladrillado, Chile 37
Elba, Río, Alemania 52
Elderkin, Al 106
Electra-188, avión 96
elefante
    gentil 198
    Jumbo 90
elefantes marinos 79, 80
Elijah el Gaon 117
Eller, Dale 136
Elliot, Mama "Cass" 174, 175
Emery, Jacob 202
Emin, Tracey 166
Emocionante Espectáculo de Abejas 173
Empire State Building, Nueva York 49, 153
Empujar cacahuates 203
en ala de biplano 233
en caída libre, mensaje de Internet 213
Encuentro de Estados Unidos y Rusia en el espacio 14
Endurance, El 236
Endurance, programa de juegos de la televisión 23
enfermedad y salud 119-122
    acupuntura en la cabeza 121
    criogenia, costos 122
    enfermos de asma 122
    hipo 119
    hoyo en la espalda, respiración por 121
    pareja helada 122
    remedios del siglo XIX 121
    Síndrome de Munchausen 122
    terapia de piquete de abeja 119
    trabajo, tensión en el 120
    trabajos de nariz, hindúes 120
    tratamiento con serpiente de agua 121
    trepanación 119
    ver también medicina
engaños 200
    sirenas 200
Engels, Friedrich 169
enigmas *ver* rompecabezas y enigmas
entierros *ver* muerte y entierros
entretenimiento de tropas 181
Entretenimiento Esta Noche 137
Eratóstenes de Cirenea 13
"Eres Demasiado Vano" 177

escaladas que desafían la muerte 153
escalador, más viejo 46
escalar ciego 46
escalar hielo 216
escalar montañas 239, 240
    apetito de tigre 93
    cabra montañesa alpina 92
    hechos del congelamiento 92
    mamut lanudo 92
    sobrevivientes del frío 93
escape bajo el agua 242
escenario, cabras en 182
escorpión 87
escorpiones, vivir con 94
escribir de viajes, ciego 169
escribir, ambidiestro 171
    ver también literatura
escultura 160-161, 165, 166,
    "Mundos del Cuerpo", espectáculo 167
    autos como 162, 166
    bolsas de estraza 162
    Exhibición de Arte en Hielo, Estocolmo, Suecia 176
    Granja de Hormigas 166
    madera arrastrada por el mar 161
    mantequilla 160
    monedas de un centavo 166
    palomitas de maíz 161
    parachoques 162
    partes del cuerpo 161, 163, 167
    plastificación 167
    sangre 168
    tapón de lavabo 163
    Uñas 161
    ver también arte; pinturas; arte de escenario
escultura de mantequilla 160
escultura de monedas de un centavo 166
escultura de papel de estraza 162
escultura de sangre 168
escultura en madera arrastrada por la marea 161
Eslovenia 61
espacio, primer animal en el 97
espalda, hoyo en, respirar por 121
Espectáculo 179-182
    Auto como teatro 182
    cabras en el escenario 182
    campeonato de baile de perros 180
    clavos, cama de 180
    contorsionistas 180, 181
    entretenimiento de tropas 181
    Hillman Avenger como teatro 182
    más pequeña y más alto 181
    metal, madera y vidrio, comer 179
    miedo a salir al escenario 182
    teatro de hielo, Jukkasjaervi, Suecia 180
    teatro en árbol, al aire libre, Puchheim, Austria 182
    ver también películas
Espectáculo de Aire y Espacio, Base de la Fuerza Aérea Vandenberg, California 228
espectáculo de radio en tanque de tiburones 75
Espectros, pueblo más embrujado 25
espejismo en el cielo 60
esqueleto de dinosaurio 141
esqueleto en una botella 136
esquí en línea 213
estado, el más pequeño 63
Estados Unidos, primer vuelo espacial tripulado 14
estatua, bajo el agua 62
estetoscopio 147
estigmas 178

Estiramiento de cuello 104
estrella de mar 78
estrellas de neutrones 13, 14
estudiante, valor de un 130
Etiopía 151
Evans, John 115, 137
eventos 205-210
    atrapar peces con las manos desnudas 206
    besar 208
    buceo con esnórquel en pantano 205
    canoa en lecho seco de río 209
    carreras de cangrejos 210
    carreras extravagantes 205
    destrezas para celular 208
    hacer girar quesos 206
    jalar dedos 210
    lucha de dedos de pie 207
    planchar, extremo 208
    sentarse en hielo 206
    sentarse en sauna 206
    transportar a la esposa 207
Everage, Dame Edna 165
Ewing, Ella 101
Exhibición de Arte de Hielo, Estocolmo, Suecia 176
Exhibición Nacional de Recursos Cristianos, Inglaterra 142
Experiencia Lowrider 150
experimento de platillo volador 16
experimentos científicos 138-141
    cruzas nuevas 138
    esqueleto de dinosaurio 141
    extinción, retorno de la 139
    hechos de investigación 138
    momia de glaciar 140
    pez que puede decir el tiempo 139
    ranas, levitar 139
    robot, bailar 140
    robot, escapado 141
    volar, miedo a 140
Exposición Colombiana Mundial de Chicago 198
Exposición de Arte, Nueva York, California y Georgia 117
expresiones faciales 112
extinción, regreso de la 139
Extraño Misterioso 23
extras en películas 184
Extraterrestres 15-18
    descubrimientos extraterrestres 16, 18
    lenguaje marciano 15
    letra B de Marte 16
    pánico a invasiones 15
    saludar extraterrestres 18
    secuestrados 15
    ver también OVNIS
    vistos por grupos 16
Eyser, George 216

Fagnani, Nicholas 221
Fairland, Oklahoma 60
Falconi, Tito 150
Fantasía en Froggyland, colección 196
Farlow, Carl 16
faro de South Stack, Anglesey, Gales 186
faro empleando como cine 186
Fast, reverendo Kevin 114-115
Favart, Madame 181
Faverty, Richard 199
Favre, Olivier 114
Fei, Xu 234
Feifer, George 26
Feldman, Mary Elizabeth 143
"Feliz Cumpleaños" en el espacio 14
Fenglan, Hao 229
fenómenos no explicados 30-32
    aterrizaje chino en la luna, antiguo 11

Barringer, cráter, Arizona 12
cantar "Feliz Cumpleaños" en el espacio 14
círculos en cosechas 32
combustión humana espontánea 30
cometas 13
cráter de meteorito, más grande conocido 12
eclipse y el descubrimiento de América 14
edad del universo 12
encuentro de Estados Unidos y Rusia en el espacio 14
estadísticas del sol 12
estigmas 31
estrellas de neutrones 13, 14
formación de hoyos negros 12
Júpiter, gravedad en 13
lluvias, poco comunes 32
luna
    nacimiento 10
    huellas en 11
    gravedad 10
    estadísticas 10
medidas de la Tierra 13
Mercurio, año 13
naves, perdidas 31
pez en el espacio, primer 13
piedras que se mueven 10
Plutón, gravedad en 13
primer vuelo espacial tripulado de Estados Unidos 14
sol, poder de quemado del 12
universo 10-14
vuelo espacial tripulado, primer 13
Fenwick, Ron 224
féretro, fantasía ghanesa 124
Festival Alternativo de Edimburgo, Escocia 182
Festival Bajo el Agua de Lower Keys 174, 175
Festival de Abuelas, Bodo, Noruega 198
Festival de Cuerno Alpino, Suiza 176
festival de Día de Muertos, México 123
Festival de Excremento de Alce, Alaska 198
Festival de Oatmeat, Texas 210
Festival del Ajo, California 198
Festival del Hombre Ardiente, Desierto de Nevada 199
festival del jitomate 197
Festival Internacional Hombre Pájaro, El, Bognor Regis, Inglaterra 144
Festival Marino de Vancouver 205
festival mexicano 123
Festival Valle Giulia, Roma, Italia 180
festivales y celebraciones 197-199
    acto de balanceo de las mujeres de Balanta 197
    boda bajo el agua 198
    chimpancé, amoroso 199
    contorsiones durante veneración 198
    de la muerte en México 123
    elefante gentil 198
    festival de jitomates 197
    hechos de festivales 197
Field, Rusty 105
Fieschi, La Belle Paule 102
Figlock, Joseph 27
Filolao de Tarento 12
Flann, Randy 146
Flynn Errol 184
fobias 116
foca leopardo 76
focas 71, 76, 79, 80
Ford, Harrison 185

Índice

Ford, Lena Gilbert 177
Fosa Bentley, Antártida 59
Fosa de las Marianas, Océano Pacífico 64
Fossett, Steve 238
Foster, Jodie 187
fotografías fantasmales 20, 25
fotografías, dulces 166
fotografías, fantasmal 20, 25
Fox Brewing, compañía, Chicago 28
Fox Entertainment 214
Fox, Kate y Margaretta 20
Fox, Rodney 74
Francis, Bill 151
Francisco I, rey de Francia 161
Frankenstein 169
Franklin, Benjamin 141
Freedom 7, nave espacial 14
frenología 135
frenos atorados 220
Freyer, John D. 130
Friedman, Tom 161
Froboess, Harry 114
Fry, Robert 208
fuego, sobreviven cubos de hielo 223
Fuerza y habilidades 113-115
   alfileteros humanos 113
   besar 113
   búho humano 113
   camiones de bomberos, jalar 114
   clavados de altura 114
   clavos, lecho de 114, 180
   ductos de lágrimas 115
   objetos pesados, balancear 115
Full Monty, The, versión de teatro 180
funeral, asistió a su propio 231

Gable, Clark 184, 187
Gadfly 178
Gaedel, Eddie 214
Gagarin, Yuri 13, 14
Gagudju Crocodile Holiday Inn, Roca Ayers, Australia 157
gaitas, tocadas al revés 177
Galanggung, Java 239
Galeras, Colombia 242
ganador de la lotería pierde todo 245
ganancias, artistas con las más grandes 187
Gandhi 184, 240-241
   Gandhi (película) 184
   Gandhi, Mahatma 204
   Mahatma, escultura de algodón 162
   Marcha de la Libertad, India 241
gangas en subasta, las cinco más importantes 194
Gansu, provincia, China 43
García, Andy 184
Gardner, Ava 184
Garland, Judy 184
Garry, James 115
Gary, doctor Norman 173
gas letal, erupción de 222
Gato
   con alas 35
   en lavadora 247
Gauge, Chris 131
Gauguin, Paul 160
Gayetty, Joseph 144
Gayle, Patrick 245
Géiseres y manantiales 66-67
   ajedrez para bañistas 67
   Strokkur, Islandia 66
Geller, Uri 29
Gelu, sherpa Lhakpa 46, 242
Geraci, Giuseppe 40-41
Giardino, Sal 123
Gibson, Mel 184
gigante, calamar 71

Gilbert, Grace 107
Gill, James 101
Gill, padre 18
Gilley, Garrett 229
girar en lavadora 109
Giraudon, Pascal 165
Girodet, Anne-Louis 161
Giulia Ferdinanda, Sicilia 45
"Gladys la Empaladora" 113
Glaischer, James 240
globo, niño sujeto a 228
Gloucestershire, Inglaterra 52
Gober, Robert 163
golf
   hielo 216
   ronda épica de 217
golondrinas 82
Gómez, Larry 110
Gopalganj, Bangladesh 51
Gormley, Antony 168
Goss, Samuel 177
Gosses Bluff, Australia 41
Gotowski, Ace 28
Gottlieb, Benjamin 215
Graas, Hans 239
Grace, princesa de Mónaco 195
Graff, George 177
Gran Incendio de Londres 26
Gran Muralla China 235
grandes hazañas 204
granizos gigantes 51
Granja de Hormigas 166
Granja Sriracha Tigre, Tailandia 84
granos de arroz, escritura en 170
Grant, Art 166
Grant, Cary 186
Grant, Ulysses S. 184
Grattan, Harry 28
Gravedad 10, 13
Greb, Harry 215
Green, Frederic 121
Gregory, Dick 108
Gregory, Hanson 145
Grevenmacher, Luxemburgo 153
Griffith, Anne 21
Griffith, Gareth 226
Grint, Rupert 170
Gronland, Nina 132
Grooms, Reginald, M. 143
Gros, Baron 125
Guerra Civil, Estados Unidos 135
Guerra de los Mundos, La 15
Guillermo el Conquistador 27
Guller, Gary 46
Gurkin, Warren 49
gusano cinta 80
gusanos, fritos 95
Gutiérrez, Asunción 226
Gutman, David 147
Guyton, Tyree 166

Habermohl 17
habilidades *ver* fuerza y habilidades
habitantes de cuevas 81-82, 90
   cuevas 42-43
   golondrinas 82
   murciélagos, vampiro 81, 90
   rana toro africana 82
   serpiente, de dos cabezas, ratonera americana 80
habitantes de montaña y hielo 92-93
hacer girar quesos 206
Hackwood, Caroline 233
Hale, Stephanie 117
Hamlet 180, 182
Hamoun, desierto salado 57
Handel, George Friedrich, escultura 161
Hanks, Nancy 184
Hanks, Tom 184
Harden, Tomas 19
Hardy, Wilfred 104
Harper, Peggy 19

Harry Potter 170, 171
Hart, Mary 137
Hartman, Rick 142
Hartwell, doctor B. H. 30
Has Perdido Ese Sentimiento de Amor" 173
Hasda, Karnamoni 235
Hawker Hunter, avión a reacción 225
Hawkinson, Tim 161
Hayes, Angel 124
Hayes, Frank 217
Hayes, Margaret 199
Hayes, Paul 30
hazañas de la memoria 118
hazañas y proezas 201-204
   bicicleta bajo el agua 202
   cartas bajo el agua 201
   competencia de comer perros calientes 202
   empujar cacahuate 203
   estiramiento de la piel 203
   grandes hazañas 204
   parado inmóvil 204
   serpientes, vivir con 204
   vuelo, sin ayuda 201
Heard, Philip 202
hechos de congelación 92
hechos de festivales 197
hechos de gatos 91
hechos de juegos 191
hechos de la investigación 138
hechos de pantanos 83
   anaconda 85
   caimanes, blancos 83
   cocodrilos de agua salada 83
   cocodrilos, espectáculo con 84
   encantador de serpientes 85
   hechos de pantanos 83
   hipopótamos 84
   pitón
     piel gigante de 85
     en el baño 85
   serpientes 84,85
hechos del cerebro 118
hechos del Everest 46, 47
hechos
   de la investigación 138
   festival 197
   invención 145
   juegos 191
   Tierra 40
   viaje 151
Heimann, Corinna 234
Hemingway, Ernest 20, 124
Henan, provincia, China 51
Hendricks, Jochem 162
Heraklion 62
Herlehy, Mel 175
Herman, Joe 238
Herrera, Antonio José 111
Hesketh, Elaine y Gary 234
Heston, Charlton 194
Hetzel, Wilfred 214
hielo 156, 176, 216, 180
   escalar 216
   Esculturas 50
   Exhibición de Arte en Hielo, Estocolmo, Suecia 176
   exhibición de construcciones 155
   Exhibición del Festival de la Linterna de Hielo, China 155
   golf 216
   habitantes *ver* habitantes de montaña y hielo
   Hotel de Hielo, Lago San José, Quebec 156
   Teatro, Jukkasjaervi, Suecia 180
hielo, hoteles de 156
Hill, Betty y Barney 15
Hill, Bill 148
Hill, Ivory 220
Hill, William Red 54

Hillary, Sir Edmund 35
Hillman Avenger como teatro 182
Hindenburg 114
Hindú
   trabajo en nariz 120
   truco de la cuerda 24
Hipo 119
hipopótamos 84
Hirst, Damien 161
Hitchcock, Alfred 184, 186
Hodges, Hewlett 225
Hoeksma, Gerben 229
Holandés Volador 34
Holden, Peter 230
Holl Loch, cueva, Suiza 41
Holman, James 169
hombre con cuerno 110
Hombre Esmeriladora, el 151
hombre lagartija 103
Hombre Leopardo 91
hombre más pesado 108
hombre y mujer más altos 101
Hombre
   más alto 101
   más pesado 108
Hommel, Gerard 222
Hopkins, Antony 26
Horn, Mike 213
Horne, C. N., y S. H. 49
Horwood, John 170
Hospital de la Universidad Tromso, Noruega 241
Hot Rock, California 44
hotel en la luna 153
hotel, bajo el agua 157
Houdini, Harry 23
Hoy, Stephen B. 147
hoyo en la espalda, respirar por 121
hoyo en uno 246
Hsieh, Tehching 165
Huckleberry Finn 169
Hudson, Walter 108
huella, chupacabras 35
Huemer, señor y señora 198
Hughes, Brian G. 200
humano
   alfileteros 113
   búho 113
   calculadoras 116, 117
   combustión espontánea 30
   piel, cubierta de libro hecha con 170
Humphries, Barry 165
Hunt, Walter 144
Hussey, Mike 224
Huxley, Les 215
Hyderabad, India 122

Ida, Joseph 212
ídolos de fertilidad 100
iglesia
   hecha de queso 232
   inflable 142
indios hopi, Arizona 32
insecto escupidor 95
Inselkammer, Peter 144
Instituto Hola al Mañana y al Nuevo Cuerpo, Japón 137
Instituto Rowland para la Ciencia, Massachussets 140
Internet y comunicación 130-133, 235
   beneficio de un millón de libras 130
   divorcio por texto 133
   estudiante, valor de un 130
   máquinas para alterar la voz 132
   matrimonio en la red 133
   mensaje de Internet en caída libre 131
   muertos, comunicarse con 131
   perros, hablar 131
   pueblo en venta 132

simios, comunicación con 132
inundaciones 52, 55
invenciones 142-147
   cono de helado, revolvedor 142
   dona 145
   estetoscopio 147
   hechos de invención 145
   iglesia inflable 142
   invenciones antiguas 143
   limpiador de lentes, automático 144
   limpiador de oído 146
   limpieza de baño 146
   perfume, pizza 144
   probador de mareo 146
   raquetas para nieve 143
   robot, humanoide 147
   transportador humano 147
   vehículo eléctrico 143
   zapatos saltadores 145
invenciones antiguas 143
Invercauld 62
Isidore, Raymond 155
Isla Auckland 62
Isla Christmas 79
Isla Elephant, Antártida 236
isla hecha por el hombre 61
Isla Hideaway, Vanuatu 154
Isla Lane, Hawai 65
Isla Lubang, Filipinas 241
Isla Minole, Hawai 65
Isla Roca Sorpresa, Malasia 61
Isla Volcán, Papua Nueva Guinea 44
Islas 61-63
   antorcha olímpica bajo el agua 62
   estado más pequeño 63
   estatua bajo el agua 62
   hecha por el hombre 61
   línea costera, grande 63
   líneas costeras, más cortas 61
   pináculo de roca 62

Jack de Talones de Resorte 35
Jackson, Andrew 146
Jackson, Chevalier 192
Jackson, Cindy 108
Jackson, Peter 183
Jackson, Thomas "Stonewall" 231
Jaggers, Joseph 247
Jahed, Haris y Aimal 165
jalar dedos 210
James, Jesse S. 192
Jani, Prahlad 241
Janu, Klara 215
Jarkov, Simion 92
Javor, Lazzlo 35
Jeffcoat, Mike 229
Jha, Amresh Kumar 114
Jíbaros, indios, Ecuador 112
Jim Smith, Sociedad 193
Jiménez, Silvio 120
Jinghai, Lago, Pekín 242
Jinlian, Zeng 102
Joe, Paa 124
Joel, Billy 211
Johnson, dama Bird 25
Johnson, J. Seward, hijo 165
Johnson, Tom 239
Jones, Brian 174
Jordania 61
Josefsburg, sur de Tirol, Italia 44
Jourdain, Eleanor 20
Joven de Petrovka, La 26
juegos *ver* pasatiempos y colecciones; deportes y juegos
jugador de beisbol, de una mano 243
Júpiter, gravedad en 13
Jyrich, Warren 121

Kahn, Ira 120
Kalahari, Desierto, Botswana 57
kalanga, pueblo, Kalahari, África 112

Kamen, Dean 147
Kamensky, Yuri 29
Kamikaze, John 109
Kanie, Gin 176
Kara Kum, Desierto, Asia Central 57
Karachi y Khydar 24
Karaoke 175
Karelfsky, Morris 192
Karjakin, Sergei 243
Karnicar, Davo 46
Karrenberg, Klaus 234
Kasparov, Gary 117
Kath, Terry 174
Katie la psíquica 28
Katugoru, Katsu 144
Kaukonen, Timo 206
Keaney, Sean 111
Keaton, Buster 187
Keats, Jonathan 230
Kelaart, Lucy 240
Kelly, Noah 23
Kennedy, Alison 221
Kennedy, John F. 193
Ketkeaw, Kanchana 94
Keynes, John Maynard 243
Keystone Cops 187
Khairnar, Anant Narayan 162
Khan, Farhat 231
Kiev, Rusia 154
Kim, Ling-Yong 116
Kine, Ikuo 234
King Kong, escultura de palomitas de maíz 161
King Kong, nueva versión de 1976 186
King, Ben E. 173
King, Carole 175
King, Joe 195
Kinsella, Paul 131
Kipling, Rudyard 124
Kiratpuri, Aqueel 230
Kistler, Ruth 102
Kittinger, Joseph W. Hijo 239
Klein, Yves 177
Klever, Margrette 101
Kneller, Sir Godrey 165
Kobayashi, Takeru 202
Koch, Albert 200
Koehler, Juergen 213
Koepcke, Juliane 241
Koller, Habu 199
Koop, Martha Ann 118
Kosky, Paul 221
Kotor, Montenegro 62
Krakatoa, Indonesia 44, 45
Krispy Kreme, tienda 230
Kristensen, Kenneth 217
Kristiansen, Odd 132
Krupa, Gene 177
Kruszelnicki, Karl 139
Krystyne Kolorful 105
Kuala Lumpur, Torre 214
Kumar, Vasantha 230
Kuwait 86
Kwaljein, Islas Marshall 62

L'Tessier, Jo 143
La Balta 66
La Pieta 162
La Tomatina, Buñol, España 197
Ladd, Alan 184
Lafferty, James V. 155
Lago Chad, África 57, 58
Lago Kirkpinar, Turquía 120
Lago Nyos, Camerún 222
Lago Taupo, Nueva Zelanda 45
Lago Twin Valley, Wisconsin 226
Lago Wakatipu, Nueva Zelanda 56
Lago
 bajo el nivel del mar 64
 monstruos 34
Laguna Azul, Islandia 66
Lahore, Pakistán 225
Laika, primer animal en el espacio 97
Lalain, Francia 51
Lamar, Robert 145
Lambert, Arlene 152
Lambie, John 216
Lambrecht, Alex 108
Lancaster, Burt 184
Landau, Lisa 222
Landis, Jessie Royce 186
Lane, Susan 191
Langeven, Alfred 115
Langseth, Hans 107
Langton, Ron 32
Lanizante, Rafael 135
lápidas 123-125
 de jugador 125
 fantasía 123
 sala de estar 125
lápidas de fantasía 123
Larsen, Ken 225
Larson, Stephanie 229
Lasjuv, Michail 243
Laumann, Silken 245
Lauper, Cyndi 178
Laurello, Martín Joe 113
Lavadora
 gato en 247
 hombre gira en 109
Laws, Valerie 172
Lawson, Dave 64
Le Bateau 162
Le Mars, Iowa 53
Lee, Dwanna 223
Lee, John 37
Leech, Bobby 125
Legalmente Rubia 2 186
Leicester, Massachussets 52
Leigh, Vivien 184
lenguaje marciano 15
Leonov, Alexei 14
leopardo 91
Leppard, Tom 91
lesiones *ver* accidentes
Letlow, Justin 146
letra B en Marte 16
Leukbach, Saarburg, Alemania 55
Levandowski, Gertrude 120
levantamiento de pesas, bebé 102
Levon, Bruce 121, 135
Lewis, Jerry Lee 178
Li 221
Libowitz, Harvey 216
libro prohibido 169
libros 169-172
 cubierta de libro de piel humana 170
 encarcelado 171
 miniatura 172
 pesados 172
 prohibidos 169
 títulos, poco usuales 172
Lim, Poon 66
limones mortales 20
limpiador de lentes, automático 144
limpiador de oídos 146
limpieza de baño 146
Lincoln, Abraham 25, 184, 193, 195
Lindbergh, Charles 118, 150, 195
línea costera, grande 63
líneas costeras, las más cortas 61
Lintgen, doctor Arthur 114
Lisboa, Portugal 41
literatura 169-172
 cirugía plástica, escribir sobre 171
 cubierta de libro de piel humana 170
 escribir ambidiestro 171
 escribir de viajes, ciego 169
 experimento de poesía 172
 granos de arroz, escritura en 170
 libro, encarcelado 171
 libros en miniatura 172
 libros pesados 172
 libros prohibidos 169
 notas de rechazo 172
 plátano enviado por correo 170
 títulos de libros, poco comunes 172
Little Diomede, Isla 62
Little Red Riding Hood 169
Livingstone, David 55
llanta, más grande del mundo 152
Lloyd, Arthur 118
lluvia, poco común 51, 52
Lo Que el Viento Se Llevó 171, 184
lodo terapéutico 45
Loft, Bob 20
logro *ver* viajes épicos, supervivencia y logros
los que vuelan más alto 96
lotería 245, 247
Lotito, Michel 179
Lowy, Steven 165
Lucas, Thelma 235
lucha de dedos de pie 207
Lucharte 181
Luciano de Samosata; Siria 11
lucio, mordido por 226
Lugosi, Bela 185
Luis XVI, rey de Francia 171
Lumpert, Juerg 146
luna 10-11, 14
 aterrizaje chino en la luna, antiguo 11
 gravedad 10
 hotel en la 153
 huellas en la 11
 nacimiento 10
 ver también universo
Lussier, jean 54
Lyon, Norma 160
Lytton, Lord 181

Macbeth 182
MacDonald, Ilia 227
Mad Max 184
Mad Max: Más Allá del Domo del Trueno 42
Madden, Mike 43
Madonna 177, 194
magia y ocultismo 19-25
 "abracadabra" 20
 actividad de poltergeist 19
 cabeza, cortada 24
 fotografías, fantasmal 20, 25
 limones mortales 20
 Movimiento Espiritualista en Estados Unidos, origen 20
 predecir el futuro 21
 prueba para brujas 20, 21
 pueblo, el más encantado 25
 truco hindú de la cuerda 24
Mahan, Richard E. 144
Mahapatra, Satyabhama 102
Maid Of the Mist 54
Maisel, Rick 109
maíz, cuerpo cubierto con 231
Maldivas 47
Mallinson, Roger 65
mamíferos que más profundo se sumergen 71
Mamut lanudo 92
manantiales y géiseres 66-67
Mandell, David 27
mandíbulas, tiburón megalodonte 75
Mandukhai 180
Manifiesto Comunista, El 181
Manikaran, Himalaya 66
mano, mal pegada 137
manos, de dos, tres y cuatro dedos 111
Mansfield, Jayne 184, 193
Manson, Iowa 41
Mantell, Thomas 16
"Mantén Encendido los Fuegos del Hogar" 177
mantis religiosa 90
maquillaje para películas 183, 187
Máquinas para alterar la voz 132
Mar Aral 57
Mar de Bismarck, Papua Nueva Guinea 45
Mar de Weddell 64
Mar Muerto 59
Mar Negro 55
Maratón de Edimburgo, Escocia 211
maratón más lento 211
maratón
 de ver películas 186
 el más lento 211
marcapasos 136
mareas, las más altas 67
marejada natural 64
Margarita de Valois, reina 111
Marianna, Florida 49
Marley, Bob 196
Marrone, Phil 217
Marshall, John 192
Marte, letra B en 16
Martinot, doctor Raymond 122
Martinot, Monique 122
Martinot, Remy 122
Marx, Karl 181
más alto y más pequeña 181
más grandes extensiones de arena 57
más pequeña y más alto 181
Masacre de los Inocentes, La 165
Masakichi, Hananuma 163
Mascarada de Mascotas del Festival de Fantasía, competencia 230
Mascarada de Mascotas del Festival de Fantasía, competencia 230
mascotas
Masterson, Bat 125
Mathewson, I. 150
Mathis, Johnny 211
Matisse, Henri 162
Matrimonio 233-235
 boda en acuario 235
 boda en masa 235
 corpiño, joven usa el "Corpiño del Milenio" 235
 en ala de biplano 233
 en Internet 133
 escalando rascacielos 234
 niña se casa con perro 234
Maunupau, Tom K. 74
Mawayram, India 52
Maxima, pincesa 191
Maxwell, Greg Sheldon 20
mayor cráter de meteorito conocido 12
McCambridge, Bob 212
McClusky 238
McCrae, Gladys 196
McDonald, máximo aficionado 230
McGowan, Mark 203
McIlroy, William 122, 136
McIntyre, Bob 141
McIver, Scott 136
McKinley, Charles 148
McPherson, Jimmie 161
Medevsk, Ivan 196
medicina 135-137
 avión, operar a bordo de un 134
 brazo y pie, perder 135
 cirugías innecesarias 136
 curas antiguas 134
 chocolates, antienvejecimiento 137
 esqueleto en una botella 136
 frenología 135
 mano, mal pegada 137
 marcapasos 136
 padre que amananta 136
 partes del cuerpo artificiales 137
 sol, ver fijamente el 135
 ver también enfermedad y salud
medusa 78, 79, 80
Meissner, Rheinhold 46
Melnikov, Willi 118
Melo, Michael 214
Melu, Joan 178
Memphis, Tennessee 51
mensaje de Internet en caída libre 131
mensajeras, palomas 212
Mercader de Venecia, El 169
Mercurio, año de paso rápido 13
Mercury, misión espacial 97
Mere, Ferenc 196
metal, madera y vidrio, comer 179
metal, madera y vidrio, comer 179
meteorito 12, 40-41, 225
 cráter, el más grande conocido 12
 golpeada por 225
Mia, Dudu 85
Miami Herald, The 132
Michaels, Irving 221
Michalak, Stephen 17
Michelin, convención de coleccionistas, Clermont, Ferrand, Francia 190
Mickey Mouse 187
Midler, Bette 178
miedo a salir al escenario 182
Miethe 17
migración, cangrejo rojo 79
Miguel Ángel 161, 162, 164
Mikbaileva, Nelya 29
Miles, Sarah 33
Millard, Brad "Gran Continente" 214
Miller, Arthur 194
Miller, Charlie 143
millón de libras, beneficio de 130
Mina del Holandés Perdido, Montaña Superstición, Arizona 34
mina East Rand, Sudáfrica 41
Minnoch, Jon 105, 110
misión espacial, abortada 238
Mitchell, Margaret 171
mitos y leyendas 33-35
 gato, con alas 35
 huella de chupacabras 35
 misteriosas, criaturas 33
 monstruos de lagos 34
Miura, Yuichiro 46
Moberley, Charlotte Anne 20
Moeller, Bernard 105
Mohammed, Gul 102
Molière 125
moloch, beber por la cola 87
momia en glaciar 140
Mona Lisa, La 161, 164, 168
Mónaco 61
moneda romana, confundida 196
Monet, Claude 170
Monmouth, Torsten 229
Monopolio 191
Monroe, Dora 25
Monroe, Marilyn 193, 196, 195
Monselet, Charles 182
monstruo de Loch Ness 35
Monstruos de Bolsillo 137
monstruos de lago 34
Mont Pelée, Martinica 45
montaña Fallon, Nevada 47
montañas 46-47
 escalador de más edad 46

Índice

escalar, ciego 46
hechos del Everest 46, 47
Monte Agua, Guatemala 55
Monte Beardmore 56
Monte Cimino, roca giratoria, Italia 41
Monte Cook, Nueva Zelanda 47
Monte Erebus, Antártida 44
Monte Everest 46, 47
Monte Hotham, Victoria, Australia 50
Monte Izaru, Costa Rica 47
Monte Kenya, África 47
Monte Lassen, California 44
Monte Sakurajima, Japón 44
Monte Shasta Ski Bowl, California 50
Monte Vesubio, Italia 44, 45
Monte Waialeale, Hawai 52
Monte Washington, Nueva Hampshire 52
Mount Jungfrau, Suiza 56
Montano, Linda 165
Monte Everest 242
Monte SaintMichel, reproducción 193
Monumento Conmemorativo de los Veteranos de Vietnam, Washington 124
Moody, Eric 239
Moody, Rowland 32
Moon, Keith 175
Moore, Demi 187
Moorhead, Minnesota 53
Moradabad, India 51
Moraig, arroyo, Alicante, España 228
Morelli, Antonio 41
Morgan, Bill 247
Morrison, Kevin 135
Morrissey, Michael 213
Mossenmark, Staffan 175
movimiento espiritualista en Estados Unidos, origen 20
Movimientos musculares 110
Mowday, Sylvia 52
Mozambique 55
Mozart 175
muerte y entierros 123-125
  accidental 231
  de vuelta de entre los muertos 124
  féretros, fantasía ghanesa 124
  festival mexicano 123
  lápidas
    de fantasía 123
    de jugador 125
    sala de estar 125
  muertes irónicas 124
  obituarios, antiguos 124
muertes, músicos con extrañas 174
muertos, contacto con los 131
Mugiyanto, Alwi 215
Mujer
  más alta 101
  más tatuada 105
mujeres cruzaron Asia 240
Muller, Catherine 15
Mullin, Moyne 115
Mulot, Christian 180
Mundo Marino, Yakarta 242
muñecas Barbie 191
municipios Adair y Union, Texas 51
murciélagos vampiro, pintados 90
murciélagos, vampiro 81, 90
murciélagos, vampiro pintado 90
Murray, Carol 224
Museo Andy Warhol, Pittsburg 163
Museo Darwin, Australia 83
Museo de Alcancías, Ámsterdam, Holanda 196

Museo de Historia Natural de Estados Unidos, Nueva York 90
Museo de la Mostaza de Monte Horeb, Wisconsin 196
Museo de Mal Arte, Massachussets 193
Museo de Montaña de los Walton, Virginia 194
Museo de Trampas para Ratones, Newport, Gales 194
Museo del Castillo de Leeds, Kent, Inglaterra 196
Museo del Plátano de Washington 193
Museo del Polvo, Massachussets 193
Museo Louvre, París, Francia 168
Museo Mütter, Filadelfia 192
Museo Nacional de Historia Funeraria, Texas 195
Museo Psiquiátrico Glore, Missuri 194
música 173-178
  bicicleta que toca 177
  cabeza de xilófono 177
  canciones que se tocan más a menudo 173
  cerdos escuchan música 175
  construcción de violines 174
  Emocionante Espectáculo de Abejas 173
  Exhibición de Arte en Hielo, Estocolmo, Suecia 176
  Festival Bajo el Agua, Lower Keys 174, 175
  Festival de Cuerno Alpino, Suiza 176
  gaitas tocadas al revés 177
  karaoke 175
  muertes, músicos con extrañas 174
  "orquesta" de motocicletas 175
  para predecir el clima 177
  trompetas, tocar en forma simultánea 177
  Vroom, música para motocicletas 175
Myrslett, Grete 131

nacimiento y crecimiento 100-102
  bebé, levantamiento de pesas 102
  cabello, crecimiento rápido 101
  hombre y mujer, los más altos 101
  ídolos de fertilidad 100
  nacimientos múltiples 101, 102
nacimientos múltiples 101, 102
nadar con esnórquel en pantano 205
Nakamatsu, doctor Joshino 145
Nambla, el payaso 199
Napoleón 26
Narita, Kin 176
Narración de Arthur Gordon Pym de Nantucket, La 246
NASA, investigaciones de rayos 49
NASCAR 214
Nasib, Mohammed 246
natación extrema 213
Naumov, Edward 29
Nave Espacial Enterprise 228
naves perdidas 31
Nazca, Perú 37
Neale, Dianne 137
Neil, Álvaro 229
New York Herald 200
New York Times 172, 200
Newman, Mike 202
Ngyuen, Hang Thu Thi 54, 55
Nicholls, Francis T. 110

Nick, Arpad 202
Nightingale, Florence 196
Nike® 214
Nikolatev, Karl 29
niña se casa con perro 235
niño con cola 111
niño sujeto a globo 228
nivel del mar, lago bajo el 64
niveles del mar, reducción de **57**
Noche en la Ópera, Una 202
Nochevieja 244
Nohoch Nah Chuch, cuevas, México 43
"No Puedo Quitar los Ojos de Ti" 173
North by Northwest 186
North Fork Roe, Río, Montana 56
Nostradamus 26
Notas de rechazo 172
Nueva York 40
Nueva York, Yanquis 243
"Nunca Mi Amor" 173
nupcias ver matrimonio
Nusbaum Dorothy 171

O'Brien, Dominic 118
O'Donnell, Tracy y John 235
Oakley, Berry 176
obituarios, anticipados 124
objetos pesados, balancear 115
Oblondo, Lauren 113
obsesiones 228
Océano Atlántico 139
Océano Pacífico 65, 66
ocultismo ver magia y ocultismo
Odor-Eater (TM) 210
Oetztaler, Alpes 140
Oficina de Patentes, Estados Unidos 144
oficina postal, bajo el agua 154
Ogawa, Tadahiko 164
Oktoberfest, Munich, Alemania 144
olas más altas 65
olas y ríos 64-66
  lago bajo el nivel del mar 64
  mareas, las más altas 67
  olas, las más altas 65
  ver también cascadas y ríos
Old Ironsides 187
Oldmeldrum, club de Golf, Escocia 246
Olimpiada de Palomas Mensajeras 212
Olimpiada de Sydney de 2002 214
Olimpiada del Teléfono Celular, Londres, Inglaterra 209
Olimpiadas 212, 213, 214, 215, 216
Onoda, Hiroo 241
Ontario, Canadá 50
Operación Cacique 27
operar a bordo de un avión 134
oración, salvado por 225
Orchard, Texas 150
Orczy, Baronesa de 21
organos ver partes de cuerpo y órganos
Orient, Nebraska 51
"orquesta" de motocicletas 175
Osaka, Yuko 234
Osborne, Charles 119
Osbourne, Ozzy 178
Oscares hechos de madera 187
oso, rescate de un 243
Ostberg, Aniika 216
Ostmann, Albert 34
Oswald, Lee Harvey 193, 194
"Otzi" 105, 140
Ousland, Boerge 50
Outzen, John 50
Overacker, Robert 55
Overdurff, Harry J. 199
OVNIS 15-18

avistamiento en Rusia 18
discos voladores nazis 17
evidencia fotográfica 17
experimento de platillo volador 16
ovni, quemaduras de 17
"platillo volador", origen de 17
ver también extraterrestres
Owen, Nicky 101

Pabellón Submarino Jules, Laguna Bora, Florida 157
Pack o' Cards, Combe Martín, Devon, Inglaterra 154
Paderborn, Alemania 51
padre que amamanta 136
Padrenuestro en grano de arroz 170
Page, Kelvin 226
Paine, Jake 246
Palacio de Versalles, Francia 20
Palframan, Matthew 243
Palm Canyon, California 59
Palm Jumeirah, Golfo Pérsico 61
palomas mensajeras 212
palomitas, escultura de 161
Panchaiti, Capilla, Jalalpur, India 155
Papa Westray, Isla, Escocia 149
papel de baño, preservado con 155
Paracaidismo en Caída Libre Extremo, Campeonatos de 214
Paracaidismo en modo libre 214
paracaidistas en bicicleta 152
parado inmóvil 204
pareja helada 122
Pareja Más Sucia Tide, Competencia, Santa Mónica, California 229
Paricutín, México 44
Parker, Richard 246
Parque Nacional Canyonlands, Utah 237
Parque Nacional de Yellowstone 66, 67
Parque Nacional Kruger, Sudáfrica 50, 223
Parque Nacional Volcánico Lassen, California 44
partes artificiales del cuerpo 137
Partick Thistle, Escocia 216
pasatiempos y colecciones 190-196
  canasta miniatura 193
  colcha, listones de premios 196
  colección de botones 195
  colección de conejos 194
  Fantasía en la colección Fantasía en Froggyland 196
  gangas en subasta, las cinco más importantes 194
  hechos de juegos 191
  moneda romana, confundida 196
  pastel, George Washington 195
  scrabble 196
  sociedades extrañas 193, 194
  zapatos gigantes 192
Passath, Niki 141
pastel, George Washington 195
patada de gol 213
Patch. Sam 55
Pato Donald 187
Paul de Moll, reverendo padre 37
Payanak, Cueva, Isla Ko Phi Phi, Tailandia 82
Peale, Charles Willson 163
peces más brillantes 70
peces saltarines del lodo 80
pecio salvado con pulpos 77
Pedro, Sophia 55

películas 183-187
  actrices con mayores ganancias 187
  extras en películas 184
  faro usado como cine 186
  maquillaje para películas 183, 187
  Oscares hechos de madera 187
  primeros trabajos de actores 183
  ver películas, maratón 186
  ver también actuación
pepinos de mar 72
Pepsi, Club Musical, Viena 203
percepción extrasensoria 28, 29
perforaciones 108
perfume, pizza 144
perico, adivinar el futuro 246
perro 56, 131, 180, 230, 235
  acción 56
  caída de precipicio, supervivencia 245
  campeonato de baile 180
  niña se casa con 235
  que habla 131
Perry, Heather 119
Perry, W. T. 52
Peterson, Billy 30
Peterson, Thomas 139
Petronas, Torres Gemelas, Kuala Lumpur, Malasia 153
Petta, Julia Buccola 37
pez 13, 70, 139, 206
  atrapar con las manos desnudas 206
  en el espacio 13
  más brillante 70
  que dice el tiempo 139
pez escorpión 72
pez linterna 70
pez víbora 70
Pfeiffer, Michelle 184
Phillips, Chris 131
Philus de Padua 120
Phipps, John 102
Phnom Penh, Camboya 95
Piaz, Tita 202
Picasso, camaleón pantera 89
Picasso, Pablo 163, 168
Pico de Teide, Islas Canarias 46
Piddington, Sydney y Lesley 29
Pie Grande 34
pie
  pintura con 161
  vendado de 104
  y brazo, perdida 135
piedra maldita 34
Piedra
  gigante giratoria 41
  maldición en 34
piedras que se mueven 32
piel
  cubierta de libro de piel humana 170
  estiramiento 203
  gruesa Slave, doctor 111
  suspendido por la 109
Pike, Rosalind 247
pináculo de roca 62
Pinchai, Kantima 84
Pinelli, Armando 245
Pinocho 187
Pinon, Pascal 110
pintura de ciego 168
pinturas 160-168
  "pinturas" vivientes 166
  bajo el agua 163
  con el pie 161
  con la boca 163
  Congo, chimpancé artista 163
  de ciego 168
  dibujos con escáner para ojos 162
  impresiones de bocas de alcantarilla 165

lengua 163
más costosas 165
pan tostado 164-165
rascacielos 165
ver también arte; arte en acción; escultura
Pire, Ralph R. 146
Pisces III 65
Pitchford, Richard Valentine 24
pitón
  en el baño 85
  gigante, piel de 85
Pittman, Louise Madeline 134
Piz Palu, Suiza 239
pizza, perfume 144
Pizzas Domino 230
planchado extremo 208
Planchado Extremo, Campeonato Mundial de 208
Planeta de los Simios 183
planetas *ver* universo
Planicie Nullabor, Australia 59
planicies y desiertos 57-60
plastificación 167
plátano enviado por correo 170
Plate, Ursula 140
"platillo volador", origen de 17
Platón 34
platos para labiol 104
Pluckley, Inglaterra 25
Plutón, gravedad en 13
Plymouth, Universidad, Inglaterra 139
Pocheptsov, Georgie 117
poder mental 116-118
  artista infantil 117
  calculadoras humanas 116, 117
  competidor de ajedrez, el más joven 117
  fobias 116
  hazañas de la memoria 118
  hechos del cerebro 118
  ruleta rusa 116
  trances 118
Poderes *ver* poder de la mente; fuerza y habilidades
Poe, Edgar Allan 211, 246
poesía, experimento 172
Polichnitos, Lesvos 66
polizona 148
Pollack, John 227
pollo sobrevive a choque 244
Pollock, Alice 169
Polonia 244
poltergeist, actividad 19
Pompeya 44, 45
Porter, Tim 131
poste de madera, atravesado por 221
poste, atravesado por 222
Potter, Harry *ver* Harry Potter
Pozo Kola, Rusia 41
predecir el futuro 21
Premio de Joven Inventor, Bangalore, India 144
Presley, Elvis 174, 175, 178, 193, 195, 196
Presley, Richard 66
Prevas, John 228
Price, Reece 209
primer vuelo espacial tripulado 13
Primera Guerra Mundial 26, 35
Primitivos Modernos: El Mundo de los Fenómenos, Rituales 203
Princeton, Universidad 137
Prisbrey, Tressa "Grandma" 154
probador de mareo 146
proezas *ver* hazañas y proezas
profecías y coincidencias 26-27
prueba para brujas 20, 21
pruebas de resistencia 237
psíquica, Katie la 28

Psycho 184
pueblo a la venta 132
pueblo belaro, Papua Nueva Guinea 118
Pueblo Botella 154
Pueblo
  Botella 154
  más embrujada 25
puente de cuerdas 157
"Puente Tibetano", Italia 157
Puerto de Nueva York 149
Pulido, Dominic 44
Pullavar, Subbayah 24
pulpo de anillos azules 77
pulpos 72, 77
pulpos de anillos azules 7
pulpos, pecio salvado con 77
Pusa, Leo 206

Qiantong Jiang, Río, China 56
Queen Mary, Hospital, Londres, Inglaterra 114
quemaduras de ovni 17
queso, iglesia hecha de 232
Quini, Salvador 102
Quinn, Marc 168

Rabovich, Efrarl 118
Radcliffe, Daniel 170
Rademaker, Hans 142
raíces de árbol, expuestas 59
Raleigh, Sir Walter 124
Rally de Dakar 2003 59
Ralston, Aran 237
Ramapo 65
rana toro africana 82
rana venenosa 90
ranas
  Fantasía en la colección Fantasía en Froggyland 196
  levitar 139
Randles, Denver y Clover 153
rascacielos, escalar 234
Rashid, Mohammed 106
rayos 48-49
Reagan, Ronald 166
Reaney, Shaun 223
recién casados, transporte 149
Reeves, Keanu 184
Reezer, Mary 30
Regata Kenley-on-Todd, Alice Springs, Australia 209
Regency, Hotel, Manhattan 157
Relf, Keith 174
Rembrandt 167
Remedios del siglo XIX 121
remedios, siglo XIX 121
Rendcombe, aeropuerto, Inglaterra 233
Rennie, James Alan 31
Renoir, Auguste 165
Repo, Don 20
respirar por hoyo en la espalda 121
retrato con joyería de fantasía 178
retrato, joyería de fantasía 178
Reunión, isla 52
Reykjavik, Islandia 66
Reznikoff, John 193
Rhine, profesor 28
Rhodes, Rosie 33
Richter, Paul 196
Righteous Brothers, The 173
Ringling Brothers y Barnum and Bailey, circo 106
Río Baleswar, India 56
Río Moroni 63
Ríos 54-56, 64-66
  Cambio de dirección 56
  Cascadas 54-56
  olas 64-66
Río Severn, Inglaterra 64
Ripley, Robert 6-7, 200
Ripley's, competencia de gestos 112

Ripley's, estatuas de fertilidad 100
Ripley's, Museo de lo Extraordinario, ciudad de Nueva York 200
Ripley's, museos de lo extraordinario 170
Ripley's, programa de televisión 109, 114-115
Risco de Mitad del Océano 47
Robert, Alain 153
Roberts, John 245
Roberts, Julia 187
Robinson, Edward G. 185
Robinson, Edwin 49, 247
Robodex, exhibición 147
Robot 140, 141, 147
  bailarín 140
  humanoide 147
  que escapa 141
Roca Caliente, California 44
roca, casa de 43
Rocha, Peter 166
Roche, Declan 216
Rodgers, Richard 174
Rodia, Simon 154
roedores, reciclados 86
Roemoe, Isla 71
Rogers, Will 125
Rombaut, HansJurgen 153
rompecabezas y enigmas 36-37
  engaño de la vista 37
Roosevelt, Franklin D. 25, 187, 247
Roosevelt, Theodore 25
ropa interior, rojo afortunado 244
Roraima, Venezuela 47
Rosa, Salvator 162
Rose, John 192
Rosenburg, Julius 243
Rosendahl, Peter 204
Rosito, Justo 43
Rossini, Gioacchino 175
Roswell, Nuevo México 16
Rothenburger, Mel 232
Rotter, Felix 193
Roubillac, Louis François 161
Roughs Tower, Mar del Norte 63
Routeof, Jacques 192
Rowling, J. K. 171
Roy, Easton 217
Rub al-Khali, Arabia 57
Rubens, Peter Paul 165
Rubini 178
rueda de ruleta 166
ruleta rusa 116
Runze, Elizabeth 133
rusa, ruleta 116
Rusia, avistamiento de ovnis 18
Ruwiyati 215
Ryukyu, Islas, Japón 64

Saarburg, Alemania 55
Sack, Arthur 17
Sahara, Desierto, Norte de África 50, 52, 59, 60
Salem, juicios de brujería, Massachussets 21
Salón de la Fama de la NFL 215
salud *ver* enfermedad y salud
Salvor 66
San Andrés, falla de 43
San Domenico, procesión, Cocullo, Italia 199
San Kevin 25
San Luis, Cafés de 214
San Luis, Olimpiadas de 216
San Petersburgo, Florida 53
San Sebastián, acuario, España 235
Sandías, cúbicas 231
Sangion, Daniele 204
Santa Claus 202
Santa María 150

santhal, tribu, India 235
Santorini, Grecia 45
Sapporo, festival anual japonés de hielo y nieve, Japón 50
Sarawak, Malasia 43
Sargeant, Gary 168
satélites Cosmos 97
Saturno 14
Savage-Rumbaugh, doctora Susan 132
Sawain, Biswajit 225
Saylors, J. T. 114
Scheiner, padre 12
Schiavone, Antón 161
Schiphol, aeropuerto, Ámsterdam, Holanda 149
Schlingensief, Christoph 181
Schmidt, Mary 181
Schmidt, William "Burro" 202
Schreiver 17
Schuller, Robert 153
Schwarz, doctor Berthold E. 28
Schwarzenegger, Arnold 196
Scott, Lloyd 211
scrabble 196
Sealand, Mar del Norte 63
Sector Vacío, Arabia 57
Secuestrados 15
Segunda Guerra Mundial 27, 74, 247
Selak, Frane 247
Selbit, P. T. 24
Sells-Floto-To-Mix, Circo 181
Semana Nacional del Puerco Hormiguero 199
Sen, Hun 175
Sennett, Mack 187
Señor de los Anillos: Las dos Torres 183, 187
sentarse en hielo 206
sentarse en sauna 206
Serdahely, Besh 228
Serkis, Andy 183
serpiente 82-85
  encantador de 85
  preservada, mordida de 221
  raqueta para hielo 143
  ratonera americana, de dos cabezas 82
  vivir con 204
Serra, Francisco Javier 228
Shackleton, Ernest 236
Shadrack, Eli 102
Shakespeare, William 169, 180, 182
Shanxi, provincia, China 43
Sharkey, profesor, Noel 141
Shaw, George Bernard 172
Sheldon, Dean 115
Shelley, Mary 169
Shengchu, Wei 121
Shepherd, Alan B. 14
Shields, Jill 224
Shipton, Eric 35
Shone, Phil 200
Showa Shinzan, Japón 45
Shparo, Dmitri 50
Siberia 57
Sichuan, Líneas Aéreas, China 150
Sidis, William 118
Sieghart, Felicity 246
"Siento que Se Mueve la Tierra" 175
Siffredi, Marco 46
Sijaric, Jusuf 229
Silbury Hill, Witshire, Inglaterra 47
Simios, comunicación 132
Simmons, Gus 206
Simon, Carly 177
Simon, doctor Benjamin 15
Simonton, Joe 15
Simpson, Desierto, Australia 57
Simpson, Joe 240
Simpson, Sam 199

Simpson, señora 26
Síndrome de Edificio Enfermo 156
Síndrome de Munchausen 122
Singapur 85
Singh, Sadar, Pishora 106
sirenas 200
Sirenita, La 174
Sirull, Ron 228
Sistema de Acondicionamiento Brainwave 118
Sitka, Kansas 51
Siula Grande, Andes Peruanos 240
Skavronskaya, condesa Yekaterina 171
Skinner, Dominic 144
Skylab, estación espacial 14, 97
Smith, Barney 193
Smith, Leonard, A. 217
Smith, Richard 170
"Smoky" 121
Smuts, Jan Christian 117
sobrevivientes al frío 93
Sociedad de Coleccionistas de Contenedores de Palillos de Dientes 194
Sociedad Estadounidense de Ingenieros Civiles 210
Sociedades, extrañas 193, 194
sol 10, 12, 40
  estadísticas 10
  mirar fijamente 135
  poder de quemado del 12
  ver también universo
Solja, Lotto 193
Songskri, Puangphaka 114
Sonora, Desierto de, Arizona 60
Southon, Catherine 191
Soyuz, nave espacial 14
Soyuz-18A 238
Spillman, George E. 124
Sprague, Erik 103
Spurlington, L. 123
Sputnik 1 11
Sputnik 2 97
St. Martín, Alexis 112
Stafford, Tom 14
Stallone, Sylvester 184
"Stand By Me" 173
Steiner, Marcel 182
Stelica, Maria 136
Stern, Simon e Ida 235
Stevens, Charles 55
Stevens, Harry 235
Sticks, W. C. 234
Stieneke, Jason 31
Sting 78
Stobart, Michael 202
Stolp, Natalie 145
Streeter, Tanya 237
Strelzyk, Peter 238
Stroemsoe, Frode 131
Strokkur, Islandia 66
Stuart, John "Red" 232
Suber, Jim 214
"Submarino Amarillo" 174
Sudario de Turín 37
suerte y destino 244-247
  avión, caer de 245
  caníbales 246
  ganador de la lotería pierde todo 245
  gata en lavadora 247
  hoyo en uno 246
  manzana, anillo encontrado en una 247
  perico, predecir el futuro 246
  perro sobrevive a caída de precipicio 245
  pollo sobrevive a choque 244
  ropa interior, rojo afortunado 244
suicidio fallido 231
Sullivan, Roy 48
sumo 215

Índice

Sumo, Campeonatos Abiertos Internacionales de, 215
Sundkvist, Petter 175
supervivencia en tierra 80
supervivencia *ver* viajes épicos, supervivencia y logros
Susteras, Robin 204
Sutter, August 238
Svarstad, Klara y Kare 48
Swallowcott, Bert 114
Sweet Kiss 217
Swift, Jannene 234
Swinton, Tilda 163
Swoboda, Hans 191

Taco Bell 200
taco de billar, atravesado por 224
Taft, William Howard, presidente 175
Tailandia 95
Taj Mahal 196
Takara, fabricante de juguetes 131
Takeuchi, Hiro 137
Takhtarova, Anna y Rita 11
Tal Vez, El 163
Tamarac, Florida 50
Tambora, Indonesia 45
tamil, devoción 108
Tangshan, China 43
Tanimura, Akira 194
tapón de lavabo, escultura 163
tarántula comeaves Goliat 89
Tarven, Jim 181
tatuajes, mujer más tatuada 105
Taylor, Annie 55
Taylor, Grant 28
Taylor, Zachary 135
Tchaikovsky, Pyotr Ilych 175
teatro al aire libre en árbol, Puchheim, Austria 182
teatro de árbol, Austria 182
teatro, Hillman Avenger como 182
Tempestad, La 182
Tennyson, Lord Alfred 171
tensión en el trabajo 120
terapia de piquetes de abeja 119
Tereshkova, Valentina 14
terremotos 41, 43
Thermopolis, Wyoming 67
Thilem, Natalie 133
Thomas la Máquina 50
Thompson, Jack 222
Thriller 183
Thys, Jos 231
Tiburón 73
tiburón 73, 74, 75
  ataque 74
  ballena 74
  Bosque Nacional Shawnee en Illinois 85
  mandíbulas de megalodonte 75
  tanque de, programa de radio en 75
  tigre de arena 75
tiburón tigre de arena 75
tiburones más mortales 73
tierra 10, 12, 13, 40-43
  casa, roca 43
  cascadas y ríos 54-56
  clima 50-53
  cráteres antiguos 41
  desiertos y planicies 57-60
  edad 40
  géiseres y manantiales 66-67
  islas 61-63
  medidas 13
  meteoritos 40-41
  montañas 46-47
  olas y ríos 64-66
  piedra giratoria gigante 41
  rayos 48-49
  terremotos 41, 43
  ver también universo

vida bajo la tierra 42
volcanes 44-45
tierras bajas del Caspio 57
Tintagel, Cornualles, Inglaterra 225
Tissandier, Gaston 239
Tiwari, Rajendra Kumar 227
Tolme, Andre 217
Tolstoy, Alexandra 240
Tomlin, Len 199
Tomlinson, Charles 124
Tonle Sap, Río, Camboya 56
Tornados 53
Torre Eiffel, París, Francia 49, 153
Torres Watts 154
tortuga, dos cabezas 80
Totumo, Colombia 45
Towns, capitan 21
Townson, Elaine 186
trabajos de nariz, hindúes 120
tráfico, infracciones de 149
tragadoras, anguilas 72
tragedia de Aberfan 29
Tragedia en el Museo de Historia de Estados Unidos, La, St. Augustine, Florida 193
trances 118
Tranger, Don 177
transportador humano 147
Transportador Humano Segway(TM) 147
Transporte *ver* viaje
transporte, recién casados 149
tratamiento con serpientes de agua 120
Trelfall, David 11
tren, golpeado por 223, 225
trepanación 119
Treviño, Lee 48
Triángulo de las Bermudas 31
Trieste 64
Trifanova, Natalia 206
Trinadle, Isla, Atlántico Sur 16
Triumph® International, Japón 23
trompetas, tocar simultáneamente 177
truco de la cuerda hindú 24
truco de la vista 37
truco hindú de la cuerda 24
trucos de la vista 37
Trudeau, Pierre 157
Truman, Harry S. 25
Trümmelbach, Cascada, Suiza 56
Túnez, norte de África 87
Tunguska, Siberia 41
Turner, Eddie 225
Turner, Gary "Stretch" 203
Tuscola, municipio, Michigan 59
Tutankhamón, tumba de 26
Twain, Mark 124, 169, 172
Tyler Steve 157

Ubar, Omán 60
Uitenhage, Estación, Sudáfrica 149
Última Cena, La 160, 162, 164
Un Hombre Lobo Americano en Londres 183
uñas
  escultura 161
  sin cortar 105
Universidad de Boston, Massachussets 143
Universidad de Cambridge, Inglaterra 132
Universidad de Idaho 142
Universidad de Montana 140, 215
Universidad de Sydney, Australia 139
Universidad Estatal Campinas, Sao Paulo, Brasil 143
Universidad Estatal de Sacramento, equipo de futbol 215

Universidad Médica de Lübeck 140
Uris, Mike 230
USA Today 200

Valencia, Pablo 237
Valente, Giorgio 204
Valentino, Rudolph 32
Valle de la Muerte, California 32
valor de un estudiante 130
van Gogh, Vincent 160, 161, 165
van Pham, Richard 238
Varley, Isobel 105
Vásquez, Miguel y Rosa 198
Vatnajökull, Islandia 47
vehículo eléctrico 143
velocistas, cinco principales 87
Venable, Evelyn 187
ver películas, maratón 186
ver también deportes y juegos
Verdi 181
Verheylewegen, Jamy 163
Vermeulen, Nick 192
Versalle, Richard 178
viaje 148-152
  auto, con estampillas 149
  bloqueadores 151
  carga, poco común 148
  carrera de energía solar 148
  día sin auto 150
  hechos de viajes 151
  llanta, más grande 152
  lowriders 150
  multas de tráfico 149
  paracaidistas, en bicicleta 152
  polizona 148
  transporte, recién casados 149
  tranvía, antiguo 150
  ver también viajes épicos, supervivencia y logro
Viajes épicos, supervivencia y logros 236-243
  a la deriva en el mar 238
  Antártida, cruzar 236
  autoamputación 237
  aviones, saltar de 239
  ayuno de sesenta y ocho años 241
  bote volteado 239
  braille, lectura con los labios 243
  caminar en la cuerda floja 242
  caminar, ciento sesenta kilómetros 241
  escalar montañas 239, 240
  escape bajo el agua 242
  jugador de beisbol de una mano 243
  misión espacial abortada 238
  mujeres cruzan Asia 240
  negarse a rendirse 241
  oso, rescate de 243
  paracaidismo en caída libre 237
  pruebas de resistencia 237
Viajes *ver* viajes épicos, supervivencia y logros
víbora con fosas y cejas 89
Victoria en el Mar 174
vida bajo tierra 42
vida de desierto y planicies 86-91
  araña de rodillas anaranjadas de México 88
  araña pescadora 88
  arañas, más mortales 88
  camaleón pantera Picasso 89
  camaleón, el más pequeño del mundo 88
  camellos
    carreras 86
    viajar en el desierto 86
  elefante, Jumbo el 90
  escorpión 87

hechos de los gatos 91
Hombre Leopardo 91
leopardo 91
mantis religiosa 90
moloch, beber por la cola 87
murciélago, vampiro pintado 90
ranas venenosas 90
roedores, reciclados 86
tarántula comeaves Goliat 89
velocistas, los cinco más importantes 87
víbora con fosas y cejas 89
vida de pantano y bosque 83-85
vida del océano 70-80
  almeja gigante 78
  anguilas 72, 75, 78, 80
  anguilas morenas 75
  ataque de tiburón 74
  ballenas
    asesina 76
    franca 76
  calamar gigante 71
  cangrejo de los cocoteros 79
  estrella de mar 78
  focas 71, 76, 80
    elefante marino 79
    leopardo 76
  gusano cinta 80
  hechos del mar 78
  los cinco más importantes animales marinos con aguijones 78
  mamíferos que más profundo se sumergen 71
  mandíbulas, tiburón megalodonte 75
  medusa 78, 79, 80
  migración, cangrejo rojo 79
  parásitos, ballena 76
  peces saltarines del lodo 80
  peces, los más brillantes 70
  pepinos de mar 72
  pez escorpión 72
  pez linterna 70
  pez víbora 70
  pulpos 72, 77
  pulpos, pecio salvado con 77
  supervivencia en tierra 80
  tanque de tiburones, espectáculo de radio en 75
  tiburones
    ballena 74
    los más mortales 73
    tigre de arena 75
  tortuga con dos cabezas 80
vida en el bosque *ver* vida en pantanos y bosques
vida marina *ver* vida del océano
Videgain, Juan 235
vidrio, metal y madera, comer 179
Vidyaykina, Ksenia 179
Vieira, Louis 125
Villa, Paul 17
Vivash, John 238
vivir bajo tierra 42
Voisenet, Jacqueline 191
volar, miedo a 140
Volcán Taal, Islas Filipinas 64
Volcanes 44-45
  lodo terapéutico 45
  Roca Caliente de California 44
Voltaire 170
Von Baeyer, doctor Adolph 141
von Hagens, Gunther 167
von Meck, Nadezhda 175
Vostok 1 14
Vroom, música para motocicletas 175
vuelo espacial, primero tripulado 13
vuelo
  primer vuelo espacial tripulado de Estados Unidos 14
  sin ayuda 201

Vulovic, Vesna 223, 224

Wadlow, Robert 101
wadomo, pueblo, Zambezi, África 112
Wagner, Dolly 104
Walker, Brian 202
Wallace, profesor Angus 134
Wallis, Terry 122
Wallis, Trevor 139
Walter Museo de Curiosidades de Walter Potter 195
Wang, hombre con cuerno 110
Ward, Madge 123
Ward, Robert 225
Warren, John 212
Washington, Catedral 11
Washington, George 163, 195
Waterloo, Batalla de 124
Wayne, John, escultura de mantequilla 160
Webster, Ken 19
Wegner, Otto 191
Weihenmayer, Erik 46
Weinlick, David 133
Weld, Sandi 229
Welles, Orson 15
Wells, H. G. 15
Westerholm, Skylar 101
Westmacott, Victoria 240
Weston, Maureen 118
Westray, Isla, Escocia 149
Wethersfield, Connecticut 41
Wetzel, Guener 238
Whitaker, Simon 130
White, John 35
Wichita Falls, Texas 53
Wickwire, Norma 122
Wijeratne, B. 136
Wilhelmina, reina de Holanda 25
Willard, Clarence 198
Willem-Alexander, príncipe heredero holandés 191
Williams, Andy 173
Williams, Maud 106
Williams, Robin 185
Williams, Stanley 242
Winbeckler, Roland 195
Winchester, Casa Misteriosa de 36
Winchester, Obispo de 170
Winchester, Sarah 36
Windebank, Gary 114
Winslet, Kate 185
Witherspoon, Reese 186, 187
Wood, Deloris Gray 147
Woodmore, Stephen 114
Worth, Patience 20
Wright, Patience Lovell 168
Wushouer, Adili 242
Wyler, Paul 131

Xiaohu, Wang 234
Xinjian Uygur, China 49

Yakutsk, Siberia 50
Yarborough, Emanuel 110, 215
Yarlung Zangbo 56
Yates, Antoine 155
Yates, Simón 240
Yeti, huellas 34
Yeti, mano 35
Yikilmaz, Sonmez 226
York Minster, York, Inglaterra 49
Yorke, Carson 18
Young, Betty 152
Yowie, dibujo del 34
Yuma, Arizona 53

Zamalzain, El 180
Zamaratte, Hugo 199
Zapatos
  gigantes 192
  saltador 145
Zellweger, Renée 186
zoológico de Estocolmo, Suecia 88

Reconocimientos

13 (b) ITD/REX; 14 (t) AFP/GETTYIMAGE; 15 (l) FPL; 16 (t) Emanuel llan/AFP/GETTYIMAGE, (b) FPL; 17 (t) Paul Villa/FPL, (b) Mary Evans Picture Library; 18 (t) FPL, (b) Sipa Press/REX; 19 (t) Ken Webster/FPL, (b) Ken Webster/FPL; 20 (t) FPL, (b) Marina Jackson/FPL; 21 (b) FPL; 22 (t) Doug Kanter/AFP/GETTYIMAGE, (b) Matt Cambell/AFP/GETTYIMAGE; 23 (c/l) Carl de Souza/AFP/GETTYIMAGE, (t) Rus/Rex, (b) Nicolas Asfouri/AFP/GETTYIMAGE; 24 (t/r) FPL, (b) FPL; 25 (t) E. Coxon/FPL; 26 (r) HultonDeutsch Collection/CORBIS; 27 (b) ZZ/XXIH/SPL/REX; 28 (c) Dr. B. E. Schwarz FPL; 29 (t/l)Kevin Braithwaite/FPL, (r) Ken McKay/REX, (b) Saeed Khan/APF/GETTYIMAGE; 30 (r) Larry E. Arnold/FPL; 31 (b/r) Dr. Elmar R. Gruber/FPL, (b/l) Dr. Elmar R. Gruber/FPL; 32 (t) FPL, (b) FPL; 33 (t) SWS/REX, (b) SWS/REX; 34 (t) Cliff Crook/FPL, (b) Tony Healy/FPL; 35 (c) FPL, (b) Tony Healy/FPL; 36 (c/l) Charles Sykes/REX, (b) Charles Sykes/REX; 37 (t/l) FPL; 40 (b) Ciro Fusco/AFP/GETTYIMAGE; 41 (l) NASA/AFP/GETTYIMAGE; 42 (t) William West/AFP/GETTYIMAGE, (b) Williarn West/AFP/GETTYIMAGE; 43 (t) Lloyd Cluff/CORBIS; 44 (b) IBL/REX; 45 (t) Alex Sudea/REX; 46 (t) Sipa Press/REX; (b) Miura Dolphins/AFP/GETTYIMAGE; 47 (t) David Hill/REX; 48 (b) Davis Factor/CORBIS; 49 (b/r) DiMaggio/Kalish/CORBIS; 50 (t) Roy Garner/REX, (b/l) AFP/GETTYIMAGE; 51 (t) Tom Bean/CORBIS; 52 (t) Jens Buettner/AFP/GETTYIMAGE; 54 (l) Bettmann/CORBIS, (r) Bettmann/CORBIS; 55 (b) Sunday Time/CORBIS SYGMA; 56 (b) Dragon/REX; 57 (b) Victor Vasenin/AFP/GETTYIMAGE; 58 (t) PIERRE VERDY/AFP/GETTYIMAGE; 59 (t) JAC/REX; 60 (b) Sipa Press /REX; 61 (t) AFP/GETTYIMAGE; 62 (t) Christopher Gerigk/AFP/GETTYIMAGE, (c/r) Gred Garay/AFP/GETTYIMAGE, (b) Kevin Schafer/CORBIS; 63 (b) Philippe Hays/REX; 64 (t) Simon Walker/REX; 65 (b) Rick Doyle/CORBIS; 66 (b) Richard Sowersby/REX; 67, (t) Paul A. Souders/CORBIS, (b) Patrick Barth/REX; 70 (c) Gregory Ochocki/SeaPics.com; 71 (t) Kay Nietfield/AFP/GETTYIMAGE, (b/r) STF/AFP/GETTYIMAGE; 72 (t) Doc White/Seapics.com, (b) Matthias Schrader/AFP/GETTYIMAGE; 73 (b/r) Universal, (b) Amos 77 (c) Jeffrey L. Rotman/CORBIS, 79 (t) Roger Garwood & Trish Ainslie/CORBIS; 79 (b) Paul A. Souders/CORBIS; 80 (b) Martin Harvey, Gallo Images/CORBIS; 81 (t) Michael y Patricia Fogden/Corbis; 82 (t/l) Robin Utrecht/AFP/GETTYIMAGE, (t/r) Michael Freeman.CORBIS, (b) Joe McDonald/CORBIS; 83 (t) Martin Harvey, Gallo Images/CORBIS; 84 Fondo STT/AFP/GETTYIMAGE, (b) Pornchai Kittiwongsakul/AFP/GETTYIMAGE; 85 (t) INS News Group/REX, (b) Mohammad Ibrahim/AFP/GETTYIMAGE; 86 (t) Raed Qutena/AFP/GETTYIMAGE, (b) Jim Erickson/CORBIS; 88 (t) Yoshikazu Tsuno/AFP/GETTYIMAGE, (b) Gunner Ask/AFP/GETTYIMAGE; 89 (c/l) David A. Northcott/CORBIS, (b) Paul J. Richards/AFP/GETTYIMAGE; 91 (c) Tom Kidd/Katz; 92 (b) AFP/GETTYIMAGE; 93 (b) Keren Su/CORBIS; 95 (t/I) AFP/GETTYIMAGE; 95 (b) Roger Wilmhurst,FLPA/CORBIS, (t/r) SAM YEH/AFP/GETTYIMAGE; 96 (t) Action Press/REX; 97 (t) Cortesía de NASA, (b) AFP/GETTYIMAGE; 101 (c) Gary Roberts/REX, (c/l) FPL; 102 (b) Bettmann/CORBIS; 104 (b) Michael Friedel/REX; 105 (t) AFP/GETTYIMAGE, (b/l) Marc Alex/AFP/GETTYIMAGE, (b/r) Marc Alex/AFP/GETTYIMAGE; 106 (t/l) Joseph Barrak/AFP/GETTYIMAGE, (t/r) AFP/GETTYIMAGE, (b/l) Biju Boro/AFP/GETTYIMAGE; 107 (t/r) Deshakalyan Chowdhtjry/AFP/GETTYIMAGE; 108 (t/r) Uta Rademacher/AFP/GETTYIMAGE; 109 (t) Tim Rooke/REX, (c) Archivos de Ripley's Believe It or Not!, Sony Pictures Television (b) Ripley's Believe It or Not! Archives, Sony Pictures Television, 110 (b) FPL, (t/l) Archivos de Ripley's Believe It or Not!, Sony Pictures Television; 111 (c) Archivos de Ripley's Believe It or Not!, Sony Pictures Television, (b) Bettmann/CORBIS; 113 (b) AFP/GETTYIMAGE; 114 (t) Pornchal Kittiwongsakul AFP/GETTYIMAGE; 116 (c) Cortesía de Michael Vine Associates/ Nicky Johnson; 117 (t) Brownie Harris/CORBIS, (b) John Mclellen/REX; 118 (b) Greg Williams/REX; 119 (c/r) Dave Bebber/REX, (b/l) Gary Trotter/REX; 120 (t) Sipa Press/REX, (b) Nils Jorgensen/REX; 121 (t) Mark Campbell/REX; 122 (t) AFP/GETTYIMAGE, (b) Paul Cooper/REX; 123 (b) Charles y Josette Lenars/CORBIS; 124 (t) Gamma/Katz; 126 (t/l) Issouf Sanogo/AFP/GETTYIMAGE, (t/r) Issouf Sanogo/AFP/GETTYIMAGE, (b) Issouf Sanogo/AFP/GETTYIMAGE; 127 (t) Jerry Daws /REX; 130 (t/r) David Hartley/REX, (b) REX; 131 (t) Simon Ward/REX, (b) Yoshikazu Tsurio/AFP/GETTYIMAGE; 132 (t) Sipa Press/REX; 133 (t) Sutcliffe News/REX, (b) Jimin Lai/AFP/GETTYIMAGE; 134 (b) TDY/REX; 135 (t) Anupam Nath/AFP/GETTYIMAGE; 136 (t) Henry McInnes/REX; 137 (t) Toru Yarrianaka/AFP/GETTYIMAGE, (b) Archivos de Ripley's Believe It or Not!, Sony Pictures Television; 138 (t/l) Rabih Mograbi/AFP/GETTYIMAGE (t/r) AFP/GETTYIMAGE, (b) Jiji Press/GETTYIMAGE; 139 (t) Nijmegen University/AFP/GETTYIMAGE, (b/l y b/r) Torsten Blackwood/AFP/GETTYIMAGE; 140 (t) Gero Breloer/AFP/GETTYIMAGE, (b) AFP/GETTYIMAGE; 141 (t) Oregon State University/AFP/GETTYIMAGE; 142 (t y c) Adrian Dennis/ AFP/GETTYIMAGE; 143 (b) Patrick Bernard/AFP/GETTYIMAGE; 144 (t) Nicholas Asfouri/AFP/GETTYIMAGE, (b) Indranil MuKHerjee/AFP/ GETTYIMAGE; 145 (l) Yoshikazu Tsuno/AFP/GETTYIMAGE; 146 (t) Martial Trezzini/AFP/GTTYIMAGE; 147 (t/I) Mike Nelson/AFP/GETTYIMAGE (b/r) Yoshikazu Tsuno/AFP/GETTYIMAGE; 148 (t) AFP/GEMIMAGE, (b/r) Nigel Snowdon/REX; 149 (t) Gero Breloer/AFP/GETTYIMAGE, (b) AFP/GETTYIMAGE; 150 (t) Hector Mata/APF/GETTYIMAGE, (b/r) Giorgio Benvenuti/AFP/GETTYIMAGE; 151 (t) Cortesía de South West News Service; 152 (t) Jean pierre Clatot/AFP/GETTYIMAGE; 153 (t) TA/REX; 154 (t) Craig Beruldsen/AFP/GETTYIMAGE, (b/l) Bettmann/Corbis (b/r) Robert Holmes/CORBIS; 155 (b) Frederic J. Brown/AFP/GETTYIMAGE; 156 (t) AFP/GETTYIMAGE, (b) Ludovic Maisant/CORBIS; 157 (t) Ciro Fusco/AFP/GETTYIMAGE, (b) Stephen Frink/CORBIS; 16o (b) Layne Kennedy/CORBIS; 161 (b) Tony Kyriacou/REX; 163 (t) Gideon Mendel/CORBIS; 165 (t/l) Ashley Gilbertson/AFP/GETTYIMAGE, (t/r) Ulrich Perrey/AFP/GETTYIMAGE, (b) Robyn Beck/AFP/GETTYIMAGE; 166 (b) Robyn Beck/AFP/GETTYIMAGE; 167 (t) AFP/GETTYIMAGE, (c/r) joern Pollex/AFP/GETTYIMAGE; 168 (t) James Leynse/CORBIS, (b) Frederic J. Brown/AFP/GETTYIMAGE; 169 (t/r) Sourav/AFP/GETTYIMAGE; 170 (b) Cortesía de Warner; 172 (l) Idranil Mukherjee/AFP/GETTYIMAGE; 173 (t) Sipa Press /REX; 174 (b) Bill Keogh/AFP/ GETTYIMAGE; 175 (t) Bill Keogh/AFP/GETTYIMAGE 175 (t) Bill Keogh/AFP/GETTYIMAGE; 176 (t) Sven Nackstrand/AFP/GETTYIMAGE, (b) Stefan Puchner/AFP/GETTYIMAGE; 177 (b/r) Peter Parks/AFP/GETTYIMAGE; 178 (t/r) Pictorial Press Ltd; 179 (t) Nils Jorgensen/REX; 180 (t) Carsten Rehder/AFP/ GETTYIMAGE, (b) Maria Laura/REX; 181 (b) Moma/AFP/GETTYIMAGE; 182 (b/l) James Fraser/REX; 183 (t/r) Cortesía de Polygram, (c/r) Cortesía de Polygram, (b) Entertainmant/New Line; 184 (t/l) Pictorial Press Ltd, (t/r) Pictorial Press Ltd, (b) Columbia/ Goldcrest; 185 (c) Pictorial Press Ltd; 186 (t/r) Pictorial Press Ltd, (c) Universal/ Miramax, (b/l) Entertainment/New Line; 187 (t/l) Entertainment/ New Line, (b) Pictorial Press Ltd; 190 (b) Chris George/CORBIS, (c/l)Thierry Zoccolan/AFP/ GETTYIMAGE; 191 (t) AFP/GETTYIMAGE, (c/r) Stephen Jaffe/AFP/GETTYIMAGE, (b) Olivier Morin/AFP/GETTYIMAGE; 192 (t) Richard T. Nowitz/CORBIS, (b) Joel Nito/AFP/GETTYIMAGE, 193 (t/r) Marcus Fuehrer/AFP/GETTYIMAGE, (b/l) Valerie Hache/AFP/GETTYIMAGE; 194 (b) AFP/GETTYIMAGE; 195 (t) Gerard Malie/AFP/GETTYIMAGE; 196 (c/t) AntonioBat/AFP/GETTYIMAGE; 197 (t) J. C. Cardenas/AFP/GETTYIMAGE; 198 (t/r) J. Fesl/AFP/ GETTYIMAGE, (b) Galen Rowell/CORBIS; 199 (t) Paolo Cocco/AFP/GETTYIMAGE, (b) Hector Mata/AFP/GETTYIMAGE; 201 (t) AFP/GETTYIMAGE, (b) Christian Thalheimer/AFP/GETTYIMAGE; 202 (t) Henny Ray/AFP/GETTYIMAGE, (c/r) Mohammed Sarji/AFP/GETTYIMAGE; 203 (t/r) PA Photos, (b) EPA European Press Agency/PA Photos; 204 (b) Raveendran/AFP/GETTYIMAGE, (t) Sipa Press /REX; 205 (b) Cortesía de Chris Pritchard, (t) Cortesía de Chris Pritchard; 206 (t/l) Kimmo M Nytl/AFP/GETTYIMAGE, (b/r) Victor Drachev/AFP/GETTYIMAGE; 207 (t) Gamma/Katz, (b) Tommi Korpihalla/AFP/GETTYIMAGE; 208 (t) Frank Maechler/AFP/GETTYIMAGE; 209 (t/l) Nokia, (b) Patrick Ward/CORBIS; 210 (t) AFP/GETTYIMAGE, (b) WolfDietrich Weissbach/AFP/GETTYIMAGE; 211 (b) Gerry Peny/AFP/GETTYIMAGE, (t/r) Doug Kariter/AFP/ GETTYIMAGE; 212 (t) Michael Kupferschmidt/AFP/GETTYIMAGE, (b/l) Alistair Berg/Katz; 213 (t) AFP/GETTYIMAGE, (b) Herbert Spies/AFP/GETTYIMAGE; 214 (t) Jimin Lai/AFP/ GETTYIMAGE, (b/c) Damien Meyer/AFP/GETTYIMAGE, (b/r) Lowell Georgia/ CORBIS; 215 (b/l) Petra Masova/AFP/GETTYIMAGE; 216 (b/l) Anatoly Maltsev/AFP/GETTYIMAGE; 217 (t/l) Cortesía de Andre Tolme, (t/c) Cortesía de Andre Tolme, (b) AFP/ GETTYIMAGE; 221 (t/r) PNS/REX, (b) Roman Soumar/CORBIS; 222 (t) Peter Turnley/CORBIS; 223 (t) AFP/GETTYIMAGE; 224 (b) IIPC Magazines;Whats On TV/REX; 225 (b) Bettmann/CORBIS; 227 (b) AFP/GETTYIMAGE; 228 (b) J.G. Morell/AFP/GETTYIMAGE; 229 (t) SWS/REX, (b) John T. Barr/AFP/GETTYIMAGE; 230 (l/c) Dibyangshu Sarkar/AFP/ GETTYIMAGE, (b) Andy Newman/AFP/GETTYIMAGE; 231 (b) Jiji Press/AFP/ GETTYIMAGE, (b) AFP/GETTYIMAGE; 232 (t) Jeroen Oerlemans/REX; (b/l) Dibyangshu Sarkar/AFP/GETTYIMAGE, (b/r) Sourvav/AFP/GETTYIMAGE; 233 (c) Peter Macdiarmid/REX; 234 (t) Yoshikazu Tsuno/AFP/GETTYIMAGE, (b) Katja LenzPool/AFP/GETTYIMAGE; 235 (t) AFP/GETTYIMAGE, (l/c) Deshakal Yan Chowdhury/ATP/GETTYIMAGE, (b) AFP/GETTYIMAGE; 236 (t/r) Pictorial Press Ltd, (b) Pictorial Press Ltd; 237 (t) Philip Dunn/REX, (b) Christophe Simon/AFP/GETTYIMAGE; 238 (t) AFP/GETTYIMAGE, (c/r) AFP/GETTYIMAGE, (b) NASA/AFP/GETTYIMAGE; 239 (r) AFP/GETTYIMAGE, (b) AFP/GETTYIMAGE; 240 (b) Lucy Kelaart/REX; 241 (t) Lindsey Hebberd/CORBIS, (b) AFP/GETTYIMAGE; 242 (t) Bay Ismoyo/AFP/GETTYIMAGE, (b) AFP/GETTYIMAGE; 243 (b) John Zich /AFP/GEMIMAGE: 244 (t) AFP/GETTYIMAGE, (b) Paul Watts/REX; 245 (t) Jeremy Durkin/REX, (b) Matt Morton/REX; 246 (t) Helen Osler/REX, (b) Jewel Samad/AFP/GETTYIMAGE; 247 (b) Neil Hall/REX

FPL – Biblioteca de Fotografías Fortean

Todas las demás fotografías son de Corel, archivos MKP, PhotoDisc y Ripley's Entertainment Inc.